과·학·의·램·프·에·갇·힌·비·극·적·인·소·녀·의·이·야·기

지니

GENIE

A Scientific Tragedy

과·학·의·램·프·에·갇·힌·비·극·적·인·소·녀·의·이·야·기

지니

GENIE

A Scientific Tragedy

러스 라이머 지음 | 권오숙 옮김

도서출판 치우

이 책을 제인에게 바친다

| 감사의 글 |

이 책이 나오기까지 위태로웠던 출산과, 저자의 오랜 산고를 지켜봐준 이들에게 감사드린다. 강인한 정신력을 지닌 나의 부모님, 리차드와 엘리자베스 라이머는 한결같은 지지를 보내주셨다. 언제 도착할지도 모를 원고를 이성의 한계를 넘어 그저 무작정 믿고 기다려준 멜라니 잭슨과 마사 카플란, 확고하면서도 기가 막힌 손길로 뉴요커에서 내 원고를 편집해준 사라 리핀코트, 끝없는 인내심으로 수많은 페이지를 일일이 손봐준 제인 파르첵, 날카로운 펜과 비평적인 안목을 지닌 스티븐 홀 그리고 이 책이 나올 때까지 살아 있어 준 수잔 팔루디. 그녀의 세심한 기대에도 감사한다.

이 책은 특히 세 명의 빌에게 큰 은혜를 입고 있다. 퍼세익의 빌 셈프레오라. 나의 교사였던 그는 학창 시절에 빌 제이콥이란 이름으로 알려져 있었다. 그리고 애틀랜타의 빌 커틀러. 본래 이름은 덩컨 어스웰인 그는 나의 첫 편집자였다. 둘 다 너무나 이른 나이로 1988년에 서거했다. 나는 이들이 그립다. 자신들의 충고와 모범이 내게 얼마나 큰 자산이 되었는지 그들이 알았더라면 무척 좋아했을 것이다. 그리고 내 친구인 빌 브로더. 이 책의 가능성을 맨 처음 간파했던 그는 좋은 책이 나오도록 지원을 아끼지 않으면서도 안 그런 척 마음을 써주었다.

| 추천의 글 |

연세대학교 언어정보연구원 연구교수

손희연

언어학자들은 언어가 '인간'에 대한 것임을 종종 잊는다. 이것은 너무도 당연한 사실이거나 혹은 언어학자가 생각할 일은 아니라는 것이다. 언어는 문제이고 해답이며 그 모습 그대로 거기에 있다고 여긴다. 한국어를 습득하는 외국인들에게 끊임없이 말을 해보라고 요구하면서, 그들의 언어에 '중간언어'라는 이름을 붙이고 '중간언어'가 어떤 모습인지를 더 캐내지 못해 안달을 하면서도 단 한 순간도 '어떤 사람의 말'인지 되짚고 돌아본 적은 없다. 언어학자인 나에게 이것은 두려운 일이다.

관찰 대상인 사람에게 '관찰자는 감정적으로 얽히지 않으면서 공명정대하게 질문을 던져야' 한다고 믿었다. 그리고 이것이 가능하리라고 생각한다. 혹은 생각했다. 언어를 습득하는 사람들의 말을 관찰하는 동안 나는 아마도 이 믿음을 강박적으로 지녀왔던 듯하다. 또한 내가 이러한 종류의 언어학자인 이상 그 믿음을 쉽게 포기하지는 못하리라.

이 책 '지니'는 이러한 언어학자들에게 '컷'을 외치는 듯하다.

영화 촬영장에서 '컷'이 울리면 배우도 감독도 스태프들도 다른 모습으로 분주해진다. "다시 찍을까, 그만 되었나, 어디가 잘못되었나, 무엇을 다시 해야 하나……" 의문을 던지게 하고 다시 돌아보게 하는 신호.

이 책 '지니'는 한 걸음 뒤의 거리에서 '어린 시절의 혹독한 고립이 말을 앗아갔던 소녀 지니' 곁을 서성이려는 저자의 진심 어린 기록이다. 저자는 물러나서 보고 있지만, 나름의 이해관계를 등에 지고서 지니에게 도취되어 있었던 관찰자 혹은 보호자들의 삶까지 추적해 나가면서 결국 지니에게서 말을 앗아간 것이 과연 무엇인지를 고통스럽게 묻고 있다. 물러나 기록하는 저자가 오히려 '지니'에게 두 걸음 더 가까이 있다.

쉽게 읽히지만 편안한 마음으로 읽을 수 있으리라 기대해서는 안 된다. 불편해 하면서 읽어 주시기를 추천한다.

이성과 광기의 경계선과, 우리의 도덕성의 선과 악을 가르는 경계선은 그저 우연히 그어진 것이다. 의사들의 경계선은 여기에, 도덕가들을 위한 경계선은 저기에 있다. 그리고 그것들은 변한다.

– 로베스피에르

인간의 고결함은 그, 혹은 그녀가 해낼 수 없는 것에 놓여 있는가? 나는 보통 그렇다고 생각한다.

– 플래너리 오코너

차례

I. 발견

II. 징조

III. 노래가 오직 그녀만을 위한 것이었을 때

IV. 실종

1

발견

1

금지된 실험

기원전 7세기 후반, 이집트 사이틱 왕조의 첫 번째 왕이었던 프사메티코스 1세*는 세계 최초의 문자가 어떤 것이었는지 갑자기 궁금해졌다. 그는 어느 면모로 보나 미래를 내다보았던 지배자였다. 대규모의 이민을 최초로 허용했던 그는 결과적으로 헬레니즘 문화를 상당 부분 받아들였고, 내친김에 그리스 용병까지 고용함으로써 열한 명의 경쟁자들과 국경에 운집한 스키타이, 에티오피아 그리고 아시리아로부터 자신의 영토를 지켜낼 수 있었다.

* 이집트 왕, BC 663~609, Necho의 아들.

끊임없이 전쟁을 치르는 사이에도 그가 학문적 소양을 쌓는 데 소홀하지 않았음을 고려해 보면, 그런 그가 언어에 내재되어 있는 영토적 함축성에 대해 관심을 가졌다는 것은 하등 놀라울 것이 없다. 당시의 상황으로 보아 '링구아 문디lingua mundi', 즉 최초의 문자를 소유한 나라가 논란의 여지없이 정통성도 장악하게 될 것이 틀림없었기 때문이었다. 그럼에도 불구하고 그는 편견에 기울지 않는 엄격함과 놀라울 정도의 감정적 객관성(물론 피치 못하게 잔인한 면도 있었지만)이라는 '과학적 방법'에 대한 헌신으로 이 궁금증을 해결하고자 했다.

실제로 그의 실험은 200년 뒤의 헤로도토스가 설명한 것처럼 굉장히 간단한 것이었다. 그 실험은 바로 두 명의 영아를 태어나자마자 엄마로부터 떼어내서 양치기의 오두막에 고립된 상태로 놓아두는 것이었다. 그리고 양치기한테는 절대로 아기들한테 말을 붙이지 말라고 지시했다.

염소의 젖을 먹고 자랐을 뿐 오로지 침묵 속에만 있었던 두 아기는, 2년이 지난 어느 날 양치기가 오두막에 들어서자 처음으로 소리를 지르며 그에게 말 비슷한 것을 내뱉었다. 아기들이 토해낸 단어는 "베코스bekos"였는데, 의미론적 추적을 벌인 끝에, 왕은 인도유럽어족인 소아시아의 프리지아어인 "빵bread"이라고 결론지었다. 프사메티코스 1세는 그 실험의 결과로 인해 자신의 민족적인 염원을 포기했으며 자신의 연구결과를 고수하고자 했다. 그는 프리지아어야말로 인류의 원형 언어라고 발표함으로써 스스로를 최초의 언어학자로 확립시켰으며, 영속적인 과학적 방법을 추구했던 실천가로서 일찌감치 자리매김했다.

슬프게도 – 어쩌면 잘된 것인지도 모르지만, "베코스"라는 단어와 몇 개의 문자, 그리고 금석에 새겨진 것 말고는 현재 우리에게는 프리지아어에 관해 남아 있는 것이 거의 없기 때문에, 프사메티코스 1세의 연구는 '시간'의 시련을 견뎌낼 수 없었다. 그리하여 그의 연구는 그 실험방법에 있어서의 비공식성 때문에 비판을 받고야 말았다. 예를 들면, 이 아기들이 언어에 대한 특별한 재능을 타고났었을 수도 있고, 단순히 프리지아의 구워낸 물건(빵 bread)에 대한 인간의 내재된 선호를 표현한 것에 불과한지 어떤지 확인할 길이 없다는 것이었다.

역사가들은 프리지아가 플루트 악기와 진탕 마시고 떠드는 축제의 진원지라는 것에는 만족스러워하지만, 언어의 탄생지라는 것에는 대부분 고개를 가로젓는다. 그리고 이제 과학계에서는 프사메티코스 1세의 실수만을 기억한다.

그럼에도 불구하고 프사메티코스 1세는 거의 모든 대학의 언어학 입문서에, 그리고 임상 언어학자들 간에 벌어지는 늦은 밤의 수없이 많은 대화 속에 여전히 건재하고 있다. 예를 들면, 비비안타르터Vivien Tartter의 명저인 1986년판 『언어의 과정*Language Processes*』에는 다음과 같은 두 개의 문장으로 된 "결론"이 씌어져 있다.

"언어와 언어의 진행과정을 이해하는 데에는 아직도 가야 할 길이 멀며, 우리 앞에는 흥미진진한 연구의 나날이 기다리고 있다. 그러나 프사메티코스 1세 이후 우리는 계속 이 길을 걸어오지 않았던가!"

물론 프사메티코스 1세에 관한 이 언급은 그의 보다 일반적인 영속성을 보여주는 것이지만, 그 반대를 증명하는 것이기도 하다. 즉, 프사메티코스 1세는 우리와 아주 가까이 있다는 것이다. 그의 실험이 의도했던 바와는 달리 완성도 면에서 흠이 있는 것은 사실이지만, 과학적 선견지명, 즉 통찰력에 있어서 그 실험은 대단한 것이었다. 그 실험은 이론적 의문점과 아직도 도덕가들을 괴롭히는 현실적인 당혹감, 두 문제를 모두 실현해냈다. 근대의 언어학을 특징짓는 무미건조한 통계수치와 불가사의한 분석 저편에는 하나의 철학적 의문이 어렴풋이 떠오른다.

하나의 종種으로서 우리를 특징짓는 것은 무엇일까? 언어로 의사 전달하는 능력은 우리가 갖고 있는 고유한 인간성 중의 어느 부분이 표출되는 것일까? 이러한 측면에서 프사메티코스 1세가 저지른 과학적 유죄(어린 아이를 실험대상으로 한 것)는 아주 미묘하지만 여전히 과학계를 괴롭히는 문제라는 점에서 중요한 의미를 지닌다. 왜냐하면 그의 유죄는 본질과 관련된 것이가 때문이다. 그는 인간 현장의 한 조각을 파헤친다는 목적의식에 휩싸여 동정심을 잃게 되었고, 그 결과 타인에게 폭력을 행사했던 것이다.

어찌 되었건 이 이집트 왕이 처음 시작한 과학적 실험은 수많은 세월이 흐르는 가운데 수정과 재창안을 거듭해왔고 그중 가장 최근의 것이 필라델피아의 우드랜드가에 위치한 혼 앤 하다트(Horn & Hardart)에서 이루어졌다. 이곳에서 노암 촘스키는 일련의 아이디어에 관한 실험을 고안해냈는데, 이것들이 얼마나 혁명적이었는지 일부 학자들은 그의 사상이 책으로 발간된 1957년을 일컬어 "대변혁"이라고 부른다.

언어는 일종의 인간의 노력의 산물이라는 주장에 걸맞게, 언어 과학은 여러 세대를 거치는 동안 자신의 야망에 대해 일종의 탐은 나지만 감히 어쩌지 못하는 그런 우유부단함을 지속해왔다. 인간의 내면에 자리 잡은 심장부를 힐끔거리기 위해 구문론과 음운론의 방대한 양의 도표로부터 눈을 돌리려는 유혹을 피할 수 있는 신념이 강한(혹은 유달리 근시가 심해서인지도 모른다) 언어학자가 있다. 마치 시간의 기원과 우주의 진원지를 향해 천체망원경을 들여다보는 천문학자나 숫자 속에서 신을 찾으려는 물리학자들처럼 말이다.

그렇게 보이지 않지만 사실 언어학과 천문학은 자매지간이라고 할 수 있다. 왜냐하면 둘 다 종종 실험보다는 관찰에 의존하기 때문이다. 천문학의 경우는 실험대상이 너무나 먼 거리에 떨어져 있어서이고, 언어학의 경우는 그 대상이 너무나 인간적이기 때문이다.

이제 더 이상 실험용 돼지처럼 왕에게 봉사하기 위해 요람으로부터 잔인하게 징발되는 어린아이들은 없지만, 우리가 어떻게 언어를 습득하는지 알아낸 것들은 여전히 어린이들로부터 나온다. 친구라고는 오직 동물밖에 없었던 야생에서 자라난 아이들 혹은 학대와 방기 속에 내던져진 바로 그 아이들로부터 말이다. 이들의 가족사는 양치기의 오두막 속에서 벌어졌던 고립을 그대로 재현해낸다. 가끔 이 고립에는 훨씬 더 무시무시한 시중드는 사람들(실험자들)이 등장한다. 그러나 이러한 사례들은 엄청나게 드물고 대개는 순식간에 지나가 버린다. 한편 이 어린이들은 어느 때든 그 암울했던 시기에 우연히 그곳에 있었던 운 좋은 연구자들(그게 누구든 간에)의 소유물이 되어버린다.

그러나 그 어떤 실험대상도, 1970년 가을에 절뚝거리는 걸음으로 로스앤젤레스의 어느 복지관의 문을 밀고 들어간 그 어린 소녀만큼 이해 불가능한 세계로부터 빠져나와 과학의 품으로 곧장 떨어졌던 대상은 없었다. 옆에는 거의 장님에 가까운 그리고 그 어린 소녀만큼이나 상처를 받은 엄마가 동행하고 있었다.

2

대왕야자수 뒤의 집

캘리포니아의 템플시는 샌 가브리엘 계곡에 위치한, 여러 면에서 다른 마을들과 비슷한 도시이다. 그리고 이 템플시를 정북쪽으로 가로지르는 골든웨스트가는 전형적인 주거지역이다. 마치 측량기사의 막대처럼 일직선으로 뻗어있는 길을 보노라면, 아마도 이렇게 만든 데는 무슨 목적이 있거나 혹은 목적지가 샌 가브리엘 산맥을 향한 것은 아닌가 추측할 수도 있다. 마치 덜 제한된 세계를 약속해 주는 것처럼 산맥의 그림자 진 협곡과 눈으로 나누어진 봉우리들은 격자무늬처럼 생긴 교외의 끝없이 뻗어나간 계곡 대로변 위로 우뚝 솟아 있다. 그러나 골든웨스트가는 샌 가브리엘 산맥으로 이어지지는 못한다. 그저 근처에 있을 뿐이다. 아무리 발버둥을 쳐도 훨씬 더 번화한 구역인 아카디아로 연결되지도 못한다. 더 넓고 더 빠른 북쪽으로 난 다른 직선 길들에게 막히기 때문이다. 샌 가브리엘 산맥은 서쪽으로 15마일 거리에 있는 풍성한 언덕으로 둘러싸인 헐리우드만큼이나 멀찍이 떨어져서 마치 이 도시를 조롱하듯이 서 있다.

템플시의 주요도로인 라스튜나스 드라이브를 따라 골든웨스트 쪽으로 접어들면, 시청과 시민회관 그리고 지붕이 뾰족한 교회당 등이 모여 있어 마치 공원 같은 느낌을 주는 지역을 지나게 된다. 이 공공장소를 뒤로 하면, 일종의 질서정연함이 내리누르는 갑갑함 같은 것이 작은 집들을 싸고도는데, 이 집들은 대부분 나무로 만들어져 있거나 치장벽토가 칠해져 있다. 북쪽으로 향할수록 집들은 점점 더 초라해지고, 낡은 점포와 뜨거운 태양빛에 허옇게 빛바랜 마을들이 섬처럼 고립되어 띄엄띄엄 나타난다. 각 집마다 차도와 앞마당이 구비되어 있고 마당과 마당 사이를 구분하는 것은 밝은 빛깔의 철사망으로 만든 낮은 울타리 내지는 돌담이지만 대개는 잔디의 색깔이 서로 달라 자연스럽게 구분된다.

아카디아 마을 길로 들어서면 다섯 줄기로 갈라진 엄청나게 큰 대왕야자수 한 그루가 마치 어울리지 않는 유령처럼 길거리를 내리덮고 있는데, 나무줄기는 반원을 그리며 솟아오르는 로켓처럼 수증기를 뿜어내고, 무성한 나뭇잎들은 마치 부서지는 별들처럼 대지에서 삼십 미터나 위에 매달려 있다. 이것만이 이 길거리에서는 유일하게 귀족처럼 번성을 자랑하는 것 같다.

이제부터는 더 이상 고급주택이나 경비가 삼엄한 정문의 입구, 벨 에어나 멀홀랜드 드라이브 같은 것도 없다. 로스엔젤레스의 부자들이 사는 구역의 특징이 저명함이나 사생활의 보호에 있다면, 이곳에도 비슷한 것이 있다. 꼭꼭 숨겨진 대단한 익명성 속에 안전이 보장된다는 것이다 – 빽빽하게 잘 짜여진 조립된 사생활을 누리는 이곳 사람들에게 떨어진 명령은 자신의 일에나 신경쓰라는 것인 듯하다. 템플시에 사는 사람들은 남의 눈에 띄고 싶어 하지 않는다. 참견받고 싶지 않은 사람들이 이곳에 온다. 골든웨스트가는 무엇보다도 조용한 가족들이 사는 조용한 거리다. 이 고요함을 깼던 적이 단 한 번 있었는데, 바로 1970년 11월이었다. 앞에 말한 대왕야자수 나무 뒤쪽의 한 작은 집에서 벌어진 소동이었는데, 이웃에 따르면 이 집에 사는 사람들은 그중에서도 정말 조용한 가족이었다고 한다.

이 소동이 어느 정도로 대단했냐 하면, LA 타임스에 일주일 내내 오르내릴 정도였다. 이 사건은 찰스 맨슨 재판에 관한 기사와 주지사 로날드 레이건의 정책, 미라이 군인 집단 살해사건의 무죄 석방 그리고 하노이 폭격에 관한 기사와 어깨를 나란히 했다.

"여아, 13세, 갓난아기 때부터 감금, 검찰측 고발, 부모 구속." 11월 17일에 실린 머릿글이다. 그 다음 날 기사의 제목은 "죽음의 수의처럼 어린 죄수를 둘러싼 가정의 비밀"이었다. 길거리에 서 있는 두 남자의 사진이 실려 있는데, 한 명은 소녀의 아버지로 나이가 어느 정도 들어보이고 안경을 쓰고 있다. 구겨진 카키색 옷과 쭈글쭈글한 모자를 쓰고 있는데, 한 손은 바지 주머니에 찔러 넣고, 다른 손으로는 담배 한 개피를 느슨하게 쥐고 있다. 다른 한 명은 키가 큰 10대 소년인 그녀의 오빠로, 까만 옷을 입고 팔짱을 끼고 있으며 얼굴은 적의에 찬 고통으로 일그러져 있었다.

그러나 대중의 상상력에 불은 지른 것은 다른 사진이었다. 이 사진 때문에 사람들은 며칠 간을 목을 빼들고 골든웨스트가를 따라 천천히 호기심에 찬 순례를 하기 시작했던 것이다. 그 사진은 한 소녀의 얼굴을 찍은 것이었다. 부드럽고 매끈한 올리브처럼 귀여운 모습이었다. 검은 머리 한 가닥이 귀 뒤로부터 빠져나와 앞이마에 비스듬히 걸려 있었다. 카메라를 향해 같은 기울기로 머리가 돌려져 있긴 하지만, 시선은 렌즈를 똑바로 보고 있지 않다. 마치 사진 찍는 사람의 어깨너머로 무언가 재미있는 것이 막 날아오르기라도 한 것처럼, 그녀는 우리 위를 쳐다본다. 그녀의 표정이 말해주는 것은 아무것도 없다. 표정은 침착하면서도 자의식에 차있지 않고, 다소곳하면서도 침울한 기미는 보이지 않는다. 윗입술과 맞물려 큐피드의 화살처럼 완벽한 포물선을 그리는 풍요로운 아랫입술은 끝으로 다가가면서 막 미소를 지으려는 것 같다. 보일락 말락한 그 미소만 아니었더라면 그녀의 표정은 뭔가 진지하고 생각에라도 잠긴 듯이 주의 깊게 보였을지도 모른다. 그녀의 에너지는 모두 눈에 집중되어 있다 – 애원하는 눈빛도 아니면서 무엇인가 끌어당기는 매력이 있다. 소녀의 얼굴이 어른의 성실함을 담고 있다면, 그녀의 눈빛은 노골적인 호기심의 덩어리이며 편견이나 평가의 그 어떤 능력에도 아직 물들지 않은 아기의 걸음마와도 같았다. 이 어린 소녀의 순진무구함은 그녀가 겪었다는 어마어마한 학대에 관한 신문의 기사와는 전혀 어울리지 않았다.

11월 초 어느 날 아침, 어린 소녀와 소녀의 엄마가 복지관 사무실을 방문했을 때 이들을 맞이했던 사회복지사는 어린 소녀의 상태가 심상치 않음을 바로 눈치챘다. 이 아이의 생애 대부분이 그랬던 것처럼 소녀가 이곳에 온 것도 정말 요행이었던 것 같았다. 어린아이의 엄마가 도움을 요청하러 온 것은 아이 때문이 아니라 사실은 그녀 자신을 위한 것이었다. 복지관을 찾기 3주 전, 소녀의 엄마는 학대로 얼룩진 결혼 생활로부터 간신히 탈출해서 근처에 살고 있던 자신의 부모 집으로 도망쳤다. 백내장과 망막

박리로 인해 그녀의 왼쪽 눈은 90% 정도 시력이 상실되어 있었고, 오른쪽 눈은 완전 실명 상태였다. 한쪽 손에는 어린 딸을, 다른 한쪽에는 노모를 대동한 그녀가 비틀거리며 일반인들을 위한 복지관으로 들어선 것은 우연한 실수였다. 왜냐하면 사실 그녀는 원래 맹인을 위한 서비스를 제공하는 복지관을 찾고 있었기 때문이었다. 하지만 이들을 맞이했던 사회복지사는 경험이 풍부했던 사람으로 마치 못이라도 박힌 것처럼 이 어린 소녀로부터 시선을 뗄 수 없었다. 작고 시들시들한 이파리 같은 소녀는 멈춰서는 데 필요한 보행기를 끼고 있었고 기이한 자세를 취하고 있었다. 등은 매우 구부러져 있었고 팔짱을 끼고 있었는데, 마치 투명한 난간에 두 팔을 편안하게 놓고 있는 것 같은 모습이었다. 사회복지사는 자신의 상관에게 아이가 6~7세 정도로 보이며 일찍이 보고된 바 없는 자폐증인 것 같다고 말했다.

그 상관은 자폐증이라는 동료의 진단을 확신하진 못했지만 무엇인가 이 소녀에게 결여되어 있다는 의견에는 동의했다. 다음에 이어진 질문과 조사를 통해 이들은 이 어린 아이가 겨우 59파운드(22Kg)의 몸무게에 키는 54인치(135Cm)밖에 안되지만, 사실은 10대의 소녀라는 것을 알아냈다. 그녀의 신체 상태는 처음에 짐작했던 것보다 훨씬 나빴다. 어린 소녀는 자제력이 없었고 딱딱한 음식은 거의 씹지도, 삼키지도 못했다. 3미터 밖으로는 촛점을 맞출 수 없었으며 일부 이야기에 의하면 우는 것도 불가능했다. 계속 침을 흘리고 아무 데나 침을 뱉었다. 엉덩이 둘레에는 굳은살이 둥근 원모양으로 박혀 있었고, 거의 완벽한 두 세트의 치아가 나 있었으며, 머리카락은 너무도 가늘었다. 다리 하나로 뛰거나, 깡충 뛰기, 기어오르기, 두 팔과 두 다리를 쭉 뻗는 것도 할 수 없었다. 심지어 뜨거움과 차가움에 대한 감각도 없는 듯 했다.

장차 소녀의 충실한 동반자가 될 과학자들의 가장 큰 관심을 불러일으킨 것은 무엇보다도 이 소녀가 말을 할 수 없다는 것이었다. 보통의 자폐아가 하는 것처럼 구두로 의사전달을 하는 것에 대한 일종의 기권이라고 생각했던 사회복지사의 판단은 오해였던 것이다. 소녀는 사실상 완전한 무능력자였다. 소녀가 구사하는 단어는 몇 개에 불과했다. 아마 20여 개도 안 되었을 것이다. 그녀는 "빨강", "파랑", "초록" 그리고 "갈색"을 이해했다. "엄마" 와 그 밖의 몇몇 사람의 이름, "걷다" 와 "가다" 라는 동사 그리고 특정 명사들, 그중에는 "문", "보석상자", "토끼"가 있었다. 그녀가 만들어낸 어휘들(발음할 수 있는 단어)은 더욱 제한적이었다. "멈춰(Stopit)"와 "그만해(Nomore)", 그 밖에 두세 개의 짧은 부정적 어휘가 있었다.

어린아이의 집을 방문한 사회복지사는 엄마에게 누군가가 그녀의 딸을 돌봐주어야 한다고 설득했다. 먼저 극도의 영양실조를 치료하기 위해 로스엔젤레스 아동병원에 소녀를 입원시켰다. 조각조각 흩어져 있던 아이의 상태에 대한 해명이 마침내 하나로 모아졌다. 아이가 발견된 뒤 몇 날 며칠을 고생했던 템플시 경찰과 그 후에 연이은 5~6년이라는 세월 동안 정성을 다하여 아이를 돌본 사회복지사들과 과학자들의 끈질긴 노력 덕분이었다.

로스엔젤레스에 위치한 캘리포니아 대학의 대학원생이며, 후에 소녀와 대부분의 시간을 함께 하게 되는 언어학자이기도 한 수잔 커티스의 박사 학위논문은 이렇게 시작한다.

> "이 사례의 역사를 이해하려면 이 가족의 배경을 반드시 이해해야 한다."

그리고 실제로 이 불행한 어린이에 연관된 모든 과학자들은 몇 번이고 되풀이해서 그 배경으로 되돌아가야만 했다. 마치 목을 길게 빼고서 이웃에게서 혹은 그 가족이 살던 집에서 그리고 그들의 가족사로부터 어떤 해답을 찾고자 골든웨스트가로 이끌렸던 수많은 구경꾼들처럼 말이다.

3

결혼식 날, 그녀의 삶은 이미 종말을 고했다

대부분의 개인사가 그러하듯이 이 어린 소녀의 역사 역시 그녀의 존재보다 훨씬 앞서서 시작된다. 소녀의 부모는 각자 시골의 다른 지역으로부터 로스엔젤레스로 이주해왔는데 둘 다 몹시 열악한 환경에서 태어났다. 소녀의 아버지인 클락은 퍼시픽 노스웨스트가 고향인데 수양가정과 고아원에서 성장했고, 어머니인 아이린은 오클라호마주의 알투스 출신이었다. 클락에 비하면 아이린이 받은 양육은 훨씬 안정된 것처럼 보이지만, 목가적인 것과는 한참 거리가 멀었다. 툭하면 가족의 친구들에게 맡겨졌던 아이린은 두 쌍의 부모가 있다고 느꼈다고 한다. 그녀는 그 가족의 친구들을 '마마'와 '다다'라고 불렀다. 그러나 그녀의 부모는 단지 기존의 관습을 따랐을 뿐이었다. 왜냐하면 아이린은 그녀 가정에 있어서 마마와 다다가 양육을 도와준 첫 번째 대상이 아니었기 때문이었다. 그보다 훨씬 앞서서, 당시 10대 소년이었던 아이린의 아버지가 바로 자신의 친아버지에 의해 영원히 집에서 쫓겨났을 때에 그를 거두어들인 것 역시 마마와 다다였던 것이다.

점점 자라면서 아이린은 엄격하면서도 쌀쌀한 엄마보다 아빠에게 더 친근감을 느꼈다. 아이린은 어렸을 때, 엄마가 아주 오래된 세탁기에서 빨래를 끄집어내는 일을 억지로 시켰던 것을 기억했다. 회전형 손잡이가 미끄러지면서 아이린의 머리를 쳤고 신경에 손상을 일으켜 결국 한쪽 눈이 실명되기에 이르렀다.

또 다른 기억은 양동이를 들고 집 앞을 지나던 사람들의 행렬에 관한 것이었다. 아이린이 사람들이 어디로 가는 거냐고 묻자, 엄마는 "수프를 얻어먹으려고 마을로 가는 거란다. 우리는 운이 좋은 거야. 음식이 있으니 말이다"라고 대답했다. 먼지가 뽀얀 그릇의 행렬은 오클라호마까지 이르렀다.

아이린의 가족은 이때 정말 운이 좋았던 것이 틀림없다. 그녀의 아버지는 목화씨 제분소에서 야간 십장으로 일했다. 그러나 가뭄이 길어지면서 그녀의 가족 역시 알투스를 떠나기로 결정했다. 이들은 서쪽을 향해 남부 캘리포니아로 떠났는데, 이곳에서 그녀의 아버지는 주유소에서 일하기 시작했다. 그러나 이 가족의 새로운 주에서의 행운은 그저 간신히 입에 풀칠하는 정도에 그치고 말았다. 거친 삶에 부닥쳐야 했던 다른 이주 노동자들과 마찬가지로 새로운 약속의 땅에 도착하기 전에 모든 것이 이미 바닥나버렸기 때문이었다. 세 명의 자녀가 성년에 이르렀을 즈음, 극히 한정된 미래에 대한 보장 외에 이들에게 남아 있는 희망이란 거의 없었다. 아이린이 20대 초반이 되었을 때, 그녀는 자신의 곤경을 해결하는 전통적인 방법을 발견했고, 역시 전통적으로 그렇듯이 그녀의 부모는 그 해결 방법에 반대했다. 그녀가 결혼한 남자는 그녀보다 20세나 연상이었던 것이다.

두 사람이 처음 만난 곳은 헐리우드였다. 아이린이 약국의 음료 판매대에서 일하고 있을 때, 클락은 이따금 들러 약사와 말에 대해 이야기를 나누곤 했다. 클락은 당시 실직 상태였지만 오래가지는 않았다. 전쟁 중이어서 일손이 정말 딸릴 때였기 때문이었다. 클락이 학교 교육을 받지 않았음에도 불구하고, 정부는 그에게 적성에 맞는 직업을 가지라고 종용했다. 수학을 정말 좋아했던 클락은 대수, 삼각법, 기하학에 관한 책이면 무엇이든 닥치는대로 탐독했다. 아이린에 의하면, 정부는 수학에 관한 한 그를 "완전히 새롭게 만들었고" 훌륭한 기계공으로 변신시켰다고 한다. 클락은 산타모니카에 있는 항공조립 생산라인에서 일하게 됐다. 이들이 초기에 함께 찍은 사진을 보면, 아이린과 클락은 행복한 커플처럼 보이며 심지어는 약간의 매력까지도 있어 보인다. 머리 뒤쪽으로 비스듬하게 기울어진 챙이 젖혀진 중절모자를 쓰고 있는 클락은 까맣게 반짝반짝 빛나는 세단에 기대어 있다. 이들 부부는 서로 마주보며 환하게 웃고 있다.

전쟁이 끝난 후, 클락은 자신이 새롭게 발견한 재능을 항공 산업과 관련된 좋은 직업에 연결시켰으며 이곳에서도 실력을 인정받았다. 그는 근처에 있는 산타 아니타 경마장에서 적절한 정도로 돈을 걸곤 했다. 클락과 그의 신부는 돈의 행방을 쫓으면서 즐겁게 라디오쇼에 귀를 기울이곤 했다. 그러나 표면적인 행복과는 별개로 아이린은 감금된 양육에서 감금된 결혼생활로 곧장 굴러 떨어졌다. 클락은 질투가 아주 심해서 그녀가 조금이라도 타인에게 시선을 돌리는 것을 싫어했다. 그녀는 관대하게도 그의 그런 태도를 "지나치게 보호적"이라고 표현했지만, 그런 그녀도 자신의 인생은 결혼식 날 이미 끝난 것이었다고 토로했다.

클락이 하지 못하게 한 것 중에 가장 특이한 것은 자녀를 갖지 말라는 것이었다. 그는 그 이유를 나열했고, 그중 첫 번째가 아이들은 시끄럽다는 것이었다.

결혼 후 5년이 지나 아이린이 처음으로 임신하여 만삭에 이르렀을 무렵, 클락은 그녀를 심하게 구타했다. 상처를 치료하기 위해 찾아간 병원에서 그녀는 산고에 들어갔고 건강한 딸을 출산했다. 아기의 울음소리에 클락은 분노했고, 아기를 바로 차고에 방치했으며, 아기는 그곳에서 죽었다. 태어난 지 세 달이 채 되지 않았을 무렵이었다. 하지만 아이린은 부엌 바닥의 리놀륨을 제거하는 동안 단지 소음으로부터 아기를 보호하기 위해 차고에 데려다 놓은 것 뿐이며, 차고에 있는 동안 '급성 폐렴'에 걸린 것이라고 주장했다. 이 완곡어법의 진실은 무방비한 노출에 의한 죽음이라는 의미로 들린다.

그 다음 아기의 희생은 문자 그대로 부부로서도 어쩔 수 없었던 불가항력적인 것이었다. 아기는 태어난 지 얼마 안돼서 패혈증으로 사망했다. 그러고 나서 아이린은 세 번째로 건강한 아들을 출산했다. 이 아이는 간신히 살아남긴 했지만, 첫 번째 아이를 죽음으로 몰아넣었던 것과 유사한 방치로 인해 숨이 막히도록 성장이 더뎠다. 걷는 것도 늦었고 세 살이 다 되도록 대소변을 가리지 못했다. 그러나 어린아이는 친할머니의 중재로 살아났다. 할머니는 아이를 데려가 6~7개월 간 돌보았는데, 이는 발육을 회복하기에 충분한 기간이었다.

1957년 4월, 클락과 아이린의 네 번째 아이가 태어났다. 이 여아 역시 패혈증을 지니고 있었지만, 다행히도 태어나자마자 바로 수혈을 받았다.

새로 태어난 딸을 데리고 집에 돌아온 부부는 오클라호마의 우체국 소인이 찍힌 소포를 발견했다. 안에는 성경책 한 권도 들어 있었다. 성경책의 겉장 안쪽에는 축하의 의미가 담긴 쪽지가 끼워져 있었는데, 다음과 같은 글귀가 적혀 있었다.

"아이린아, 예쁜 딸을 낳았다는 소식을 들으니 정말 기쁘구나. 이제 남매를 가지게 되었구나. 어린아이에게 좋은 것을 보내고 싶다만, 아이가 살아 나가는 동안 이 작은 책보다 더 아이를 도와줄 그 어떤 것도 우리는 상상할 수가 없단다. 성경은 아이가 한 발자국씩 내딛는 걸음마다 발등을 비춰주는 램프가 될 것이야. 엄마인 너에게도 신의 축복이 있기를, 그리고 어린아이가 자라 훌륭한 여인으로 성장하기를 기도한다. 예수님이 우리의 기도를 들어주실 거야."

이 선물은 이미 두 세대 동안 아이린의 가족을 돌봐온 '마마'로부터 온 것이었다. 그리고 이제 세 번째 세대에게도 신의 축복이 함께 하기를 마마는 기원하고 있었다. 그러나 신이 마마의 기도를 들어줄 것 같지 않다는 징조는 일찌감치 나타나기 시작했다. 이 여자아이는 발육이 몹시 더뎠던 오빠와 같은 운명을 타고난 것처럼 자라나면서 고통을 겪게 되었다. 습관과 신체 면에서 그녀의 발육은 몹시 뒤처졌고, 이번엔 이 위급한 순간에 아이를 구출해 줄 친할머니도 안 계셨다.

클락은 이상하리만큼 자신의 엄마에게 강한 애착을 보였다. 그가 어린 시절에 엄마와 함께 지낸 시간이 거의 없었다는 것을 감안한다면 이는 놀라운 일이라 할 수 있다. 그의 어머니는 대담한 여자였는데, 한때 매춘업소를 운영한 적도 있었고, 무장을 하고 다니기도 했다. 방탕한 엄마는 어린 시절 클락을 못 돌봐준 것에 대한 보상이라도 하려는 듯 이미 중년이 된 아들과 사랑에 빠진 것 같았다. 클락이 기계공으로 일하기 전까지 생계를 도와준 것도 그녀였다. 그러나 그 후에도 그녀는 클락의 세금이나 공과금을 내주고 도와준다는 핑계로 걸핏하면 차를 몰고 나타나곤 했다. 아이린의 평가에 의하면, 클락의 엄마는 병충해 같은 존재였다. 모자가 함께 있을 때면 말싸움이 벌어졌다. 한 가지 예를 들면, 클락의 엄마는 아들이 견딜 수 없을 정도로 쌀쌀맞다고 생각했다. 그럼에도 불구하고 사실 그는 노예처럼 헌신적이었고, 결국 아이린은 남편의 삶에서 자신은 영원히 두 번째에 불과할 것이라는 결론에 이르렀다.

1958년 12월, 이들 부부의 집을 방문 중이었던 클락의 엄마는 아이스크림 콘을 사러 손자와 함께 길을 건너다가 차에 부딪혀

사망하고 말았다. 아이린은 직장에 있던 클락에게 전화를 걸어 이 사실을 알렸다. 클락은 병원으로 급하게 달려왔지만, 그의 엄마는 거의 형체를 알아볼 수가 없을 정도였다. 그녀를 친 차가 미친듯이 도망을 치면서 한참이나 멀리 끌고 간 탓이었다. 다음날 사고를 낸 10대가 체포되었고, 음주와 뺑소니 혐의로 기소되었다. 그는 보호감찰을 선고받았다. 법원의 관대한 처분은 클락의 분노에 불을 질렀다.

이 사건 이후에 그 모든 것이 변하기 시작했다고 아이린은 말했다.

클락의 변모에 대해서, 오클라호마 대학교의 정신과와 행동과학과 교수인 제이 셜리가 묘사한 말이 있다.

"클락의 분노의 차원은 비탄을 훨씬 넘어선 것이었어요."

그가 내게 한 말이다.

"그의 우울증은 우울증 자체와 그의 고립을 양분 삼아 스스로 자라기 시작했죠. 외부세계가 그에게 던져준 신호는 그와 그의 엄마가 하등 중요치 않다는 것이었어요. 클락은 아주 심각한 사람이었죠. 그는 시간이 지나면 문제가 자연히 해결되도록 결코 놔두지 않았죠. 상처를 치유하는 데 도움이 됐을지도 모르는 종교도 그에게는 해당사항이 없었습니다. 그는 안으로 안으로 침잠해 들어갔어요. 그의 불신이 현실세계를 넘어선 거죠."

클락은 자신의 엄마가 없는 세상, 살해자를 제대로 벌주는 데 하등 관심도 없는 이 세상이 그에게는 전혀 필요치 않다고 단정해버렸다. 그는 직장도 때려치우고 골든웨스트가에 있는 엄마의 집으로 식구들을 옮겼다. 그곳에서 그는 은둔자로서 그의 가족들을 실질적인 죄수로 삼아 생애의 마지막 10여 년을 살게 된다.

4

작은 방의 소녀

아이린의 혹독한 세계도 이때 막을 내렸다. 눈이 점점 더 보이지 않게 되어가는 가운데, 그녀는 자신의 고문자인 클락에게 온전히 의존해야만 했다. 아들은 학교에도 가고 이웃 아이와 놀 수도 있었지만, 그 외에는 거의 허용된 것이 없었고, 집 안에서는 완벽한 인질이었다. 아들은 마루 거실의 초라한 짚으로 만든 이불 위에서 잤다. 그의 부모도 거실에서 잤는데, 아이린은 마룻바닥에서, 클락은 나오지도 않는 TV 앞에 놓인 안락의자 위에서 잤다. 이따금 그의 무릎 위에는 총이 놓여 있었다. 일설에 의하면, 제일 큰 방은 클락의 엄마를 위한 성소聖所로서 말끔하게 치워져 있었다고 한다. 그러나 클락의 침잠에 가장 큰 타격을 입은 사람은 바로 이사할 당시 20개월에 불과했던 딸이었다.

제이 셜리는 내게 이렇게 말했다.

"본질적으로 클락은 가족을 지키는 사람으로 스스로를 임명한 것이지요. 그의 망상은 딸이 지진아이며 착취에 아주 취약하게 되리라는 것이었어요. 사람들이 딸을 이용해 먹을 거라는 생각에 몸서리쳤습니다."

딸에 대한 아주 귀한 초기의 진료 검사 기록이 남아있는데, 소아과의사는 그녀가 "느리며", "핵황달증을 지닌 지진 여아"라고 진단을 내리고 있었다. 중요한 사실은 이 현상이 패혈증에 걸린 환자가 서투르게 수혈을 받았을 경우에도 나타난다는 것이다.

"망상의 정도가 심각해진 클락은 자기 딸이 아주 심한 지진아라고 과대해석했어요. 악으로 가득한 이 세상으로부터 딸을 보호해야 하며, 악을 알아보는 데 자기보다 더 준비가 잘된 사람은 없다고 확신했죠. 물론 자기 자신의 악은 알아차리지 못했죠. 이런 사람들은 절대로 못합니다"라고 제이 셜리는 말했다.

보호적 감금이라는 클락의 아이디어가 어떤 것인지 잘 나타나 있는 곳이 바로 수잔 커티스의 박사 학위논문이다. 이 논문은

1977년, 아카데믹 출판사에서 『지니 : 현대판 야생아에 관한 심리언어학적 연구*Genie : A psycholinguistic study of a Modern-Day 'Wild Child'*』라는 제목으로 출간됐다. 그녀의 논문과 책에서 이 소녀는 진짜 이름이 아닌 과학계에서 붙여준 별명인 "지니Genie"라고 불려진다. 아이의 신원을 보호하기 위해 고안된 이 이름은 각 심포지엄의 논문과 심리학 잡지, 교과서에서 사용되었다. 커티스의 설명은 다른 조사자들의 의견과 일치한다. 그녀는 이렇게 썼다.

> 지니는 작은 방에 감금되어 있었는데, 유아용 변기의자에 묶여 있었다. 그녀를 묶은 고삐는 그녀의 아버지가 직접 엮은 것이었다. 고삐 외에는 아무것도 걸친 것이 없었고, 의자에 앉은 상태로 방치되었다. 손가락과 손, 발과 발가락밖에는 아무것도 움직일 수 없었던 소녀는 앉은 상태에서 묶여 있었고, 몇 시간씩, 종종 늦은 밤까지, 그리고 몇 날 며칠을, 나중엔 몇 달간을, 그렇게 수년간 홀로 있었다. 그녀가 잊혀진 게 아니라는 것이 확인되는 유일한 시간인 밤이 되면 고삐로부터 풀려났는데, 단지 또 다른 구속복으로 옮겨지기 위해서였다. 그것은 일종의 침낭 같은 것으로, 팔 부분이 고정되도록(추측컨대 못 빠져나오도록) 그녀의 아버지가 직접 만든 것이었다. 그것은 사실상 구속복이었다. 지니는 꼼짝 못 하도

록 안에 갇힌 상태에서 아기 침대에 놓여졌는데, 침대의 양쪽 부분과 머리맡에는 철사로 만든 그물망을 채워놓았다. 지니는 밤에는 우리에 갇히고, 낮에는 고삐에 묶여서 그녀 생애의 대부분을 견뎌왔다.

들리는 것도 거의 없었다. 집 안에는 TV도 라디오도 없었다. 지니의 방은 집 뒤쪽에 있었고, 옆으로는 가장 큰 방과 화장실이 있었다……. 소음을 견디지 못하는 아버지 때문에 소녀의 방 밖에서 벌어지는 그나마 거의 없는 가족 간의 대화조차도 아주 작은 목소리로 이어져야 했다. 화가 난 그녀의 아버지가 욕을 해대는 순간 말고는 지니가 방 밖에서 나는 말소리를 들을 기회는 거의 없었다. 청각적 자극을 실질적으로 전혀 받지 못한 것이다. 화장실에서 나는 소음만이 예외였다. 방에는 창문이 두 군데 나 있었는데, 창문 하나만 한 뼘가량 계속 열려진 상태로 있었다. 아마도 소녀는 이따금 머리 위를 지나는 비행기 소음이나 차가 지나가는 소리, 주변에서 나는 소음을 들었을지도 모른다. 그러나 방이 집의 뒤쪽에 있었기 때문에, 거리로부터 나는 소음도 거의 못 들었을 것이다.

배고픔과 외로움에 지친 지니는 가끔 소리를 질러 관심을 끌려고 시도하곤 했다. 그런 행동에 화가 난 아버지는 종종 소녀를 때리곤 했다. 실제로 그녀가 어떤 것이든 간에 소리를 낼 때마다 오로지 그녀를 때리는 데만 사용됐던 커다란 나무막대기가 방 한쪽 구석에 놓여 있었다. 그렇게 지니는 침묵을 지키고 모든 발성을 억제하는 법을 배웠다…….

들을 게 거의 없었던 것과 마찬가지로, 만질 것도, 쳐다볼 것도 거의 없었다. 방의 유일한 가구는 아기침대와 유아용 변기세트 뿐이었다. 바닥에는 카펫도 깔려 있지 않았고, 벽에는 아무 그림도 없었다. 방에는 창문이 두 군데 나 있었지만 창문 위쪽으로 조금 열려진 것 말고는 완전히 가리워져 있었다. 아마 지니는 이 열려진 작은 틈을 통해 한쪽으로는 하늘을, 다른 한쪽으로는 이웃집의 옆면을 볼 수 있었을 것이다. 천정에는 갓도 씌우지 않은 흐릿한 전구가 한 개 달려 있었고, 한쪽 벽면에는 벽장이, 또 다른 벽 쪽으로는 문이 나 있었다. 방은 더럽고 어두운 연어 빛깔이었다. 이따금 두 벌의 비옷(하나는 투명한 색, 다른 하나는 노란색)이 벽장에 걸려 있었는데, 지니는 이것을 가지고 "놀도록" 허용됐다. 그리고 지니는 가끔 TV용 잡지도 볼 수 있었는데, 아버지가 너무 암시적이라고 간주하는 사진들(예를 들면 수영장 풀을 광고하는 여성들 등)을 제거한 "부분적으로 편집된" 것이었다. 어쩌다 빈 치즈곽이나 다 떨어진 실타래 같은 것들을 던져줄 때도 있었다. 말하자면, 이런 것들이 지니의 장난감이었다. 방바닥과 고삐, 지니의 몸뚱아리 같은 것들이 지니의 시각적 · 촉각적 자극의 주요 원천이었던 셈이다.

음식도 제한되어 있기는 마찬가지였다. 그녀에게 주어진 것은 이유식과 씨리얼, 그리고 가끔씩 주는 반숙계란이 전부였다. 지니와의 접촉을 최소화하라는 아버지의 압력 때문에, 밥을 먹일 때도 급하게 서둘렀고, 보통 입안에 음식을 쑤셔 넣는 식이었다. 지니가 음식이 목에 걸려 켁켁거리거나 먹은 음식을 토하면, 지니의 얼굴을 거기다 비벼대곤 했다…….

클락은 지니가 곧 죽을 거라고 확신했다. 지니가 열두 살을 넘기지 못할 거라고 장담했다. 너무나 자신에 찬 나머지 그는 아내에게 만일 지니가 열두 살을 넘기고도 살아 있다면 딴 곳에서 도움을 받아도 좋다고 약속했다. 시간은 계속 흘러가 지니는 열두 살이 되었고, 여전히 살아 있었다. 그러나 그는 약속을 지키지 않았다. 전화 다이얼을 돌리기엔 눈이 어두웠고, 죽인다는 협박 때문에 자신의 부모(같은 지역에 살고 있었지만)와도 접촉할 수 없었던 아이린은 무엇인가 하기에는 너무나 무력했다.

마침내 지니가 13세하고도 6개월이 되었을 때, 아이린은 남편과 격렬한 말싸움을 벌였고, 만일 친정부모에게 전화해

주지 않으면 떠나버리겠다고 협박한 끝에, 클락으로 하여금 친정엄마에게 전화하게 만드는 데 성공했다. 그리고 그날 밤 아이린은 지니를 데리고 집과 남편 곁을 떠났다.

커티스는 계속해서 지니가 어떻게 발견되었는지에 대해서도 이야기한다. 어떻게 경찰의 보호에 들어가게 되었으며, 어떻게 부모가 구속되고 유아학대죄로 기소됐는지, 또 지니가 어떻게 병원에 입원하게 되었는지에 대해서도 얘기한다. 한편 이 가족의 역사에 대해선 간단히 요약되어 있는데, 마치 찰스 디킨스의 소설 『리틀 도릿』의 이야기처럼 경탄에 섞인 한숨으로 끝나고 만다.

"그녀는 마침내 발견되었답니다."

그러나 이 연대기의 진짜 묘비명은 클락 자신에 의해 씌어졌다. 1970년 11월 20일, 클락과 그의 아내 아이린은 그날 아침 미성년자 학대 및 상해죄로 법원에 출두하도록 되어 있었다. 그는 거실 마루에 담요와 셀로판지를 깔고 한때 그의 엄마가 소유했던 38구경 스미스 앤 웨슨 권총으로 오른쪽 관자놀이를 쏴 스스로 목숨을 끊었다. 그의 나이 70세였다.

그는 두 장의 쪽지를 남겼는데 볼펜으로 휘갈겨 쓴 것이었다. 한 장은 경찰에게 쓴 것으로, 내용의 일부를 보면 "내 아들은 지금 집 앞에서 친구들과 함께 놀고 있다. 그 애는 무슨 일이 일어나는지 전혀 모르고 있다"고 되어 있으며, 두 번째 편지는 아들 앞으로 되어 있는데, 다음과 같은 지시를 담고 있었다.

> 그 셔츠를 돌려주지 말아라. 그건 내 장례식 용이다. 내 파란색 셔츠가 어디 있는지 넌 알고 있지. 거실 벽장 안에 내의와 함께 있단다. 너를 사랑한다. 잘 있거라. 그리고 훌륭한 사람이 되기를.
>
> – 아빠로부터

아내나 딸 앞으로는 아무 말도 남기지 않았지만, 그의 고별사 가운데는 대중에게 말하는 것처럼 보이는 문장도 있었다. 언론 앞으로는 자신의 어지러운 가족사를 드러내기도 했고, 자동차업에 종사하는 사람들에게도 한마디 남겼는데, 그들의 지탄받아 마땅한 거리행진이 자신을 극도의 스트레스로 내몰았다고 썼다. 또한 자신의 딸을 빼앗아가 이름도 새로 지어버린 과학자와 의사들 앞으로도 글을 남겼다. 그는 과학자들이 앞으로 행할 노력에 대해 저주를 퍼부으며, 자신이 저지른 과거의 행적에 대해서는 완곡하게 옹호하고 있었다. "세상은 결코 이해 못할 것"이라고.

그날 아침, 이미 법원에 출두해 있던 아이린은 자신의 변호사가 무죄 청원을 하는 것을 들었다. 변호사는 아이린 역시 폭력적인 남편에 의해 강제로 자신의 역할을 수행한 것뿐이라고 주장했다. 판사는 클락이 자살했다는 전갈을 받고 방으로 변호사들을 불렀다. 변호사가 돌아와 아이린에게 남편이 죽었다고 전했다. 그녀는 눈에 띄게 휘청거렸으나 쓰러지지는 않았다.

"그녀는 그냥 자리에 앉아 있었어요. 침묵 속에……."

변호사는 이렇게 회상했고, 그녀의 청원은 받아들여졌다.

부모가 체포되었을 때와 마찬가지로 클락의 자살 소식 역시 보도되었는데, 그의 죽음은 이 사건에 대한 세간의 관심을 전혀 누그러뜨리지 못했다. 언론사는 아예 지니가 입원하고 있는 아동병원 앞에 캠프를 차렸다. 이 병원은 예전에도 그랬지만, 현재도 서부에서 가장 저명한 최신식 시설을 갖춘 소아과 병원으로서, 지니 때문에 발생하는 보안에 관한 문제에도 가장 잘 대처했다. 왜냐하면 비록 병원 주변의 주민들과 많은 환자들이 빈곤층이긴 했지만, 고객 중에는 헐리우드 저명인사의 자녀들도 있었기 때문이었다.

작은 방으로부터 벗어나 최고의 전문가들 손에 놓이게 된 지니는 자유를 찾았고, 이제 그녀의 발달 상황을 책임지게 된 의사와 심리학자들 그리고 여러 관계자들이 그녀를 지켜보게 되었다. 만약에 그런 것이 가능하기만 하다면, 지니는 자신의 새로운 이름에 걸맞는 새로운 삶, 새로운 환경 - 심지어는 새로운 임무 - 를 살 기회가 주어진 것이었다.

5

가설과 이단

UCLA 대학교 캠퍼스 내의 캠벨 홀 2113호는 1988년 여름, 내가 커티스를 처음 만났을 때 방문했던 그녀의 연구실 번호였다. 공기는 희박한 데다 인구는 밀집된 그곳은 막다른 길에 위치해 있었다. 만일 이곳이 파리에 있었다면, 안내 책자에는 막다른 골목이라고 분명히 표식이 붙어있었을 것이다. 하지만 이 대학에는 그 대신 다른 표시가 되어 있다 – 넓은 대로는 아닐지 모르지만, 최소한 존경받을 만한 거리라고.

커티스는 이런 일련의 여러 연구실을 거쳐 승격한 끝에 UCLA 언어학부의 부교수가 되어 있었다. 그녀는 연구실의 작은 공간을 자신이 데리고 있는 두 명의 대학원생들과 함께 쓰고 있었다. 그녀의 책상은 발 디딜 틈도 없이 꽉 차서 방 한쪽 구석까지 침범하고 있었고, 책상 위로는 몇 개의 사진이 오렌지 색깔의 칸막이에 고정되어 있었다. 5살과 한 살 가량의 두 딸을 찍은 사진과 자신을 그린 그림도 붙어 있었는데, 바로 지니가 거의 15년 전에 커티스를 그린 것이었다. 막대기처럼 묘사된 그녀의 모습은 크레용으로 재빨리 쓱쓱 그린 것 같았다. 어떻게 보면 예술가가 아직 10대 중반이었을 때 성숙지 않은 솜씨로 그린 것 같기도 하고, 어떻게 보면 원시적인 방법으로 완성시킨 작품 같기도 했는데, 그만큼 대상에 대한 인물 묘사가 정확해 보였다. 그림 속의 커티스는 키가 크고 성냥개비처럼 아주 말랐으며, 여름철에 치는 번개만큼이나 불안해 보였다. 위협적이고 정신 산란한 학계와의 오랜 투쟁을 철갑과 같은 정신력으로 견뎌온 그녀는 비범한 집중력을 지니고 있었다.

1971년, 지니가 그녀의 삶으로 들어왔을 때, 커티스는 26세였고 대학원 언어학부 과정의 일년차 학생이었다. "나는 아동의 언어습득과정을 연구하는 학교 내의 몇 명 안되는 언어학자 중의 하나였어요. 일단 언어습득 과정만 알아내면, 언어학의 대부분의 중요한 문제는 해결될 거라고 생각했죠. 게다가 나는 어린이를 사랑합니다. 내가 좋아하는 어린아이들이 연구 자료의 원천이 된다는 게 즐거울 거라는 생각도 했죠"라고 그녀는 말했다.

아무리 줄여 말해도, 그녀의 관심사가 이보다 더 적절한 시간과 더 적절한 장소에서 들어맞을 수는 없었다. 그녀는 언어학부의 상담역이면서 자신의 지도교수이기도 했던 빅토리아 프롬킨의 연구실로 불려 갔던 어느 봄날의 오후를 잘 기억하고 있었다. 현재 명예교수이며 언어학부 학장을 역임했던 프롬킨은 당시 학대받고 언어습득의 기회를 박탈당한 한 아동의 발달상황에 대해 논의 중이었다.

커티스는 이미 이 사례에 대해 익히 들어서 알고 있었다.

"언론에 대서특필됐었죠."

그녀는 기억했다. 이제 막 근본적인 차원에서 시작하려는 시점에 그녀가 초대된 것이었다.

"첫 번째 연구 보조금도 받기 전이었어요. 이 사건에 대한 많은 사실들을 알기 전이었죠. 이제 새내기 학생으로서, 나는 개인적으로나 학구적으로나 모든 면에서 내 인생을 송두리째 바꿔놓을 기회를 선물 받았다는 것을 알았어요. 왜냐하면 이 사례가 그만큼 중요한 것이, 그 뒤에 이어졌던 모든 연구는 오늘날까지도 완전히 이 사례로부터 형성된 것이니까요. 나는 당시 막 핵심 연구과목을 시작하는 때였어요. 지니가 내게 제공했던 그 많은 문제들에 대한 경험이 전혀 없을 때였지요. 심지어 결정적 시기에 관한 가설조차도 몰랐으니까요."

그녀는 이렇게 말했다.

1971년 당시, 언어학은 이 분야에 오랫동안 몸담아온 학자들에게조차도 참으로 곤혹스런 학문이었다. 결정적 시기에 관한 가설(인간의 발달과정에는 확실하고도 분명한 시기가 있다. 예를 들면, 이 시기에 모국어 같은 기능이 학습될 수 있다)은 이때 수없이 쏟아져 나온 새로운 주장 중 하나에 불과했다. 의문점이 신속히 바뀜에 따라, 의문을 제기하는 사람도 바뀌었다. 어린이의 언어습득 과정이라는 커티스의 전공 분야는 전에는 심리학계가 남이 채 갈세라 조심스레 보호해온 영역이었다. 다시 말하자면, 20세기 한 세기 동안 그랬다는 것이고, 그 전까지는 분명 아니었다. 논란의 여지가 많을 수밖에 없는 것이, 언어학이 학문에서 차지하는 위치는 북아메리카 대륙에서 머농거힐라강*이 차지하는 위치와 흡사했다. 이 강은 역사적으로 북아메리카 지역에서 소유권 경쟁이 가장 치열했던 곳이었다. 언어학은 문법학자는 말할 것도 없고, 시인과 신학자, 철학자, 문헌학자, 심리학자, 생물학자 그리고 신경학자의 피로 흠뻑 젖어 있었다. 어느 종파건 이 영토에 한두 번쯤 깃발을 안 꽂아본 적이 없을 정도다. 누구든 언어에 대한 의문을 푸는 자가 내

* 미국 서버지니아주 북부와 펜실베니아주 남서부를 흐르는 강.

부적 정통성을 일부나마 획득할 것임을 이들은 알고 있었기 때문이었다. 그야말로 수잔 커티스는 일백여 개의 집단이 난무하는 가운데 가장 새로운 그룹의 선봉이 된 것이었다.

르네상스가 절정을 이루기 바로 전까지만 하더라도, 유럽의 철학자들은 언어에 대한 의문점들을 대부분의 다른 것들과 마찬가지로 성경과 연관짓고 있었다. 이들은 어떤 것을 막론하고 모든 인간의 속성은 필연적으로 신비스럽고 신성할 수밖에 없기 때문에 조사 · 연구의 대상이 될 수 없다고 생각했다. 왜냐하면 그것들은 신을 반영하는 것이기 때문이었다. 그때 데카르트가 나타나 인간을 두 동강이로 난도질하는 이단을 저질렀다. 그는 육체로부터 영혼을, 두뇌로부터 정신을 독립시키자고 제안했다. 이 이원화는 초기의 생물학으로 하여금 빠져나갈 길을 활짝 열어주었다. 인간의 정신과 영혼만이 신성불가침의 영역이므로 최소한 신체에는 메스를 댈 수 있게 된 것이었다.

이 새로운 자연주의자들의 과학인 생물학에 언어학을 포함시키고자 하는 감명 깊은 역사적 증언이 이루어진 적이 있었다. 기원전 3세기경, 언어의 기원에 대하여 처음으로 언급한 그리스의 철학자 에피쿠로스는 언어는 신이나 인간 지성의 산물이 아니라 이와는 거의 무관한 집단, 즉 자연의 창조물이라고 생각했다. 그는 언어란 시력이나 소화기능과 같이 생물학적인 기능이라고 말했다. 그러나 그의 견해는 그 후에 나오는 목소리와 완전히 반대되는 것이었다. 이때는 언어란 인간의 영혼 아니면 (거의 그럴 것 같지는 않지만) 인간의 이성, 혹은 둘 다를 합친 것의 어떤 통합적인 부분(아마도 초석)이라고 간주됐던 것이다. 17세기 후반에 이르러 라이프니츠는 언어능력은 신의 천부적 선물로서 그 표현 형태는 자연스런 본능에 의해 결정된다고 선언했다. 다만 중국어만은 예외인데 중국어는 한 현자가 발명한 것이라고 말했다. 이리하여 언어학은 한쪽 발은 신학의 갑판 위에, 다른 한쪽은 자연주의자의 배 위에 탄 격이 되었다.

18세기 후반 사회과학이 부상되면서 이런 불편함은 다소나마 완화되었다. 만일 언어학이 신학과 생물학 사이의 어디엔가 존재한다면, 그렇다면 아마도 언어학자들의 지원을 업고 작업하는 인류학자들도 문제점을 인식하고 있었을지도 모른다. 탐험과 식민지로 향한 여행길은 초기에 십자군이 했던 것과 마찬가지로 일반 대중에게 어떤 상상력을 불러일으켰다. 다만 이번에는 좀 더 공리주의에 입각한 성배를 찾기 위한 것이었지만 말이다. 사자왕 리처드가 영화배우 리처드 버튼 경에게 완파당한 격이라고 볼 수 있다. 언어학자들은 더 이상 불가타성서*의 의문점에 매달리는 것

* 4세기에 만들어진 라틴어역 성서, 가톨릭 교회에서 사용함.

을 멈추고, 새롭게 발견된 수백개 언어들의 목록을 만드느라 바빴다(이 노력은 지금도 세계 곳곳의 대학 실험실과 우림지대에서 진행되고 있다. 가장 노련한 집단은 성경 집단이다. 이들은 지도에도 나와 있지 않은 지역에 파견되어 새롭게 발견한 부족에게 성경을 해석해준다. 몇 시간 후면 새로운 언어로 대화가 가능해지고, 하루나 이틀이 지나면 유창해지고, 몇 주가 지나면 정글로부터 나와 후아족(인도네시아)나 야노마니족(브라질)처럼 된다).

19세기 후반 쯤, 비교언어학자들이 한 언어와 다른 언어의 관계를 다루게 되면서, 인간과 언어의 관계에 관한 대부분의 질문은 심리학 속으로 사라졌다. 사실은 이 질문들 때문에 심리학이 태동된 건데 말이다. 그 후론 그럭저럭 지나오다가 1957년 "대변혁"이 일어나면서, 노암 촘스키의 구문론적 구조가 발간됐고, 그 해는 바로 지니가 태어난 해이기도 했다.

6

노암의 문제

촘스키의 혁신이 어느 정도 충격적이었는가는 하버드 대학의 인간발달 심리학 교수인 캐서린 스노우의 설명에서 드러난다.

"1940년대와 50년대의 언어습득 과정에 대한 연구는 그야말로 황무지였어요. 촘스키의 돌파구가 있기 전에 출간된 성장심리학에 관한 소책자 마지막 호를 보면 아주 유능하고 매우 존경받는 한 여성이 무려 한 챕터를 할애해 쓴 글이 나와요. 그런데 이게 전부 어휘에 관한 것이었어요. 1957년 전까지만 하더라도 언어학에 대해 생각할 수 있는 전부는 어휘라고 믿었다는 증거죠. 그때 촘스키가 구문 중심론을 들고 나왔고, 비로소 언어습득에 대한 연구가 얼마나 거대한 것이고, 또한 아이들이 맡은 임무는 얼마나 힘든 것인지 분명해졌지요. 언어가 어떻게 만들어졌는가에 대한 새로운 개념을 갖게 되면서 의문점들은 더 급박성을 띠게 됐고 흥미진진한 것으로 변했죠. 마치 평원을 질주하다가 갑자기 눈앞에 로키산맥이 튀어나온 거나 마찬가지였어요."

촘스키의 구문론은 7학년 때 지겹게 외우던 문법규칙과는 거의 닮은 것이 없었다. 그런 규칙은 언어의 표면에 불과했다. 촘스키는 그 안에 숨어 있는 것에 관심이 많았다. 그와 그의 동료들은 내재된 규칙을 가려내고 정의하기 시작했고, 이 규칙들을 언어를 비추는 렌즈로 사용했다. 이들은 대단히 번잡스러운 표면의 구조가 한 세트의 핵심적인 원리로 정제될 수 있다는 것을 발견했다. 나는 전에 이 정제에 대해 조금 들은 적이 있었다. 문장 차원에 관한 것인데, 펜실베니아 대학교의 언어학과 과장인 리라 글레이트만이 설명해 주었다.

"아주 아주 단순화시켜서 말한다면, 촘스키는 우리가 이해할 수 있는 단 하나의 문장이 있다고 말합니다. 그러나 우리가 듣는 대부분의 문장들은 거기에 맞지 않지요. 그래서 그것을 이해하려면, 문장을 이리저리 옮겨야 해요. 언어학자들이 소위 "이동"이라고 부르는 것이지요. 그 문장이란 하나의 미스터리입니다. 그 문장에는 가해자와 피해자가 있고, 종종 물건이 불쑥 등장하곤 하는데, 보통 정관사 'the'일 경우가 많아요. 언어를 공부하는 사람들의 임무는 이 미스터리를 푸는 것입니다."

"이동"이란 말 속에는 한 언어에 내재하는 무한정하고 다양한 문장을 농축시킨다는 의미뿐만 아니라 어떤 급진적인 사상을 내포하고 있다. 즉, 다양한 언어들의 문장들이(구句가 도치되는 일본어, 라틴어처럼 사례를 표현하는 핀란드어, 현대 유럽어 중에서 산스크리트어와 가장 가까운 리투아니아어, 문장의 주어가 흔히 생략되는 스페인어 등) 근본적으로 영어 문장과 다를 바가 없다는 것이다.

어휘와 발음의 유사성에 맞춰 주로 가설을 정립한 일부 언어학자들은 모든 언어는 한 조상을 갖고 있다고 추측해 왔다. 촘스키는 거기에 동의하지 않는다. 그의 구문론에 따르면, 언어들 간에 유사성이 있는게 아니라(언어들은 똑같다. 기가 찰 만큼 놀라운 일치성의 원천을 고대의 공통기어其語에서 찾을 것이 아니라, 집에서 가까운 곳에서 찾아야 한다고 그는 주장한다. 즉, 우리 안에서) 종種 안에 담겨져 있다는 것이다. 촘스키가 "보편적 문법"이라고 부르는 언어의 내재된 규칙이란 인간 인지력의 유례없는 대 성취과업의 산물이거나 아니면, 사상이 아닌 보다 기본적인 생득生得적 차원의 것이다. 촘스키는 후자를 택했다. 언어의 내재된 규칙은 학습되는 것이 아니라 태어날 때 갖고 태어난다. 이제 의문은 더 이상 단순히 "언어는 어떻게 설계된 것인가?"가 아니라 "이미 설계된 우리를 언어가 어떻게 반영하는가?"이다.

촘스키의 노고는 열렬한 신봉자뿐만 아니라 그를 폄하하는 사람들도 함께 낳았다. 자발적인 것도 아니고 때론 억울하기도 하지만, 현대의 모든 언어학자들은 그들이 평생 일구어놓은 작업에 대해 아주 작은 한마디의 이력으로 요약된다. 친촘스키파인가? 아니면 반촘스키파인가? 언어학 분야에서의 그의 저명함 때문에 그를 반대하는 사람이 있는가 하면, 언어학 밖에서의 그의 저명함 때문에(정치, 철학, 엔지니어링 분야에서 그가 행한 노력) 그를 싫어하는 사람들도 있다. 그러나 대부분의 논란은 그의 이론에 집중된다. 촘스키의 사상과 연관된 언어학파(이들은 다양한 이름으로 불린다. "선천론자", "생성학파", "변형학파", "생득주의자", "이성주의자")는 "환경론자"와 "경험주의자"들의 열띤 반대에 재빨리 부닥쳐야 했는데, 이들은 어린아이는 세계와의 상호작용과 부모의 말로부터 언어를 배운다고 주장한다.

양쪽 학파 모두 그 후 세분화됐고 이들의 사고와 관찰 또한 수년에 걸쳐 한데 뒤섞이면서, 요새는 외부에서 보면 한 학파 내의 분쟁으로 낙착된 것 같다. 다큐 영화 제작자인 진 써칭거가 이렇게 말했듯이 말이다.

"어떤 학자건 모두 촘스키적 개념 위에서 작업하고 있다."

최근 10년간 뉴욕의 72번가에 위치한 스튜디오에서 작업을 해온 써칭거는 언어학자들에 관한 일련의 영화를 제작 중인데, 프로젝트가 너무 광범위해진 나머지 언어의 의문점에 관한 다음번 공습은 영화제작자들에 의해 이루어질지도 모른다고 우려를 나타냈다.

"친촘스키와 반촘스키 간의 토론은 정말 재미있어요. 농담 하나가 생각나는데, 한 사람이 이렇게 말하죠. '난 아무개가 싫어, 그는 공산주의자야.' 그러자 다른 사람이 말합니다. '그는 공산주의자가 아니야. 그는 반공산주의자야.' 다시 첫 번째 사람이 말하죠. '그가 무슨 공산주의건 상관없어. 난 여전히 그가 싫거든.'"

촘스키를 싫어하는 사람들은 수많은 학구적인 저격 시도를 전개해왔는데, 꽤 많은 것들이 아주 기발하면서도 (촘스키에 대하여) 마지 못한 애정을 표시하고 있다. (한 연구자는 영구히 남을 자신의 과학적인 기록에 신조어를 만들어냈는데, 자신의 영장류 실험대상에게 "님침스키 Nimchimpsky"라는 이름을 붙였다.) 최근 몇십 년간 언어학 분야에서 일하는 것이 어려워졌다는 것은 사실이지만, 촘스키의 그늘에서 일하지 않는 것 또한 어렵게 됐다.

언어학 이론의 위험 속으로 나를 이끌어준 사람들 가운데 캐서린 스노우는 자타가 공인하는 "반촘스키적" 환경론자이고, 리라 글레이트만은 충직한 선천론자이다. 글레이트만은 촘스키가 나타나기 이전의 시기를 "구석기"라고 부른다.

"그는 20세기 과학사에 우뚝 솟은 거물이에요."

그녀는 그렇게 말했다. 글레이트만이 펜실베니아 대학교에 학생으로 들어왔을 때는 촘스키가 떠나고 얼마 안 되어서였는데, 아직도 많은 것들이 구식과 동거할 때였다. 자동차 범퍼는 여전히 검은 색으로 칠해져 있었는데, 그 이유는 반짝이는 크롬 도금이 아미쉬 교회파 사람들의 신경을 거슬리게 했기 때문이었다. 그녀의 학위논문이 실험적 영역을 추구하는 것도 허용되지 않았다. 왜냐하면, 만일 언어학자가 실험을 취급한다면 대학 내의 심리학자들의 심기를 거스를 수도 있기 때문이었다. 그녀 역시 촘스키가 그의 이론을 갈고 닦은 혼 앤 하다트(그 후 도서관을 만들기 위해 철거됐다)에서 연구했다.

"그곳에서 여름 내내 앉아 투키디데스(BC 460~400, 그리스의 역사가)를 연구했지요. 넘어지고, 부딪히고, 계속해서 어려움에 직면했어요. 난 고전학자가 되고 싶었지만 결정적인 시기를 놓쳤어요."

운 좋게도 고전은 그녀를 헤로도토스로 인도했고, 헤로도토스는 그녀에게 학구적인 부활의 가능성을 심어주었다.

"헤로도토스를 읽다보면 이런 구절이 나와요. 이집트인들이 씨앗을 이랑에 심는데 어떤 식으로 심는가 하면, 씨앗을 뿌린 곳에 작은 돼지들을 뒤따라오게 해서 작은 발굽으로 씨앗을 밀어 넣게 한다는 거예요."

그녀는 이 이미지를 떠올리면서 즐거워서 힝힝거렸고, 손을 발굽처럼 만든 뒤 피스톤처럼 올리고 내리는 시늉을 해보였다.

"사람들은 이게 헤로도토스의 정말 어이없는 실수라고 생각했어요. 왜냐하면 고대 이집트에는 돼지가 없었거든요. 그런데 그 뒤에 고분 하나가 공개됐어요. 거기에서 출토된 장식 띠에서 사람들이 씨를 뿌리고 뒤에서 작은 돼지들이 뒤따라가는 그림이 발견되었죠. 결국 그가 옳았던 거지요."

그녀는 헤로도토스 때문에 프사메티코스 1세에 대해 알게 됐고, 이어서 언어학과 촘스키를 알게 되었으며, 그리고 촘스키의 스승을 담당 교수로 모시게 됐다.

"촘스키는 젤리그 해리스가 가장 아끼던 제자였어요. 가장 우수한 학생 중의 한 명이었지요. 저도 그중의 한 명이지만, 촘스키와 같은 공기를 마시고 있다는 것 자체가 영광이지요. 우리 나머지 사람들은 현대의 아우구스투스 황제*의 제물입니다. 우리는 작은 돼지들이죠. 뒤에서 졸졸 따라가는……."

그녀는 다시 손을 들어 피스톤 시늉을 했는데 이번엔 웃지 않았다.

"이렇게 씨앗을 밀어넣는 거죠."

---

* 초대 로마 황제, BC 63~AD 14.

글레이트만은 언어학에 관련된 프로그램을 만들던 처음 2~3년간 가끔 스승에게 그 유명했던 학생의 사상에 대하여 물어보았다. 그 이전에 해리스는 이미 촘스키와 사이가 나빠져 있었는데, 두 사람의 분열은 마치 사도 요한이 자신을 따라다니던 이들과 결별한 것처럼 언어학계에 대지진과도 같은 파장을 남겼다. 해리스는 그녀의 질문에 이렇게 말했다.

"노암의 문제는 오로지 하나의 언어와 하나의 신만이 존재한다고 믿는 데 있지. 그런데 나는 그것이 거의 없거나, 아니면 아주 많다고 생각하는 거라네."

7

"그에겐 후광이 있어요. 괜찮은가요?"

1950년대 중반 이후, 촘스키는 매사추세츠 공과대학에서 강의를 해왔다. 그의 연구실은 캠퍼스 가장자리 철조망 뒤편에 자리 잡은 3층짜리 허름한 골조건물인 빌딩20에 있었다. 이 건물은 MIT가 아직 굳건해지지 않았던 시절의 유물로서, 새것이나 번쩍거리는 것으로 바뀌지 않은 채 남아 있는 유일한 것이기도 했다. 이 건물의 속아 넘어가기 쉬운 겸손한 외양은 이와 마찬가지였던 과거와 잘 어울렸다.

제2차 세계대전 때, 이 건물은 레이다망을 연구하는 데 사용됐었고, 이곳에서 일했던 과학자들은 독일인들이 일자리를 넘보지 못하도록 자신들을 방사선 전문의라고 불렀다. 그러나 이 "방사선 전문의"들은 혼란스런 복도와 회칠도 되어 있지 않은 건조한 벽들 그리고 골조가 그대로 드러난 파이프와 케이블로 빽빽한 건물을 결국 다른 사람들, 특히 언어학자들에게 마지못해 넘겨주어야 했다.

손가락처럼 뻗어나간 다섯 개의 날개 모양의 건물은 위에서 보면 동판에 스케치해 놓은 야구글러브처럼 보일 것이 틀림없다. 그 손가락들 중 한 개의 끝에 촘스키가 "집"이라 부르는 어수선한 것들로 꽉 들어찬 몇 개의 방이 모여 있다. 큰 방은 비서가 쓰는 방이고, 바닥에 직조 양탄자가 깔리고 벽에는 이태리 지도가 부착된 작은 방에는 촘스키의 책상이 창문을 마주보고 있는데, 밖으로는 교수 전용의 수영장이 시원스레 내다보인다.

내가 촘스키를 따라잡은 곳은 빌딩20이 아니라, 빌딩10의 250호실에서였다. 이곳은 이동식 칠판이 꽉 들어찬 강단을 중심으로 가파른 경사를 따라 가지런히 배열된 좌석을 갖춘 원형극장 모양의 강의실이었다. 그는 맨 앞줄의 분홍색 의자에 앉아 있었는데, 진 써칭거의 무비카메라 앞에서 연설 중이었다.

"최근에도 비교적 평범한 이 강당은 언어학의 중심 주제에 대해 토론을 벌이는 젊은 언어학자들로 꽉 찼었지요. 30년 전만 하더라도 그런 문제에 관심을 갖는 사람들조차 없었습니다."

그가 말했다.

써칭거가 "컷!" 하고 외치자, 카메라가 꺼졌다. 수줍고 성냥개비처럼 마른 촘스키는 꾸부정하게 그의 자리로 돌아가더니, 스탭이 조명을 조정하는 동안 써칭거와 잡담을 하기 시작했다. 써칭거는 전화 두 대를 놓고 일하는 주식중개인 같은 외양을 하고 있었다.

장비담당자 : (써칭거에게 소리지른다.) "좋습니까?"

써칭거 : "예? 아니오. 올리세요."

촘스키 : (써칭거에게) "종교보다 더 신성모독의 것이 무엇이 있을까요?"

(장비담당자가 조명을 올린다)

카메라맨 : (써칭거에게) "그 의자 뒤에 불이 켜져 있어요. 내버려 둘까요?"

써칭거: "괜찮아요."

촘스키 : (써칭거에게) "……그러나 완벽한 것? 그런 건 없어요. 혹시 당신이 종교심이 깊다면 몰라도."

카메라맨 : (써칭거에게) "교수님에게 할로겐 등이 비추는데요. 괜찮을까요?"

써칭거 : "괜찮아요."

마침내 써칭거가 "슬레이트"라고 말하자, 'TAKE 5' 라고 쓰인 석판이 촘스키 얼굴을 가렸고, "찰칵"하고 닫히는 소리가 나자 촘스키는 다시 그의 전 생애에 걸친 작업과 써칭거의 영화라는 주제로 돌아왔다.

"언어는 도구입니다."

그가 말하기 시작했다.

"도구란 끝없이 유용하죠. 전에 한 번도 들어본 적이 없었던 문장도 이해하고 쉽게 창조해낸다는 의미에서 말입니다. 어떻게 그렇게 해내는 걸까요? 언어란 망치와도 같습니다. 여러 군데서 다양하게 쓰이죠. 그리고 사용하는 사람이 누구냐에 따라 달라집니다. 그럼에도 불구하고 언어란 하나의 구조를 가진 하나의 체계입니다. 구조를 가졌다는 것은 한계가 있다는 것을 의미합니다. 반드시 그래야 하죠. 만일 그렇지 않다면 작동될 리가 없죠. 망치가 무정형의 방울 모양이라면 쓸모가 없겠죠. 그런데 문제는 곰곰이 구조를 들여다보면서 일어납니다. 즉, 언어를 심각하게 받아들이기 시작하는 거죠. 드디어 어떤 구조를 찾는 데 성공했다면, 당신은 이제 막 시작한 겁니다. 이 세상에 관한 새로운 질문을 할 준비가 된 것입니다. 1950년대에는 언어와 인간의 행동에 대해 연구를 할 때 기본적인 전제가 있었습니다. 즉, 사람들이 무엇을 하고 무엇을 생산해내는가에 집중해야 한다는 것이었지요. 지금의 새롭고도 주요한 관점은 이렇습니다. 행동을 설명해주는 정신의 내부 체계로 초점을 옮겨야 한다는 것이지요. 그렇다면 이 내부의 메커니즘이란 무엇일까요?"

강력한 의문점들 가운데에서도 선천론자들이 발견한 것은, 이 내부의 메커니즘을 자세히 들여다본 결과 소위 '귀납법의 문제'라는 것이 있다는 점이었다. 이것을 간단히 설명해보면, 어린아이들은 자신이 들은 제한된 숫자의 문장만 말하는 것이 아니라, 얼마든지 무한한 수의 문장을 만들어낸다. 어린아이들은 어떻게 이런 규칙체계를 발전시키는 것일까? 사실상 이런 규칙체계에 일찍부터 응답하는 어린아이의 능력은 너무나 놀랍고 불가사의 한 것이어서, 어른들은 아이들을 거의 자극할 필요도 없거니와 이런 현상을 도저히 설명하지도 못한다.

이 내재된 규칙에 대해 몇 가지 특별한 예를 들려준 사람은 명백한 촘스키파이자, 촘스키의 MIT 동료 교수이기도 한 언어학자, 스티브 핑커였다. 그의 말에 따르면, 어린이들은 동사가 여러 급으로 나뉘어 있다는 것을 이해한다. 동사를 분류하는 한 가지 측면은 행동의 결과가 바로 발생하는가("밀다" 의 경우), 혹은 발생하는 데 거리가 적용되는가("던지다" 의 경우)이다. 행동에 거리가 적용되는 경우, 어린이들은 문장이 도치되어도 된다는 것을 알고 있다. "kick the ball to John"는 "kick John the ball"로 바뀔 수 있다. 그러나 "push the ball to John"는 "push John the ball"로 도치될 수 없다. 손으로 안내하는 동작이 수반된 동사는 다른 구문론의 법칙을 따르기 때문이다.

이와 유사하게 "I gave him a book"이라는 문장을 "I gave a book to him"으로 도치할 수 있지만, "I donated the painting to the museum(나는 그 그림을 박물관에 기증했다)"를, "I donated the museum a painting"으로 바꿀 수 없다. 왜냐고? "give"와 같은 앵글로색슨족이 사용하는 동사는 1066년 당시 정복왕 윌리엄이 대륙으로부터 잉글랜드로 가져온 라틴어계 동사와 급이 다르기 때문이다. "throw John the ball"이라고 말할 수 있지만, "propel him the ball"이라고 말할 수는 없는 것이다.

놀랍게도 어린아이들은 보통 한 음절의 토종 단어와 좀 더 긴 음절의 라틴어계 단어가 급이 다르다는 것을 금방 알아차린다. 어떤 것을 흔드는 것(shake something up)은 가능하지만, 떨리게(vibrate it up)는 할 수 없음을 잘 안다. 실험 결과, 심지어 세 살 반밖에 안 된 아기도, "ogulate"와 같은 엉터리 동사와, "pilk"와 같은 엉터리 동사를 서로 다르게 취급하고 있었다.

이 특이한 동사의 영역 안에는 "야구장의 이변"이라고 표현되는 현상이 있다. 동사에는 발음이 틀리게 발음되면서, 과거시제가 다르게 변화하는 집단이 있다. 예를 들면, "fly"의 과거시제는 "flew"이지만, 핑커가 내게 말한 바와 같이, 야구 선수들은 "flew out"이라고 말하지 않고, "flied out"이라고 말한다. 고울리(골키퍼의 구어)는 "high – stuck(쳐박혔다)"이라고 말하지 않고, "high – sticked"라고 말한다. 특히 미국인들이 "stick"이나 "fly ball"과 같은 명사로부터 동사를 만들어내는 것을 즐긴다. 스포츠계는 이런 특정집단이 쓰는 야구용어로 가득하다. 이들 국내파 동사들은 모두 과거시제에서는 규칙적 변화인 –ed로 끝난다. 심지어는 비슷한 소리를 내는 동사가 불규칙인 경우에도 그렇다. "the army didn't rang the town, it ringed it"이라고 표현하는 식이다.

규칙은 준수하되 생각하지 않는다 – 라는 것이 특징적이다. 언어학자가 "Who threw the most underwear?(누가 그 많은 속옷을 던졌죠?)"라고 물으면, 실험대상자는 "She outflung him(그녀가 던졌어요)"라고 답한다. 이번엔 누가 그 많은 연애 사건의 주인공이었냐고 물으면, "She outflinged him(그녀가 그를 멀리 찼어요)"라는 대답이 돌아온다. 어린이들은 이 규칙을 재빨리 알아차린다. 불규칙으로 변하는 복수의 경우 복합어를 만들 수 있지만, 규칙적인 복수("s"가 붙어서 형성되는 것)의 경우는 안 된다는 것을 이해하는 것도 마찬가지다. 예를 들어, 이빨 자국(teeth mark)은 가능하나, 발톱 자국(claws mark)은 성립되지 않는다.

피츠버그 대학의 언어학자인 피터 고든은 세 살에서 다섯 살짜리 어린이들을 대상으로 이 의문에 대해 실험을 했다. "진흙 먹는 걸 좋아하는 괴물은 뭐라고 부르지?"라고 묻자, 어린이들은 "Mud – eater" 라고 대답했다.

"쥐(Mice)를 먹는 걸 좋아하는 괴물은?"

"Mice – eater!"

"커다란 쥐(Rat)를 먹는 걸 좋아하는 괴물은?"

"Rat – eater!"

아이들은 그저 엉터리 명사를 따라할 뿐이었다. 그러나 어떻게 그럴 수 있을까? 선천론자들은 어린아이들이 학습했다는 주장을 일축한다. 요컨대, 복수형 복합어가 나타날 확률은 백만분의 일에 불과하다는 것이다. 이 규칙은 설명하기 어렵다. 심지어 어른에게조차도 말이다. 그리고 이런 것을 실수하는 아이에게 고쳐주려고 하는 사람도 거의 없다. 촘스키파는 아이들이 이 모든 것들의 차이와 수천 개의 아주 미묘한 차이도 구별한다고 주장한다. 왜냐하면 이것들을 관장하는 규칙은 선천적인 것이기 때문이다.

"언어가 뇌 속에 있다고 생각하는 나는 이만하면 충분히 물질주의자라고 할 수 있지요."

촘스키는 250호 강당에서 카메라를 마주 보고 설명 중이었다.

"인간은 발을 잘라내도 말을 할 수 있습니다. 사실, 언어란 정신의 한 기관이라고 보는 것이 유용합니다. 인간의 두뇌는 생물학적인 세계의 다른 모든 시스템과 똑같습니다. 즉, 뇌는 전문화된 기능을 위한 전문화된 구조로 나뉘어져 있고, 언어는 그중의 하나입니다. 그러나 우리가 지각이 있기 때문에 언어를 발명했을까요? 우리 몸의 순환체계를 우리가 발명했습니까? 아니죠. 언어에 대해 한 가지 확실해 보이는 것은 기본적인 설계가 이미 유전자 속에 있다는 것입니다. 그 유전자가 언어의 구조와 설계를 결정합니다. 내가 아는 한 컴퓨터와 같은 시스템 안에는 변화는 없다고 말하는 것이 타당할 것 같습니다. 인간에게 의미있게 들리는 일련의 소음체계의 조직을 결정짓는 원리 말입니다. 이 모든 것은 아주 엄격하고 질서정연하게 일어납니다. 퍼스널 컴퓨터 안의 계산만큼이나 질서정연하지요."

"안돼요, 안돼."

써칭거가 반대하고 나섰다.

"그 부분을 다시 한 번 해주시겠습니까? 너무 장황하게 들리는데요."

촘스키는 순간 맥이 풀리는 것 같았다.

"걷는 것과 비교할 수 있잖아요."

써칭거가 재촉했다.

"글쎄요, 이를테면 걷는 기능과 같은 거지요."

촘스키가 계속했다.

"만일 새가 어린아이를 키운다면 그 아이가 나중에는 날 수 있을까요? 아니죠. 혹은 사람이 개를 키운다고 해서 개가 나중에는 뒷발로 걷겠습니까? 아닙니다. 우리가 걷게끔 설계되어 있다는 것은 논란의 여지가 없는 것입니다. 걷는 것을 학습한다는 것은 정말 있을 수 없는 일입니다."

점점 계속되는 그의 설명을 들으면서 왜 그렇게 열렬하게 제각기 다른 학파들이 언어에 대한 의문점을 포기하지 않으려 했는지 이해가 됐다. 쪼개기도 그렇고 공유하기도 어려운 학문이었다. 촘스키는 처음엔 언어에 대해 얘기하기 시작했지만, 곧 인간의 본성에 대하여 말하고 있었다. 그는 이미 신성불가침의 계율을 들이받았었다. 바로 모성애다. 촘스키의 생득주의 이론에 따르면 아이들은 엄마로부터, 아니 주위 환경의 그 누구한테서도 언어를 배우지 않는다. 그들은 언어를 갖고 태어난다.

비록 지금은 널리 받아들여지긴 하지만, 당시 이런 주장은 상식에 도전하는 것이었고, 지금도 여전히 도화선에 불을 당기고 있다.

"생득주의자들은 언어가 매우 빨리 그리고 매우 쉽게 습득되며, 어린이 자신의 책임이 아주 크다고 주장합니다."

캐서린 스노우가 내게 설명해 주었다.

"그들도 언어란 아주 커다란 하나의 문제라고 봅니다. 반면에 우리는 언어를 배우는 것은 멀고도 험난한 과정이며, 어린이에게 많은 작업을 요구한다고 봅니다. 결국 어린이들은 하루에 15시간, 16시간씩을 힘들게 노력하는 것이죠. 어른과의 관계와 인지적 능력의 총체적인 세트가 요구된다고 봐요. 우리는 또한 어린이가 한 번에 아주 조금씩 언어체계를 갈고 닦는다고 생각해요."

"생득주의자들의 설명에 의지하고 싶어하는 사람들은 은유에 의지하는 거예요. 사실 흥미진진한 은유거든요. 어린이가 곧 언어학자라는 이미지가 이들을 전율하게 만들죠. 내뱉는 발음마다 이국적이면서, 이상하고도 기괴한 언어의 완벽한 연설자가 되는 것이죠. 그러나 가장 과격한 생득주의자들조차 그럼 어느 것이 언어를 위한 유전자이고 세포인지 가리키지 못합니다. 그리고 가장 급진적인 환경론자들도 모든 종이 언어를 배우는 것은 아니고, 두뇌의 너무 많은 부분이 없어지면 언어를 배우지 못한다는 것을 인정해야만 합니다. 그러므로 해결방법은 중간의 어디에 있는 거죠. 문제는 신비로운 영역의 밖으로 이것을 끌어내는 것이죠. 프린스톤 대학의 심리언어학자인 조지 밀러가 이렇게 말했죠. '언어습득에 관한 문제는 생득주의자들은 이것이 신비롭다는 것을 증명했다는 것이고, 환경주의자들은 그것이 불가능하다는 것을 증명했다는 것이다.'"

한편, 촘스키와 진 써칭거는 MIT 강의실에서 영화를 찍는 것이 더 이상 곤란하다는 것을 점차 깨닫고 있었다. 이미 예정된 수업시간이 다가오고 있었고, 교수 한 명이 들어오더니 촘스키를 향하여 희미하게 고갯짓을 한 뒤, 곧 돌아서서 칠판에 "양서류 난모세포의 발달"이라고 적었다.

"언어라는 것을 전혀 듣지 못하는 환경에 처한 한 아이를 가정해봅시다."

촘스키는 계속했다.

"두 가지 결과를 예상할 수 있죠. 말을 전혀 하지 못하게 되거나, 어쩌면 새로운 언어를 발명할지도 모릅니다. 만일 고립된 섬에다 말을 시작하기 이전의 아이를 갖다 놓는다면, 이들이 이미 갖고 있는 언어의 기능으로 인해, 새로운 언어를 낳을 가능성이 많습니다. 아마 첫 번째 세대에는 어려울지도 모르죠. 그리고 이들이 새로운 언어를 하게 된다면, 그건 아마도 우리가 아는 언어들과 닮은꼴일 겁니다. 하지만 이런 실험을 할 수는 없습니다. 어린아이에게 강제로 그런 경험을 하게 할 수는 없으니까요."

조명이 꺼지고 스텝들이 서둘러 케이블과 마이크를 정리하기 시작했다.

"물론……."

밀물처럼 밀려드는 학생들 사이를 헤집고, MIT의 사각형 안뜰로 향하면서 촘스키가 서칭거에게 말했다.

"자연적인 실험이라면 가능합니다."

8

언론들, 의사들, 박애주의자들, 괴짜들

지니 사례 때문에 빅토리아 프롬킨의 방으로 불려가면서 수잔 커티스에게 떨어진 행운은 처음에 그녀가 예상했던 것보다 훨씬 더 큰 것이었다. 왜냐하면 지니에게 다가가려는 경쟁이 치열하게 벌어졌기 때문이었다. 지니가 발견되고 6개월이 지난 1971년 5월 초만 하더라도, 그녀를 둘러싼 과학적 관찰자 중에 언어학자가 포함될 거라는 보장은 전혀 없었다. 지니에게 접근을 시도한 사람은 과학자들뿐만이 아니었다.

"즉각적으로 지니에 대한 관심이 일어났습니다. 유명세 같은 거였죠."

당시 아동병원의 정신과 과장이었던 하워드 한센이 말했다.

"전 세계에서 전화가 걸려왔어요. 언론들, 의사들, 박애주의자들, 괴짜들……. 지니를 익명으로 남게 하려고 애썼지만 우린 지니를 병원에 묶어두어야 했습니다. 지니는 당시 법원 병동소속이었는데, 만일 우리가 지니를 퇴원시켰더라면 청소년시설로 갔을 거예요. 그건 올바른 처사가 아니었죠. 그래서 데이빗이 적극적으로 연구 계획을 짜내서 약간의 기금을 모으게 된 겁니다."

"데이빗"이란 데이빗 리글러를 말하는데, 그는 남부캘리포니아 대학의 소아과와 심리학과 교수이면서, 아동병원 정신과에서 수석 심리학자로 일하고 있었다. 아동병원에서 일한 지 1년 정도 된 그는 전에 메릴랜드주 베데스다에 있는 '국립정신건강연구소'에서 보조금 지원을 요청하는 단체나 개인의 심사자로 일한 적이 있었다. 그의 경험은 아동병원이 두 군데의 재단으로부터 지니를 위한 최초의 연구기금을 따내는 데 큰 도움이 되었다. 1971년 2월, '국립정신건강연구소'와의 계약에서 조성된 기금은 21,500달러였다. 이 계약은 다음해 9월까지 지속되었다. 이 기간 동안 예비조사를 위한 다수의 컨설턴트들이 초빙되었고, 장기계획을 토론하기 위한 회의가 마련되었다.

한센과 리글러는 이 과정의 수문장 역할을 했다. 이들을 도와준 사람 중에는 다른 병원에서 심리학자로 일했던 제임스 켄트가 있었다. 켄트의 존재는 특히 지니에게 좋은 징조로 보였다. 그는 지금은 누구에게나 잘 알려져 있지만, 20년 전만 하더라도 잘 인식되지 못했던 어떤 현상에 대한 권위자였다. 한센은 이렇게 상세히 설명해주었다.

"나는 전에 소아과 의사로 일했습니다. 1950년대로 거슬러 올라가면, 그때 우리는 복합적 상처를 입은 어린아이들의 엑스레이 사진을 흔히 보곤 했어요. 서로 연관성 없는 골절이라고 우리가 불렀던 것이지요. 두개골에는 경막하 골절이 있는데, 장골 골절상은 낫고 있는 그런 식입니다. 우린 그때만 해도 우리가 들여다 보고 있는 것이 뭘 의미하는지 잘 몰랐어요. 그건 심리적인 것도, 분명코 성적인 것도 아닌, 신체적 학대였어요. 우린 거기에 대해 막 눈을 뜬 것이었죠. 그때만 해도 우린 그런 사실을 쉬쉬했었습니다."

제임스 켄트는 자신이 목격한 것의 의미를 잘 알고 있었다. 어린이 학대에 관한 한 이미 전문가였던 그는 1972년 이 문제를 연구하는 백악관 위원회의 위원으로 임명되었다. 나중에 그는 더 나아가 국가가 이 중요한 문제에 적절하게 대처하고 있지 않다고 확신했지만, 닉슨이 이끄는 백악관은 결국은 그의 의견에 동조하지 않았다. 켄트는 지니 사례 연구의 최초 책임자였다.

"제 임무는 지니를 치료하는 거였어요."

그는 회상한다.

"그러나 지니의 진전 상황을 계속 지켜보고 발달 상황을 기록하면서 치료사가 아닌 전기 작가가 되어가고 있었습니다."

지니가 아동병원에 입원한 다음날, 켄트는 그녀를 처음 찾아갔다. 지니는 처음 왔을 때 기저귀를 차고 있었고 그가 막 들어섰을 때, 그걸 가는 중이었다. 새 파자마로 성공적으로 갈아입혀진 지니는 침대에서 일어나 발을 질질 끌며 그에게 다가왔다. 아마도 그가 가져온 물건들(잡지, 그림 그리는 종이, 크레용과 덴버상자*)에 현혹된 것 같았다. 그는 지니가 잡지책을 펄럭거리는 솜씨에 놀라움을 금치 못했다. 마치 그녀의 모든 지능이 지문으로 몰린 것 같았다. 왜냐하면 테스트 결과 지니의 지능은 대략 두 살 정도의 운동 기능밖에 없다고 판정되었기 때문이었다.

켄트가 덴버상자에서 물건들(종, 블록, 작은 인형)을 꺼내자, 지니는 그것들을 하나씩 집어서 잠깐 뺨 가까이에 갖다 대고는 한쪽으로 던져버렸다. 지니는 그와 눈을 정확히 맞췄고, 주위 환경에 아주 호기심이 많아 보였으며, 소리에 귀를 기울이는 것 같았는데, 진원지를 확인하려는 듯 방 안을 이리저리 옮겨 다녔다. 켄트는 미래가 밝다고 생각했지만, 그가 전체적으로 내린 평가는 암울했다.

---

* 아동의 발달 상황을 측정하는 데 사용되는 장난감 세트.

“내가 아는 한 지니는 여태껏 보아온 아동 가운데 가장 심하게 피해를 입은 아이였습니다.”

그는 최근에 이렇게 말했다.

“여기에 견줄만한 그 어떤 사례도 본 적이 없습니다. 등급으로 보자면 ‘엄청나게 나쁨’이었어요. 내가 최근에 돌본 의식 살인과 매음, 온갖 더러운 것에 둘러싸인 한 사악한 사이비 종교 집단에서 수화로 키워진 아이(청각장애아가 아니었어요)조차도 지니에 비하면 정상이었지요. 지니의 인생은 황무지와 같았어요.”

켄트가 가졌던 의문점(나중에 커티스의 일과 관련된 것이기도 했던)은 지니가 입은 피해가 그녀에게 어떤 정서적, 지적인 영향을 끼쳤는가였다. 말을 할 수 없었으므로 지능을 테스트하는 것도 거의 불가능했지만, 감정이 없는 것은 아니었다. 켄트는 그가 덴버상자에서 허수아비를 꺼내자 지니가 무서워한다는 것을 알았다. 지니는 흠칫 놀라더니 그의 손에서 허수아비를 잡아채서 바닥에 던져버렸다. 켄트가 아주 걱정스러워하는 척 하면서 “다시 데려와야 해”라고 말하자, 기절초풍하게도 지니는 “다시”라는 말을 몇 번씩 되풀이 하면서 날카롭고도 불안하게 웃었다. 여기에 고무된 켄트는 넘어지고 자빠지는 판토마임을 보여주며 허수아비를 주워와 지니에게 다시 던지게 했다. 그러자 그녀는 웃음을 터뜨렸다. 지니는 노는 것을 터득했고, 반복적인 놀이를 즐기고 있었다.

그러나 지니가 이것 외에 보여준 것은 거의 없었다. 그로부터 1년 후인 1972년, 켄트는 심포지엄 논문에서 이렇게 보고했다.

"특이한 웃음 말고는, 짜증만이 우리가 구별해낼 수 있었던 유일하고도 분명한 정서적 행동이었다."

그 짜증 또한 매우 특이한 것이었다. 성난 눈빛으로 쏘아보면서 종이를 찢거나 손톱으로 물건을 긁었다. 아주 화가 났을 때는 자신의 얼굴에도 상처를 냈으며, 옷에다 아주 난폭하게 코를 팽 하고 풀거나 오줌을 지리곤 했다. 그러나 지니는 아무 소리도 내지 않았고, 분노를 외부나 타인에게 전가하지도 않았다. 그녀를 돌보던 사람들이 지니가 얼마나 강압적으로 모든 감정의 표현을 억누르도록 강요받아왔는가를 발견한 것은 훨씬 뒤의 일이었다.

켄트는 계속해서 지니의 뒤에 숨겨진 자질을 찾으려 했다.

"그녀는 착취당하고 내버려졌다."

그가 논문에 쓴 표현이다.

"그러나 수면상태로 있었던 것은 아니었다. 지니는 이미 경험과 기억들, 그리고 어떤 식으로든 그녀의 반응을 채색하고 형성시켜야 할 기대감의 비축량을 지니고 있었다."

그러나 지니는 맨 처음에는 거의 어떤 반응도 보이지 않았다. 일상적인 행동거지는 그저 "음울한 무관심"이었다고 켄트는 기록했다. 의도적으로 참여하는 경우가 아닌 한 지니는 이 새로운 물리적 세상에서 그저 떠다니는 듯 했다. 팔꿈치를 접고 희한한 "토끼걸음"으로 걷거나, 자신의 옷이나 커튼의 가장자리에 침을 뱉었다. 방 안에 있는 사람들보다는 방에 대해 훨씬 더 관심이 있는 듯 했다. 실제로 지니는 여러 다양한 방문자들을 거의 구별하지 못하는 것 같았다. 어떤 관찰자들은 지니를 가리켜, "마치 유령 같다"고 말하기도 했다.

9

아주 재빨리 무장된 군기지처럼 변하다

제이 셜리는 지니를 방문한 첫 번째 외부 컨설턴트 중의 한 사람이었다.

"제가 셜리를 초청했습니다. 그리고 공항에서 만나 그를 데려왔어요. 지금도 비행기에서 내리던 그의 모습이 기억납니다. 아주 덩치가 큰 텍사스 사람이었어요. 정말 웃겼어요. 카우보이 모자를 쓰고 있었거든요."

하워드 한센이 내게 말했다.

"첫 번째 여행은 내 돈을 들여 왔어요. 지니와 일주일을 지냈지요. 의학적으로 검사를 하기 위해서였습니다. 나는 그녀가 너무나 진귀한 케이스라는 것을 확신했어요. 내가 아는 한 지니처럼 그렇게 극단적이고도 장기간에 걸쳐 사회적 고립을 겪은 어린아이는 그 어떤 문헌을 뒤져봐도 없었습니다."

셜리도 최근에 만난 자리에서 그때 일을 회상했다.

셜리는 먼저 짐 덩어리를 부쳤는데, 600파운드의 무게가 나가는 두뇌 활동을 검사하는 최신식 장비였다. 초기의 3회에 걸친 방문기간 동안 3일 밤을 연속해서 그는 지니의 머리에 측정기를 연결시켰다. 지니가 잠든 동안 뇌파를 측정하기 위한 것이었는데, 두뇌의 비정상적인 발달을 암시해줄지도 모르는 이례적인 것을 찾으려는 시도였다.

"이를테면 지니는 상상할 수 있는 모든 정보의 보고였습니다."

그가 말했다.

"난 거기에 부응한 것입니다. 왜냐하면 나는 어떤 근본적인 차원에 관한 연구를 하는 사람이거든요. 그녀가 어쩌면 모든 종류의 의문점에 빛을 밝혀줄지도 모른다고 생각했습니다. 그런 심한 고립의 자연스런 사례는 자주 일어나지 않거든요. 더구나 장기간의 경우라면 더 말할 것도 없습니다."

셜리는 고립에 관한 의문점에 특별히 관심이 많았다. 그의 성장 배경은 특이했다. 그는 텍사스의 한 찢어지게 가난한 농가에서 태어났는데, 성장 배경이 남달랐다.

"저는 일종의 검은 양이었습니다."

그가 말했다.

"우리 집 식구들은 모두 목동이에요. 대학에 진학해 학자가 되겠다는 꿈을 가졌던 사람은 저뿐이었습니다."

갤베스톤에 있는 텍사스 의과대학 분교를 졸업한 그는 필라델피아에 있는 펜실베니아 병원으로 옮겨 정신과의 수련을 받았다. 오스틴의 개인 병원에서 잠깐 일한 후(오스틴에서 한동안 그는 남부텍사스 출신의 유일한 정신과 전문의였다) 군대에 소집돼 샌 안토니오의 부르크 군인의료센터에서 근무했는데, 이곳에서 그는 한국으로 파견되는 군의관들을 대상으로 정신과 서비스를 교육했다.

복무기간이 끝나자 그는 베데스다로 옮겨 '국립정신건강연구소'의 성인정신과를 맡게 되었다. 그의 공식적인 연구 분야는 정신분열증이었는데, 환자들의 환청에 매력을 느낀 나머지 정규 과정 외의 실험까지 벌임으로써 논란을 불러일으키기도 했다. 그는 근무 외 시간을 온수감각박탈 실험실 개발을 돕는 데 할애했으며, 이는 결국 그를 초심리학의 길로 인도했다.

셜리는 1950년대 후반과 1960년대 초기에 걸쳐 처음에는 '국립정신건강연구소'에서, 그 다음에는 오클라호마시에 위치한 재향군인회병원에서 자신을 실험대상으로 삼아 탱크 실험을 계속했다. 육체로부터 정신이 분리되는 생생한 환청 상태를 경험할 때까지 그야말로 아무것도 없는 무無의 공간에 떠있는 것이었다. 일종의 수면상태와 같은 이런 체험은 그로 하여금 군대에서 들었던 소문을 떠올리게 했다. 그것은 바로 새로 도입된 정찰용 제트기를 타고 하늘로 올랐던 시험 비행사들의 이야기였다. 이들에 의하면, 너무나 높이 날아오르는 바람에 구름이나 지평선도 볼 수 없었고, 너무나 빠른 나머지 엔진에서 나는 소음도 듣지 못했다는 것이었다. 공군 측은 비행사들이 비행 중 환각을 경험한다는 얘기를 일축했으나, 비행사들은 현실로부터 유리되어 꿈의 상태로 돌입하는 이 분리의 순간에 이름까지 정해놓고 있었다.

게다가 이와 유사한 이탈현상이 고독한 듀라인DEW-line*의 전초기지에서 근무했던 군인들에 의해 보고된 바 있었고, 북한에서 풀려난 미군 전쟁포로의 후일담도 있었다. 이들은 북한에서 계속 혼자 감금된 상태로 있었다.

셜리는 자신이 탱크 안에서 경험한 것이 마치 얽힌 실타래를 풀듯이 분리시키기를 원했던 바로 그 두 가지 현상의 결합이라고 확신했다.

---

* 미국 캐나다의 공동 원거리 조기 경계망, 북위 70도선 부근.

"사회적 분리가 먼저 이루어져야만 감각의 분리를 이룰 수 있습니다."

그가 설명했다.

"온전하게 성장한 인간에게 있어서 감각적 접촉의 가장 풍요로운 원천은 바로 동료인 인간으로부터의 자극인 것입니다."

감각으로부터 독립된 사회적 고립의 영향을 연구하기 위해 셜리는 거의 인간이 살지 않는 지역으로 떠났다. 작은 배에서 사는 선원들을 관찰하기도 했고, 60년대에는 남극대륙에서 세 번의 여름을 나기도 했다. 이곳에서 그는 국립과학재단으로부터 13개월간 파견되어 있던 과학자들과 직원들의 신진대사와 수면패턴, 사회심리적 행동을 관찰하고 기록했다. 그는 이곳 대륙의 붙박이와 같은 존재가 되었고, 국립측지학협회는 펜사콜라만 산줄기에 있는 산 하나에 그의 이름을 따서 "셜리릿지"라 명명했다. 오클라호마 대학의 학생들은 그가 맡고 있는 대학원 코스를 가리켜 "가로세로 3미터의 작은 방에서 6미터 밖을 응시하기"라고 불렀다. 그가 지니에게 연결했던 장비에는 남극의 선적표가 덕지덕지 붙어 있었다.

지니를 처음 방문했을 때, 셜리는 그녀가 사람을 포함하여 모든 것을 마치 물건처럼 취급한다고 느꼈던 것을 기억해냈다.

"장난감을 주면 살며시 손을 뻗어서 손가락 끝으로 어루만졌어요. 마치 자신의 눈은 못 믿는 것 같았습니다."

그는 이렇게 말했다.

"뺨에다 대고 문지르고는 감촉을 느끼는 것 같았어요. 침대 옆에 서 있는 나를 지니는 알아채기 시작했어요. 내가 손을 내밀자 그녀는 천천히 손을 뻗어 내 손을 잡더니 엄지손가락과 나머지 손가락들을 하나하나 자세하게 느끼더니, 뺨에다 내 손을 갖다 댔어요."

의학과 관련된 그의 경험은 이 특이한 행동에 대하여 한 가지 설명을 제공해주었다.

"정확히 표현하자면, 그녀는 맹인 소녀 같았습니다."

그는 계속 얘기했다.

"지니는 감촉과 시각적 정보가 통합되어 있지 않았습니다. 심지어 그 토끼처럼 걷는 걸음과 앞으로 내민 손을 보세요. 바로 맹인의 상태인 거죠. 자신의 눈을 전적으로 신뢰할 수 없을 때, 사람들은 그렇게 행동하게 됩니다."

지니의 상태가 최초로 호전된 그 시기에 마침 셜리가 그곳에 있었다.

"내가 처음 지니를 보았을 때, 엉덩이 주위로 목걸이 줄처럼 둥그렇게 굳은살이 박혀 있었어요. 유아용 변기의 구멍과 일치하는 거죠. 아주 까맣게 멍이 들어 있었습니다. 그런데 제 기억 말고는 여기에 관해 언급된 기록이 전혀 없었어요. 3주 후에는 많이 사라져서 시퍼렇던 멍이 노랗게 변해 있었습니다."

두 달 정도 지나고 다시 왔을 때, 이번에는 덜 고무적인 다른 변화를 발견했다.

"내가 처음 진찰했을 때는 완전히 버림받은 비루먹은 고아였던 것과 달리 진귀한 경품이 되어 있었어요. 누가 그녀를 조사연구할 것인지, 그리고 치료와 조사연구의 방향은 어떻게 할 것인가에 대한 치열한 경쟁이 있었죠. 모든 곳을 다 가볼 수는 없잖아요? 몇 개의 주요 방향이 있었고, 나는 먼저 수면에 관한 연구부터 끝내고 연구 방향을 결정하려고 했습니다. 언어습득에 관심이 있긴 했지만 그것이 최우선순위는 아니었습니다. 빅토리아 프롬킨이 인지분야에 관심을 표명하긴 했지만, 만일 지니가 지적 장애아임이 드러난다면 원인이 유전적이든 혹은 영양실조든 간에 인지발달에 관한 조사연구감으로 적당한 사례는 아니었죠. 그런데 인지발달의 가능성은 없어보였어요. 개화기가 없을 거라는 말입니다. 소녀는 젖병의 귀리죽과 우유로 연명했으니까요."

그는 계속했다.

"나는 그녀의 두뇌가 영양과, 정보, 사회적인 면에서 박탈을 겪었는지 여부를 조사하는 게 쉬울 거라고 생각했습니다. 성장하면서 두뇌와 성격 면에 어떤 영향을 받았는지 알고 싶었죠. 나는 인지적인 면보다 사회 정서적 측면에 더 관심이 많았어요. 우리가 정말 탐구해야 할 문제는 그녀가 엄마 같은 존재에게 다시 애착을 가질 수 있는가를 알아내는 거라고 생각했습니다. 지니가 유대감을 느낄 수 있는 어떤 사람과 접촉케 하는 것이 더 중요하다고 생각했습니다. 이 문제는 실패하면 다시 할 수 있는 그런 것이 아니었습니다. 완벽하게 그리고 온전하게 이용되어야 한다는 것이 아주 중요했죠. 경멸적인 의미에서의 착취를 의미하는 것은 물론 아닙니다."

이 사례를 취급하는 셜리의 일부 아이디어에는 아주 극단적이진 않더라도 소설처럼 들리는 면이 있었다. 방문 초기에 있었던 한 회의에서, 그는 "지니가 애초에 처했던 것과 매우 유사한" 아주 제한된 환경으로 (물론, 처벌과 학대는 빼고) 되돌려 놓는 것이 그녀에게 이로울지도 모른다고 제안했다. 애초에 벌어졌던 '번갯불에 콩 볶아먹는 식'이 아니라 서서히 단계적으로, 보다 세밀하게 통제되고 정해진 규칙에 따라 그녀를 차근차근 옮기자는 것이었다. 이렇게 되면, 그녀가 세상에 갑자기 드러나면서 받은 엄청난 충격으로부터 회복될지도 모른다는 것이었다. 과학자들 입장에서도 관찰하기에 보다 나은 기초적인 선을 제공받을 것이었다. 리글러는 그의 아이디어의 독창성에 감탄을 금치 못했다.

"고려할만한 충분한 가치가 있는 제안이었습니다."

리글러가 한 말이다.

그러나 리글러는 지니의 너무 빠른 감압으로 인한 호흡 곤란증을 인간적인 것으로 되돌리기엔 이미 너무 멀리 나아갔다고 생각했고, 셜리의 제안을 거절했다.

대여섯 번에 걸친 방문을 통해 셜리의 희망은 점점 희미해져만 갔다.

"정치가 난무했어요. 같은 조직 내에서의 암투가 대단했습니다. 처음부터 그랬어요."

셜리가 말했다.

"아동병원은 반드시 조용하고 침착하게 과정을 추구해야 할 비범한 장소였습니다. 그런데 얼마 안 돼서 이런 분위기가 무너지기 시작했어요. 의사와 병원 사이에, 그리고 교사, 학교, 정신과, 심리학 간에 갈등이 불거졌죠. 병원은 순식간에 중무장된 군기지처럼 돼버렸어요."

셜리는 이 붕괴의 탓을 '번쩍거리는 요인'에 현혹되어 서로 신임을 얻으려고 눈이 벌개진 병원 내의 경쟁심 탓으로 돌린다. 이 병원이 유명인사들의 거주지에 근접해 있기 때문이라고도 덧붙였다. 하지만 병원 내의 사람들은 병원이 위치한 칙칙한 환경과 평범한 고객들을 보라며, 내부의 정치 투쟁이 아니라 관습적인 관료제 탓이었다고 책임을 돌렸다.

10

번영을 구가하다

지니는 무대 뒤에서 벌어지는 전쟁에 무감각해 보였다. 생애 처음으로 그녀는 다른 아이들과 비교적 유사한 대우를 받고 있었고, 비교적 삶을 되찾아가고 있었다.

지니는 병원에 입원하자마자 거의 즉각적으로 심리적, 신체적 발전을 보였다. 입원한 지 3일 만에 지니는 옷갈아 입는 것을 거들었으며, 비록 실금失禁 문제가 지속되긴 했지만 자발적으로 화장실을 사용했다. 2주 후에는 이제 좀 더 넓은 세상을 보여줄 준비가 된 것 같아서, 마당과 놀이시설을 갖춘 일층짜리 빌딩인 재활센터로 옮겨졌다.

재활센터는 병원과 제법 떨어져 있었다. 이곳에서 지니는 훨씬 더 나이 어린 환자들과 어울려 자유롭게 돌아다니거나 쳐다보기도 하고, 놀이나 게임에 끼기도 하며, 창작품이나 공예품을 가지고 놀기도 했다. 다른 아이들이 창의적인 훈련을 익히는 동안 지니는 자유를 느끼고 배웠다. 물건을 떨어뜨리거나 심지어 깨뜨려도 책망을 듣기는커녕 더 해도 된다는 것(실제로 그렇게 했다)을 깨달았다. 이런 허락에 대한 지니의 반응은, 제임스 켄트의 표현을 빌리면, 그녀의 정서적 반응 가운데 "가장 자연스러우면서도 자발적이고 지속적인" 것이었다.

"지니는 곧바로 의례히 하는 놀이에 돌입했다."

1972년 심포지엄 논문에서 켄트는 이렇게 보고했다.

"이 놀이란 지니가 결국 물건을 망가뜨리는 것으로 끝나는 것이었다. 처음의 불안하고도 긴장된 웃음은 점차 편안하면서도 다른 사람들도 웃게 만드는 웃음으로 변해갔고 어떤 때는 너무 웃다가 눈에 눈물이 맺히기도 했다. 종종 자신의 행동에 '그만해'라고 외치기도 했는데, 다시 웃음을 터뜨리고는 똑같은 행동을 되풀이했다."

너무 허용하는 분위기가 지니한테 안 좋을지도 모른다는 일부 동료의 우려에도 불구하고 (실제로 하루는 신이 나서 켄트의 새 안경 위로 깡총 뛰더니 지붕 위로 던져버렸다), 켄트는 지니의 작은 광란의 파괴행

위를 모두 용납했다. 그는 그것을 "과거의 상처받은 상황을 적극적으로 지배하려는 시도"로 보았다.

다른 평범한 아이였더라면 볼기를 맞았을 행동도 지니에게는 새로운 건강한 징조로 보였다. 어느 이른 봄날, 지니는 재활센터에 새로 들어온 소녀를 때리는 시늉을 했다. 그녀의 관찰자들은 이에 너무도 놀라워했고 즐거워했다. 그녀의 분노는 전에는 안으로 향해 있었던 것이다. 수잔 커티스는 그녀의 학위논문에서 이렇게 썼다.

"지니는 한 번 분노가 일어나면 발끈해서 성질을 부리곤 했다. 마구 몸을 흔들고, 긁고, 침을 뱉고, 코를 풀거나, 미친 듯이 머리카락과 얼굴에 콧물을 문질러댔고, 또 찔러대면서 자신에게 고통을 주는 것이었다. 이 모든 것이 침묵 속에 이루어졌다. 목소리를 낼 수 없었던 지니는 소음을 내기 위해, 그리고 자신의 광분을 표현하기 위해 사물이나 신체의 일부를 사용했다. 의자를 바닥에 대고 긁는 행위, 손가락으로 풍선을 박박 긁는 것, 가구 쓰러뜨리기, 물건을 다른 물건에다 던지거나 꽝 부딪치기, 발을 질질 끄는 것 등이 그것이었다. 울지도 못하고 침묵 속에서 짜증을 부려야 했던 지니에게는 이것들이야말로 소리 없는 아우성이었다. 마침내 기진맥진해진 지니는 그제서야 분노가 가라앉았고 다시금 아무런 항의도 않는 자신으로 조용히 돌아가는 것이었다."

그런 지니가 이제 마침내 외부로 분노를 표출하게 된 것이었다. 좌절의 원천을 제대로 조준하면서 말이다. 지니는 이 새로 온 소녀에게 화가 나 있었다. 왜냐하면 이 소녀가 병원의 세탁소에서 받은 옷을 입고 있었는데, 그 옷은 지니가 전에 입었던 것이었다. 이 사건은 지니가 자기라는 감각을 발달시키고 있다는 첫 번째 신호였다.

지니는 이미 소유욕을 알고 있었다. 그녀는 몰래 물건을(책, 종이컵, 플라스틱으로 만든 것은 모두 다) 비축했다. 지니의 소유욕은 점차 사람에게로 확장되는 듯 했다. 처음부터 그녀의 일과 중에는 제임스 켄트와 매일 운동장 둘레를 걷거나 거의 매일 켄트의 차를 타고 동네 상점이나 공원에 가는 것이 포함되어 있었다. 이것이 습관이 되자 지니는 켄트에게 호기심을 갖는 것 같았고, 그가 도착하면 반가운 듯 했다. 그러나 딴사람과 그를 구별하는 기색은 전혀 없었고 그의 부재를 슬퍼하지도 않았다. 그러나 한 달도 안 되어 그가 가는 것을 인식하는 듯한 표정이 얼굴에 흘낏 스치더니, 한 달이 더 지난 어느 날 그가 가려 하자 못 가게 그의 손을 잡는 것이었다. 그때부터는 그가 떠날 시간만 되면 그를 끌어당겨 자신의 옆에 앉혔다.

지니는 다른 어린아이들에게는 하등의 관심을 보이지 않았다. 그녀의 애착 대상은 어른이었다. 그중에서도 특히 남자였는데, 셜리처럼 아버지하고는 다른 모습을 한 수염을 기른 남자였다.

지니는 여자들하고도 사귀었다. 특히 진 버틀러(어린이들은 "미스 버틀러"로 호칭했고, 지니는 축약해서 "미비"라고 불렀다)와 친했는데, 진은 로스앤젤레스 교육청 후원 하에 재활센터에서 특수교육 프로그램을 운영하고 있었다.

"비범하리만큼 헌신적인 교사."

어느 보고서에서 켄트가 진을 가리켜 한 말이다.

셜리가 더 확장시켜서 한 평가를 보자.

"진은 아이를 이해하고 감정을 공유할 줄 알았습니다. 바로 이렇게 말예요!"

손가락을 딱하고 튕기며 셜리가 말했다.

"그녀는 자식은 없었지만 아이를 무척 사랑했어요. 아이와 공감할 줄 알았죠. 심지어 가장 심한 자폐증과 장애를 지닌 아이들하고도 그랬습니다. 재활센터에는 정말 어려운 케이스도 있었죠. 버틀러도 어린아이였을 때 아팠어요. 맥관염이었죠. 혈액에 관련된 질병인데, 청소년 때는 학기 내내 수업을 빠지곤 했어요. 그런 경험이 동정심과 인내심을 가르쳐 주었습니다. 그녀는 심하게 상처받은 아이들에게도 극도의 인내심을 발휘할 수 있었어요."

지니는 또한 센터 내의 잡역부와 몇 명의 요리사하고도 친하게 지냈다. 어느 날 이른 아침, 로스앤젤레스에서 지진이 발생했을 때 지니가 의지했던 사람도 바로 요리사들이었다. 지진이 나자 지니는 부엌으로 뛰어들어오더니 무어라고 한참 떠들어대기 시작했다. 얼마나 열심히 떠들었던지, 요리사는 한 번만 더 지진이 일어났다면 아마도 지니는 단번에 말하는 것을 배웠을 거라고 말했다고 한다.

비록 단번에는 아니었지만 지니는 말하는 법을 배워가고 있었다. 새로운 주위환경에 호기심이 많았던 지니는 끊임없이 사물의 이름을 물었다. 주변에서 자기를 돌보는 사람을 끌고 가 이들의 손가락으로 사물을 만지게 하거나 가리키게 하고는 이름을 말하게 했다.

"감각에 다가오는 모든 새로운 것들의 이름을 알고 싶은 욕구에 굶주려 있었다."

커티스는 이렇게 썼다.

"그녀는 이따금 바깥 전체를 가리키고는 상대방이 자신이 가리키는 특정대상의 이름을 빨리 말해주지 않으면 좌절하거나 성을 내곤 했다."

지니의 어휘력은 늘어갔지만 말하는 것은 여전히 몇 개의 짧은 발음으로 제한되어 있었다. 즉, 이해하는 것이 내뱉는 말보다 훨씬 더 많다는 것이 분명해졌다.

5월의 어느 날, 재활센터의 수업시간에 있었던 일이다. 한번은 진 버틀러가 한두 개의 풍선을 쥐고 있는 소년에게 몇 개의 풍선을 들고 있냐고 물어보자, 소년이 "셋" 이라고 대답했다. 지니는 깜짝 놀라더니 소년의 대답을 맞게 해 줄 여분의 풍선을 소년에게 건네주는 것이었다. 이제 바야흐로 지능테스트를 할 차례가 온 것이다. 지니는 놀랄만한 발전을 보여주었다. 어떤 영역에서는 보통 일 년 걸리는 것들을 지니는 몇 달마다 갱신해버렸다. 아동발달 전문가의 전문용어로 표현하면, 그녀의 발전은 "분산적"이었다.

일부 기능에 대해선(일상적인 기능의 수행, 예를 들면 혼자 목욕하기) 평균 9세의 점수를 나타냈고, 다른 기능들, 즉 지니가 거의 할 수 없는 음식 씹기는 아기 수준이었다. 이 "분산적" 평가 내에서 언어 점수는 거의 바닥이었다.

어쨌든 지니의 발달은 기대를 훨씬 능가하고 있었고, 5월부터 그녀의 발달 수준은 갑자기 급증하기 시작했다. 어휘를 알고자 하는 노력이 더 확신에 차기 시작했고, (대부분 앞뒤가 안 맞긴 했지만) 점점 더 자주 자발적으로 목소리를 내기 시작했다. 동작에도 자신이 붙어서, 거칠게 밀고 때리는 장난에도 적극적으로 참여했다. 목마를 타거나 등에 업히는 것도 좋아했고, 회전목마처럼 도는 것도 즐거워했다. 그녀를 붙들고 있다가 떨어뜨리는 시늉을 할 때도 스릴을 즐겼다.

“입원할 때만 하더라도 아주 약간의 신체적 접촉에도 움츠러들었었는데, 엄청나게 변했다.”

켄트는 심포지엄 보고서에 그렇게 썼다.

11

"난 그저 그녀에게 사랑을 줄 뿐이에요."

1971년 5월은 또한 결단의 시간이기도 했다. '국립정신건강연구소'와 맺었던 계약조건에 따라, 지니를 여태껏 관찰해 온 컨설턴트들이 그녀의 장래를 결정하는 회의를 열기로 되어 있었다. 대여섯 번의 비공식적인 회의가 열리긴 했지만 이번만큼은 공식적인 것이었고, 이곳에서의 결정에 따라 치료와 연구, 장기적 차원에서의 보조금 신청이 이루어질 것이었다. 데이빗 리글러와 하워드 한센이 초청장을 발송했고, 참가자들은 바인 거리에 있는 헐리웃 플라자 호텔에서 머물도록 되어 있었다. 첫날인 5월 2일 일요일 저녁, 한센은 티타임과 함께 한담을 나누기 위해 이들을 자신의 집으로 초대했다. 이제 한담은 끝났고 다음날 아침에 그들은 진지한 토론을 하기 위해 아동병원의 중역실에 모였다.

여기에 걸린 이해관계는 몹시 컸다. 때때로 벽장 속의 아이들(지니처럼 감금된 경우)과 야생의 아이들(유아때 야생에 버려진 아이들)이 출현했고, 이들은 그때마다 눈에 띄게 과학의 관심을 불러일으키고는 노출됐다가 곤경에 처해졌고, 장기적으로 보면 수수께끼로 남았다.

소위 근대과학의 관심을 받은 최초의 대상은 이른바 "아베론의 야생아"라고 불린 빅토르였다. 그는 1800년 1월, 프랑스 남부의 랑그도크 지역에서 한 무두장이의 오두막집 앞에 발가벗은 채 도사리고 있다가 발견된 불쌍한 피조물이었다. 빅토르는 거의 완전한 야생상태에서 독립적인 야만인 생활을 하다가 대략 12세 정도의 나이에 이르렀는데, 숲에서 살면서 도토리와 훔친 감자를 먹었다. 그는 아무 말도 할 줄 몰랐다. 걸음마도 떼기 전 그의 목을 베고는 죽게 내버려두었던 그 누군가가 빅토르가 마지막으로 접촉한 인간인 것 같았다.

"구출된 뒤에" 그는 파리의 '국립청각농아시설'로 옮겨져 관찰과 교육 그리고 고문을 받다가 장 마르크 가스파르 이타르라는 한 젊은 의사의 사랑을 받았다. 이타르의 경력은 너무나 다양하면서도 풍성해서 좀처럼 갈피를 잡을 수 없는 인물 같다는 느낌이 들 정도다. 무엇보다도 그는 아동심리학의 아버지요, 귀와 코, 인후장애에 관한 연구의 아버지라고 일컬어져 왔다. 빅토르는 그의 가장 자랑스러면서도, 또한 가장 큰 좌절을 안겨준 실험 대상이었다.

이 야심에 찬 교사와 이상한 학생 간의 정서적 유대는 이타르가 남긴 노트에도 드러나 있다. 그는 그의 강압으로 인해 빅토르가 소리 없이 눈물을 흘리거나 발작적으로 흐느낄 때 그 자신이 느꼈던 후회와 죄책감, 그리고 빅토르가 자신의 앞에 앉아서 무릎을 애무하거나 키스를 해댈 때 자신이 미동도 없이 몇 분간을 어떻게 앉아 있었는가에 대해 말한다. 이타르는 소년의 애정을 주저없이 도구로 사용했다. 레이든병(충격을 주는 일종의 건전지)을 사용해 빅토르를 공포에 질리게 함으로써 그의 신뢰를 배신하기도 했으며, 소년의 정의감을 시험하기 위해 수업시간에 부당하게 벌을 주기도 했다. 빅토르는 분노를 표출할만한 정의감에 대해 충분히 이해했고, 이타르는 빅토르의 분노가 고양됨을 알 수 있었다. 이타르의 공격적인 지도 아래(한번은 빅토르 고집을 꺾고 겁을 주려고, 5층 창문 밖에 그를 매달기도 했다), 빅토르는 힘겹게 서서히 발전되어 갔다. 프랑스 말로 우유의 철자를 발음했으며, 이웃을 방문했을 때는 '청각농아시설'에서 금속으로 만든 교본용 알파벳 중 적당한 철자를 뽑아 가서, 우유가 담긴 컵을 죽 들이키며 "L-A-I-T"(우유)라고 발음하기도 했다. 그러나 빅토르는 결국 말하는 법을 배우지 못했다.

그럼에도 불구하고 빅토르는 영향력을 발휘했다. 1912년, 이탈리아의 교육자 마리아 몬테소리는 이타르의 연구를 가리켜 "실험 심리학의 실질적인 첫 번째 시도"라고 말했으며, 자신의 일부 혁신적인 작업의 근간을 빅토르에 관한 이타르의 연구에 두었다. 철자 모양으로 잘라낸 금속 조각들이 지금도 흔히 몬테소리 교실에서 발견되는데 그것은 바로 빅토르가 사용하던 것들의 후예들이다.

그러나 세상은 변했다. 빅토르에 관한 연구는 과학적인 면밀한 조사를 받게 되었고, 이들은 방법론과 객관적 관찰의 이로움을 이해한 사람들이었다. 야생의 소년에 관한 전문가로 자타가 공인하는 티에리 기네스트조차 그의 책 『아베론의 빅토르』에서 다음과 같이 주장했다. 빅토르의 사례에서 얻은 유용한 지식이란 그의 과거와 그의 잠재적 가능성에 대해서 알아낸 것이 거의 없다는 것이라고. 소년은 결국 수수께끼로 남았다.

지난 7세기 동안 발견된 야생아 사례 중 50여 건 이상이 문서로 보존되었다. 그중에는 독일 헤센 지방의 늑대 소년과, 아일랜드의 양 소년 카스파 하우저, 첫 번째 리투아니아 곰 소년 하노버의 피터, 두 번째 리투아니아의 곰 소년, 카스파의 곰 소녀 집스의 톰코, 잘츠부르크의 암퇘지 소녀, 오버다이크의 돼지 소년 클레멘스, 세칸드라의 디나 샤니차, 인디아의 팬더 소년, 쥬스테달의 암탉 소녀, 북아프리카의 가젤 소년, 테헤란의 원숭이 소년, 남아프리카 공화국의 개코원숭이 소년인 루카스 그리고 오하이오의 에디스 등이 있었다. 이들 사례에 대한 조사연구는 지나친 열광과, 아이들의 불운을 신의 계시로 바꿀 수도 있었던 사람들의 방법론적인 허술함 때문에 대개 실패로 끝나고 말았다. 그러나 이제 지니의 강림으로 인해 유감스럽게 놓쳐버렸던 기회를 다시 잡을 수 있게 되었다.

"이런 실험의 기회가 다가오면 심한 흥분과 더불어 압력 또한 대단해지죠."

제이 셜리가 일갈했다.

"이런 상황이 되면 사람들은 대뇌피질이 아니라 시상하부에 훨씬 많이 의존합니다."

아동병원에서 열린 첫 번째 회의 때, 셜리는 수면 연구 결과를 제출했다. 지니의 두뇌파동은 소위 '수면방추'라 불리는 것이 그녀의 두뇌 안에 꽤 많이 있음을 보여주었다. '수면방추'란 정신적 지체를 나타내는 인위적 구조였다. 다른 사람들의 관찰은 좀 더

주관적인 것이었고, 기법에 관계된 것은 적었다.

진 버틀러는 지니가 휴일이나 주말에는 아주 즐거워했으며, 보호자를 동반한 외출을 위해 재활센터를 떠날 때는 종종 "노(No)"라고 말했지만 진짜 그런 뜻은 아니었으며, 또 피플(people)을 가리켜 "피파(peepa)"라고 부르고, 닥터(doctor)는 "데트(dert)"라고 불렀다고 보고했다. 그리고 크리스마스 이후로 소변을 지리는 증상도 없어졌고, 어느날 라이플 총을 들고 교실 창 옆을 지나가던 소년들을 보고 무서워했으며, 커다란 개와 카키색 옷을 입고 있는 남성을 보면 겁에 질려 했다. 또한 노래를 들으면 오직 자기만을 위한 것이라고 생각했다고 보고했다.

그날 회의에서는 재활센터 안에서 지니의 모습을 찍은 비디오테이프도 공개되었다. 그리고 리글러는 지니의 열네 번째 생일을 축하하기 위해 그곳에서 열렸던 파티에 대해 묘사했다. 파티의 분위기에 압도당한 지니는 선물이 하나씩 공개되자 긴장감을 감추지 못했으며, 급기야는 방을 떠나 한쪽 구석에 앉아서 진정될 때까지 리글러의 손을 붙잡고 있어야 했다고 전했다.

두 번째 날은 '컨설턴트 집단을 위한 심사숙고의 시간'이었다. 이는 월요일에 초청됐던 참석자 중, 버틀러나 재활센터의 요리사처럼 돌보는 사람들은 제외된다는 뜻이었다. 이날은 오로지 과학자들을 위한 날이었다. 셜리, 리글러, 한센, 켄트, 프롬킨 외에도 전국에서 모여든 15명의 심리학자와 신경학자가 있었다. 회의를 시작하자 이들의 토론은 전날 저녁에 있었던 증언만큼이나 뜨거워지기 시작했다.

그 증언은 이런 것이었다.

어느 과학자가 그 자리에 참석했던 요리사에게 물었다.

"그래, 지니는 당신의 내면보조적인 이끎에 잘 부응합니까?"

그러자 요리사가 대답했다.

"난 그저 그녀에게 사랑을 줄 뿐이에요."

12

자동화?

지니가 발견된 이야기가 오르내릴 즈음, 로스앤젤레스에서는 마침 프랑소아 트뤼포François Roland Truffaut 감독의 '와일드 차일드(Wild Child, 1970)' 시사회가 열리고 있었다. 우연치고는 묘한 호기심을 자아내는 듯 하다. 이 영화는 이타르와 아베론의 어린 야생아였던 빅토르에 관한 이야기를 담고 있었다. 지니의 구출을 보도하는 신문 제1면의 기사와 연예란에 실린 이 영화의 광고 사이에서 예술과 삶은 서로 등을 맞대고 춤을 추는 것 같았다.

"그 영화 보셨어요? '와일드 차일드' 말이에요."

진 버틀러는 지난 1월, 제이 셜리에게 편지를 썼었다.

"전 아직 안 봤는데요……. 글쎄 그 영화를 본 친구들이 하나같이 입을 모아서, 빅토르와 지니가 정말 놀라우리만큼 유사한 점이 많다는 거예요……. 영화의 결말이 해피엔딩으로 끝나는 것은 아니지만 이 영화가 철저하게 이타르의 사례 연구를 따르고 있다는 데는 모든 사람들이 동의한답니다. 사실 트뤼포 감독은 이타르의 노트를 직접 읽었다는군요……. 병원에서 제일 가까운 영화관에서 이 영화가 12주 동안이나 상영되었어요……. 이 상영관의 주인이 제 친구거든요. 그 친구가 낮 시간에 따로 영화를 보여줄 수 있다는군요. 그러면 정말 영광스럽겠다구요. 제 친구들 누구든, 영화를 본 사람이건 아니면 또 보고 싶은 사람이건 상관없다고요. 2~3일만 미리 연락을 주면, 병원에서 몇 블록밖에 안 떨어진 로스펠리츠 극장에서 단독시사회를 열어주겠대요……. 리글러와 한센에게 말하려구요. 어서 계획을 짜게 말이에요!"

버틀러의 편지에 나타난 무방비 상태의 열광(영화관 주인인 친구가 그녀에게 준 타자기로 작성한 편지였다)은 놀라운 것이어서, 후에 지니와 관련해 그녀의 서신에서 보여주는 울분에 찬 침착함과 비교해보면 같은 여성이 쓴 편지라는 것이 믿기가 어려울 정도였다.

"이곳에서 지진이 났다는 소식을 분명 들으셨겠지요."

그녀는 계속한다. 그리고 문장의 끝에다 느낌표 6개를 찍었다.

"여기 오실 때, 지니가 어떤 반응을 보였는지 말씀드릴게요……. 지니는 완전히 겁에 질려서……. 데이빗 리글러는 앞서 말씀드린 (지난번 편지) 문제를 교육청과 처리중입니다……. 그의 외교력은 정말 뛰어나답니다. 언젠가는 이분을 주 정부에 뺏길 것 같아요……."

버틀러는 이렇게 끝맺었다.

"추신 : 오로지 과학을 위해 수염을 계속 기르세요."

그러고는 추가로 네 개의 느낌표을 덧붙였다.

그리하여 5월 3일 오후 4시 반, 지니에 관한 그날의 증언이 끝나고 휴정한 후, 심포지엄 멤버들은 로스펠리츠 극장으로 자리를 옮겨 단독으로 야생아를 관람했다.

"거기 모인 사람들이 받은 충격은 정말 대단했습니다."

셜리가 회상했다.

"맨 처음에는 침묵만 지켰죠. 정말 감동적이었어요. 아무도 어떤 말도 할 수 없었어요. 일단 쇼크가 사그라지자 질문이 쏟아지기 시작했습니다."

질문은 저녁시간 내내 계속됐고, 그 다음날 아침 회의 때까지 이어졌다. 그러나 행여 영화가 참석자들 간의 합의를 촉진시켜주리라 기대했던 사람은 그 누구든 자신의 오해를 재빨리 수정해야 했다.

"정말 많은 것들이 거론됐습니다."

셜리가 말했다.

"영화가 보여준 것은 우리가 스스로의 편견을 확신시킬 준비가 되어 있다는 것뿐이었습니다."

편견은 두 가지 분야에 관한 것이었다. 지니가 과학을 위해 가장 잘 드러내줄 수 있는 것은 무엇인가? 그리고 그 과정에서 과학은 지니에게 윤리적으로 무엇을 요구할 수 있는가? 셜리가 화요일 미팅 때 손으로 직접 쓴 노트에는 이런 구절이 있다,

"리글러는 화요일에 연구의 제한 사항에 대하여 말했다. 법적인 것과 도덕적인 것."

영화를 보고 난 후, 아니 그 이전에도 도덕적 문제에 관한 우려는 모든 사람들의 마음속에 이미 자리 잡고 있었던 것 같다.

"내 말의 요점은 (일부 사람들도 동의했지만) 치료에 관한 지니의 이익이 무엇보다도 우선순위가 되어야 한다는 것이었습니다. 우리가 그녀로부터 배우게 될 어떤 것은 다만 2차적인 고려가 되어야 한다는 것이었죠. 그것도 반드시 지니의 치료와 관련된 맥락에서 얻어지는 것이어야 하고요."

셜리는 이렇게 말했다.

"하지만 어떤 이들은 이번 기회가 놓치기엔 너무나 아까운 과

학적 찬스라고 주장했습니다. 연구가 우선이어야 한다는 말이죠."

회의가 끝나고 3개월 후, 리글러는 진 버틀러에게 쓴 편지에서 두 가지 주제의 상호의존에 대해 이렇게 우아하게 표현했다.

"('국립정신건강연구소'의) 기금의 정당성은 이 아이의 연구와 관련된 과학적 중요성에 있었습니다. 즉, 성공적 재활에 필수적으로 바탕을 둔 연구 말입니다."

그는 계속 써나간다.

"아동발달에 관한 이론에 의하면, 정상적인 심리적, 신체적 성장을 이룩하려면 필수적으로 해야 할 경험이 있다고 합니다. 만일 이 아이가 우리의 도움을 받아 인지적, 언어적, 사회적, 기타 분야에서 발달을 보인다면, 조기 경험의 필수불가결한 역할에 대한 유용한 정보를 제공할 것이고, 나아가 다른 박탈당한 어린이들을 위한 잠재적 혜택을 가져다 줄 것입니다. 연구의 이익이란 본래 재활 노력의 성공적인 달성에 의존하는 것입니다. 그러므로 연구의 목표는 (지니) 자신의 복지와 행복에 우연히 일치하는 것입니다. 거꾸로 말해서, 만일 우리의 연구 방법이 (지니의) 성장을 방해한다면, 연구의 목적 자체를 무너뜨리는 것이 될 것입니다."

하지만 그 회의에 관한 셜리의 회상에 의하면, 과학은 이미 방해를 시작하고 있었다.

"리글러 박사와 다른 사람들은 연구를 최우선으로 삼자고 주장했습니다. 물론, 윤리적으로 예민한 용어들을 나열해가면서 말이에요."

그가 말했다.

회의는 한 참석자의 표현에 의하면, "상당한 혼란" 속에 끝났다. 리글러는 혼자 남아 모든 토론을 소화시키고, '국립정신건강연구소'에다 기금을 신청하는 기안문을 최종적으로 손질하면서 기금의 성격, 작업의 종류와 주체를 결정하는 등, 잡일을 도맡아 처리해야 했다. 여러 곳으로부터 그에게 쏟아진 충고는 그의 예상을 훨씬 뛰어넘는 것이었다.

"목이 말라 한 모금의 물을 얻어 마시고 싶어 했는데, 소방호스가 손에 쥐어진 격이었죠."

셜리가 이렇게 회상했다. 회의가 끝난 후 발송된 편지에서 리글러와 한센은 참가자들에게 "풍요한 의견교환"에 대한 감사와 더불어, 진행과정에 대한 피드백을 부탁한다고 써 보냈다.

반응은 순식간에 쏟아져 들어왔다. 그리고 어떤 것들은 자못 경고의 분위기를 띠고 있었다. 로체스터 대학의 심리학 교수인 데이빗 앨킨드는 이런 편지를 보내왔다.

"언어가 내 분야가 아니긴 하지만, 내가 회의 때 표명했던 경고를 재차 강조하고 싶소. 만일 이 어린아이가 사랑, 관심 그리고 관용이 주로 자신의 말에 좌지우지된다고 느끼게 된다면, 언어에 너무 많이 주안점을 두는 것이 해로울 수도 있소."

휴스톤에 있는 베일러 약학대학의 정신과 의사인 데이빗 프리드만 교수는, 말의 습득은 어쩌면 앨킨드 교수나 요리사도 그렇게 말했지만, 사랑이라고 불리는 것에 달렸는지도 모른다고 주장했다. 비디오에 찍힌 지니의 발전을 보여주는 여러 증거들에 크게 기뻐하면서, 그는 "무관심과 창백함, 가련한 외모로부터 생기발랄하고 적극적으로 관여하는 귀여운 소녀로의 너무나 극적인…… 변화를 지적하면서, 시간의 변화와 관련 있는 것 같다"고 말했다. 그러나 전에 그가 다른 불행한 어린이들과 겪었던 의학적 경험은 그로 하여금 비디오테이프와 낙관론에 지나치게 빠져들지 않게 했다. 그는 표면적인 것에 부화뇌동하지 않았다. 그는 자신의 신념을 녹일 해빙기를 재활센터에서 직접 자신의 눈으로 확인하고자 했다. 그리고 지니를 방문하면서 크게 동요되어 이렇게 기록했다.

> 내가 도착했을 때, 그녀는 아침 식사 중이었다. 두 명의 아이들과 식탁에 앉아 있었는데, 지극히 정상적인 어린이다운 대화와 놀이에 열중해 있는 아이들과 달리 그녀는 아무 상관이 없어 보였다. 그녀의 행동에 대해 내가 받은 느낌을

무어라고 표현해야 할지 모르겠다. 그녀가 아이들을 적극적으로 무시하거나 거부했다고 말한다면 정확한 표현이 아닐 것이다. 그녀에겐 그들의 존재가 방안에 있는 벽이나 가구와 하등 다를 것이 없는 것처럼 보였다……. 문제는 어떻게 하면 이 어린이가 자신과 타인의 존재를 깨닫고 타인에 대한 관심과 욕구를 느끼게 할 것인지에 있다. 내 경험에서 우러나온 편견은 이렇게 말한다. 위의 목표를 달성하려면, 그녀에게 비교적 정상적인 생활을 영위할 수 있는 기회가 주어져야 한다고. 만일 그렇게 안 된다면, 그녀는 하나의 자동화된 기계로 남을 것이다. 또한 이 목표를 달성하려면, 지니를 돌보면서 상당한 양의 신체적 접촉의 즐거움을 안겨줄 어떤 사람과의 특별히 가까운 관계를 확립해야 한다. 내가 말하고자 하는 것은 손으로 직접하는 어떤 것이다. 좋은 엄마라면 누구든지 자식을 위해 목욕을 시켜주고, 기저귀를 갈아주며, 젖을 먹이고 하는 행동을 무의식적으로 자연스럽게 하지 않는가? 분명히 열네 살이나 먹은 아이에게 이런 일을 하기란 쉽지 않을 것이다. 그러나 어떤 사람과 열렬하고도 깊이 의지할 수 있는 애착관계를 맺어, 그 사람과 자신을 동일시하고 즐거워하게 되는 것이야말로 지니의 발전이라 할 수 있으며, 효과적인 교육과정의 필요한 선구자라고 나는 믿는다.

그러한 애착관계의 형성과 그것을 유지하고자 하는 지니의 욕구 없이는 어떤 기능을 습득하건, 그녀는 그것들을 통합시켜줄 장비를 갖추지 못할 것이다. 이와 관련해서 나는 우리 모든 과학자들 간에 암묵적으로 다음의 합의가 이루어졌다고 믿는다. 즉, 지니에게 말하기 훈련을 시도하지 않는다…….

내 견해로는 그녀는 반드시 한 사람이 도맡아서 목욕시키고, 옷을 입히고, 용변을 봐주고, 마사지를 해주고, 키스해주고, 안아주고, 사랑해주어야 한다. 다른 사람들도 옆에 있어야 하지만, 그 존재는 반드시 부차적인 역할에 그쳐야 한다. 그러한 밀접한 관계로부터 자신과 자신을 돌봐주는 사람에 대한 자각이 싹틀 것이다. 내게는 그런 자극이 끊임없이 되풀이되는 것이야말로 그녀를 교육시키는 데 필요한 첫 번째 조처인 것 같다.

그해 여름 늦게, 리글러는 보조금에 관한 결정을 내렸다. 주요 초점은 '언어의 습득'이었다. 언어를 가르치기보다는 배우는 과정을 지켜보는 것이었다. 이 계획의 가장 큰 수혜자는 5월에 열린 회의 때 셜리가 거의 주목하지 않았던 한 과학자였다.

"빅토리아 프롬킨이 가장 큰 연구를 진행하게 되었다는 소식을 듣고는 너무나 놀랐었죠.”

셜리가 말했다.

“그러나 리글러는 언어 연구가 좋은 아이디어라고 생각했습니다.”

연구의 방향을 결정하는 것이 왜 골치 아프고 곤혹스런 일인지 셜리는 충분히 이해했다.

“맨 처음 이 아이와 맞닥뜨렸을 때, 도대체 어떤 질문을 이 아이에게 해야 할지 허둥거렸어요. 정말이지 지니는 한 과정을 보여줄 수 있는 완벽한 아름다운 본보기였어요. 인간의 본성이라는 날것 그대로의 자연에 직면해서 우리는 실패를 거듭하다가 마침내 한두 개의 질문을 떠올리게 되죠. 그 질문은 우리의 문화로부터 나옵니다. ‘아베론의 야생아’ 빅토르는 계몽주의 시대의 질문들이 쏟아지던 시기에 떠올랐고, 그 시대의 질문이 그에게 가해졌습니다. 그러나 그는 대답하지 않았습니다. 만일 올바른 질문만 선택할 수 있다면, 다시 말해서 적절한 질문이기만 한다면, 핵심에 접근할 수 있고, 거기에 씌어진 모든 것을 읽을 수 있을 것입니다.”

11

징조

13

프랑스, 1800년 : 야생아 발견되다

트뤼포의 영화에 충격을 받긴 했지만, 그들이 아니었더라면 텅텅 비었을 로스펠리츠 극장에 앉아 있을 당시에는, 서로 멀리 떨어져 있는 두 사건(혁명기 프랑스 시대에 숲속에 버려진 한 소년과, 20세기에 미국의 교외 침실에 갇힌 한 소녀) 사이에 얼마나 깊은 차이가 존재하는지, 혹은 반대로 얼마나 끈질기게 그 유사함이 떠오르곤 하는지에 대해 셜리와 다른 참가자들도 미처 상상할 수 없었을 것이다.

실제로 단순히 이 영화를 보는 것만으로 위원회는 자신들의 손에 달린 사건과 영화 속의 사건을 이미 깊숙히 연결시키고 있었다. 1800년, 야생아의 운명을 결정하던 과학자들도 한 인기 있는 오락물을 보다가 위원회를 결성하게 된 것이었다. 그들도 그 때 파리에서 유행하고 있던 가상의 '어린 야만인'에 관한 연극을 관람했었다. 그 멜로드라마는 "숲속의 아이"라고 불렸는데, '빅토르'라는 이름은 바로 그 드라마 속의 주인공 이름을 딴 것이었다.

지니와 마찬가지로 빅토르도 맨 처음 발견되었을 때, 추위나 더위에 영향을 받지 않는 것처럼 보였다. 맨손으로 불 속에 있는 감자를 꺼냈으며, 벌거벗은 채로 눈을 맞으며 신이 나서 뛰어다녔다. 나중에 빅토르가 처음으로 재치기를 하자 이타르는 어떤 특정한 예민함은 다른 문화에 성공적으로 동화되는 신호라며 감동까지 했었지만, 빅토르는 예기치 못한 눈이 내릴 때면 즐거움에 못이겨 국립청각농아시설의 정원으로 옷을 벗어던지고 뛰쳐나가곤 했다.

지니처럼 빅토르도 촉감과 눈으로 보는 것의 차이를 잘 구별하지 못했고, 한 과학자가 "시각과 촉각의 불협화음"이라 명명했던 증상 때문에 고생했다. 지니처럼 그도 타인의 존재에 대해 완전히 무감각했다. ("나는 이 자연인이 이렇게 이기적이라는 사실에 실망했다"고 빅토르의 첫 번째 관찰자였던 베레이는 보고한다.) 백 년하고도 오십 년이라는 세월이 지나는 동안 적어도 표면적으로는 이기주의가 서서히 녹은 것 같았다.

재활센터의 지니처럼 빅토르가 가장 좋아했던 놀이 활동도 식탁 차리기였다. 어느 날, 빅토르는 자기가 좋아하는 유모인 마담 구에린을 위해 식탁을 차렸는데, 그녀는 당시 막 남편을 잃은 후였다. 그녀가 눈물을 흘리자, 빅토르는 너무나 깜짝 놀랐다. 이것이 인간의 슬픔과의 첫 번째 대면이었다. 그는 찬장 안에다 테이블 차린 것을 집어넣어버리고는 다시는 꺼내지 않았다.

지니의 경우와 마찬가지로 빅토르의 발견도 부수적인 볼거리를 대동했다. 그가 조금 더 웅장하긴 했지만 말이다. 로데즈 지방을 떠나 파리에 도착하는 데 일주일이 걸렸는데, 소년은 가죽 끈에 묶여 있었다. 파리 시민들은 분노했다. 국립연구소 담을 기웃거리며, 사람들은 이 소년이 어쩌면 오랫동안 실종되었던 루이 17세일지도 모른다고 수군거렸다. 마치 후에 일어난 러시아의 마지막 황녀 아나스타샤의 경우처럼, 국왕 부모가 처형된 뒤 몰래 살아남아 숲으로 도망쳤다는 것이다. 그러나 업둥이의 나이가 맞지 않는 것 같았다. 당시 파리의 보그 극장에서는 '숲속의 아이' 대신 새로운 연극이 등장했는데, 특별히 이 야생아 때문에 만든 버라이어티 쇼였다. 제목을 "아베론의 야만인" 혹은 "그 어떤 것으로도 맹세하지 마세요"라고 붙였다. 아주 오래된 거리인 생자크와 이곳에서부터 갈라져 나온 지류에 있는 수도원과 검술사의 거리에서는 도박꾼들이 판을 벌리고 소년이 말을 할 것인가와 문명

화될 수 있을 것인가에 대해 내기를 걸었고, 신문은 내기 결과표를 보도했다.

이타르는 무차별적인 시선을 피해 소년을 격리시켰지만, 후에 파리 상류사회의 위협에 대처해서는 빅토르의 보호자로 자처했다. 사교계의 젊고 아름다운 명사인 마담 르까미에르로부터 만찬 초청(이 여성의 관심을 받는다는 것은 당시의 파리에서 사회적 지위를 인정받는 것과 마찬가지였다)을 받았을 때, 빅토르는 식탁을 떠나 정원으로 달려가더니 옷을 찢어버리고는 나무 위로 기어 올라갔다. 그는 결국 다시는 파티에 초대받지 못했다. 한번은 마르키스 드 사드를 만난 적도 있었다. 이 만남에 대한 청각농아시설의 공식 기록을 보면, "대단히 불완전한 만남"이었다고 씌어 있다.

빅토르에 대한 대중의 관심이 잔혹했던 것만은 아니었다. 오늘날 학대받고 유기된 어린이들이 우리의 관심을 끄는 이유는, 이들이 일반적으로는 비록 병후의 증상을 보일지언정 사회의 지배적 질서에 대한 고통스런 예외라고 보기 때문이다. 1800년의 프랑스에 질서란 없는 것이나 마찬가지였다. 공공안전 및 테러방지 위원회가 질서를 맡고 있었다. 심지어 그 전의 질서가 엄격히 지켜진 고요했던 시절조차 어린아이들은 오늘날의 어린아이들이 누리는 그런 소중함을 받아본 적이 없었다. 개인의 가치를 강조하는 계몽주의가 어린아이들에게까지도 확대되었지만, 뭐, 어쩔 수 없다면, 숲에서 죽게끔 내다버리는 방편(최소한 원하지 않는 아이일 경우)이 낯선 것도 아니었고, 충격적인 것도 아니었다.

무두장이의 문간에서 벌거벗은 채 발견된 소년이 전 국민의 흥미를 불러일으킨 것은, 그의 잔인한 역사가 세인의 세련된 감상주의를 놀라게 해서가 아니고, 계몽시대와 공포시대가 특정 질문에 대한 대답을 열망해왔기 때문이었다. 어쩌면 이 소년이 그 의문점을 풀어줄지도 모른다고 생각했던 것이다. 그 질문이란 바로 인간의 본성이란 무엇인가였다. 철학과 팝 문화가 서로 멀리 떨어져 있는 오늘날의 입장에서 보면 이상하게 보일 수도 있지만, 파리 신문에 실린 내기 결과표는 몽테뉴, 루소, 데카르트, 콩디악, 그리고 로크의 사상에 대한 일종의 거리투표였던 것이다.

혁명이 가져다 준 보다 일반적인 영향이 무엇이건, 혁명은 빅토르에게 유리하게 작용했다. 그중에 으뜸은 혁명이 적절한 시기에 끝남으로써 과학에 대한 세상의 관심이 부활했다는 것이었다. 지난 10년의 세월 동안, 파리는 무엇보다도 과학자들에게 행복한 장소가 못 되었다. 지적인 독립은 신부의 경건함만큼이나 체제전복적인 것으로 간주되었다. 빅토르에 대한 연구를 처음 주도했던 '인간관찰자협회'는 인류학 관련 단체로서, 이 소년이 발견됐을 때 발족한 지 겨우 한 달도 안 됐었다. 10년 전, 혁명군 정부가 빅토르가 살게 될 이 청각농아시설의 허가를 내주었을 때, "국립"이란 말을 붙이면서 국가의 재원을 털어 보조해 주었다. 이 시설에서 청각장애아들에게 성공적으로 수화를 가르치기 전까지만 하더라도 장애아들은 인간 이하로 간주됐었고, 범죄자와 간질환자, 정신이상자들과 똑같이 지옥과도 같은 재난수용소에 감금됐었다. 새 정부의 입장에서 볼 때도 청각농아장애인들이 의사교환 능력을 갖춘다는 것은 상징적인 부활이요, 제 목소리를 못내는 사람들을 위한 은유적 약속이었다.

재난수용소의 운영 책임은 통상적으로 경찰이 담당했는데, 정부는 이를 뒤집어엎고 필립 피넬*이라는 의사를 책임자로 임명했다. 그는 나중에 정신과의의 아버지라고 알려지게 된다. 국립청각농아시설의 책임자인 아베 시카르처럼 필립도 빅토르의 교육에 한몫을 담당했었다. 두 사람은 빅토르가 구제불능의 "부당하게 지칭된 야만인"이지만, 치유 불가능한 진짜 백치라고 선언했다. 이렇게 혹독한 부정적 평가를 받은 후, 이타르가 나타나기 전까지 몇 달 동안을 빅토르는 유치장에서 방치된 채 지냈다. 그의 스승인 시카르와 의견을 달리한 이타르는 빅토르의 잠재적 가능성을 입증하는 책무를 떠맡았다.

이타르는 혁명주의적 광경으로부터 상호 모순되는 현상을 발

---

* Pinel, 1745~1826, 프랑스의 의사, 정신병자의 치료 · 간호법의 개혁자.

견했다. 재난수용소의 미치광이들은 인간성으로 올라가고 있었던 반면, 인간성은 대체로 아무렇게나 광기로 굴러 떨어지고 있었다. 이타르는 이 접점이야말로 그의 전문적 직업의 초석이었던 하나의 추정, 즉 광인과 정상인의 심리학은 서로 밀접하게 연결되어 있으며 사실상 거의 한 몸이라는 원칙을 암시해주는 것이었다. 이러한 생각은 지금 우리 문화에도 팽배하다. 조엘 슈타인버그와 헤다 뉴스바움의 연극에서, 우리는 자신의 뒤틀린 상이나 모습을 회고하며 통찰력을 연습한다. 지적인 기원의 견지에서 볼 때, 1970년 11월, 지니가 어릴 때 살던 집을 순례하듯 지나가던 얼빠진 사람들의 행렬은 프랑스 혁명기 시대에 재난수용소 근처나 국립청각농아시설의 담을 기웃거리던 사람들과 같은 사람들이었다. 다시 말하면, 지니는 다만 시기만 달랐을 뿐이다.

구리와 아연의 합금이 청동인 것처럼, 프랑스 과학은 두 개의 약간 연한 재료를 결합한 유용한 아말감이었다. 데카르트는 기본적인 과학적 방법론을 정립했다. 이 방법론은 논리적으로 추론 가능한 것을 열렬히 신봉하는 데 뿌리를 두고 있었다. 그는 마치 베두인족이 저 먼 사막에서 희미하게 빛나는 은을 신뢰하던 것처럼 구체적인 감각을 믿었다. 한 세기가 지난 후, 철학자 콩디악은 외부 경험이라는 보다 일반적인 견해를 채택했다. 존 로크의 경험론으로부터 단서를 찾은 콩디악은 인간은 태어날 때 백지상태로 태어나며, 주위 환경에 의해 전적으로 교육된다고 주장했다. 세상은 데카르트의 말을 믿었으며, 콩디악은 이 세상을 믿었다.

이들의 경쟁은 현대의 아동 발달을 둘러 싼 적대 관계 속에 굳건히 살아 있다. 지니가 말을 하게 된다면, 지니의 선천적 자질 때문일까? 아니면 그녀를 가르치고 변화시키려는 세상의 능력 때문일까? 만일 그녀가 실패한다면 그녀의 생물학적인 시계가 비난을 받아야 하는 걸까? 아니면 황폐했던 그녀의 초기경험을 탓해야 할까? 데카르트와 콩디악은 계속 싸우고 있다.

다행히도, 콩디악의 경험주의는 프랑스의 1700년대 후반에 상승세를 타고 있었다. 다시 말하면, 운이 좋게도 이 시대는 실험 및 탐구와 연애 중이었다. 18세기 과학적 노력의 상당 부분은 인간과 야수의 신체적 차이를 결정짓는 데 바쳐졌다. 어떤 이들은 가장 인간적인 고유의 생리적 특징은 엉덩이나 종아리, 혹은 최소한 이것들을 가능케 한 직립자세라고 오랫동안 주장해왔다. 그러나 보르네오까지 탐구 여행을 계속한 결과, 이곳에서 유럽인들은 똑바로 선 대단히 출중한 엉덩이를 지닌 오랑우탄을 만났고, 이제 이 구별은 무너지고 말았다. (이상하게도, 배를 만들고 항해를 할 수 있는 것은 오로지 인간뿐이라는 사실은 별 위안이 되지 않았다. 만일 똑바로 선 오랑우탄이 배를 타고 프랑스 해안에 도착했더라면, 촌수를 따지는 것이 훨씬 더 걱정할 가치가 있었을 것이다.) 소리를 낼 수 있느냐도 유력한 구별 기준이었는데, 소리를 꽤 잘 내는 까치와 신세계의 앵무새도 물론 제외됐다. 감정을 표현하는 능력에 대해 따지자면, 그 어떤 애완용 동물도 인간에게 뒤지지 않을 것이었다.

인간과 동물의 경계선에 대한 논쟁은 뜨거웠지만, 어느 쪽에서건 경계선을 침범하는 갑작스런 등장이 이루어질 것 같지는 않았다. 갑작스런 출현은 유익한 것이다. 16세기, 인간은 인간이고, 동물은 그저 움직이는 것이라고 생각했던 시절, 그리고 신만이 그 차이를 안다고 생각하던 시절에 있어서의 문제는 콜럼버스가 서쪽에서 발견한 인디언을 가족으로 받아들여야 하느냐에 관한 것이었다. 1537년, 교회는 로마 교황의 칙서에 의해서 간신히 이들도 인간이라고 최종 결론을 내린 뒤, 선교의 대상으로 삼을 가치가 있다고 공언했다.

그러나 그로부터 200년이 흐른 뒤에도, 야생에서 자라난 어린아이들에게는 여전히 공권이 주어지지 않았다. 이들을 별개의 종으로 파악했던 린네는 그의 저서 『자연의 체계*Systema Naturae*』에서 이들을 네발 짐승을 뜻하는 '호모 페루스Homo ferus'로 분류했다. 한편, 오랑우탄의 인간적 가능성에 대해 심각하게 고민을 해온 18세기의 일부 과학자들은 오랑우탄 한 마리를 창녀랑 짝을 맺게 해보자고 제안했다. 어떤 자손이 나오나 보자는 것이었다.

분명히 정의를 내려줄 어떤 사건이 필요했다. 콩디악 시대의 과학자들은 후에 출현하는 형질 인류학자들처럼 어떤 잃어버린 연결 고리를 찾고자 했다. 이 연결고리는 이 경우에 살아있는 것으로서, 사람이건 사람이 아니건 간에 인류라는 종의 최전선에 안전하게 또아리를 틀고 앉아 있는 것이어야 했다. 이들의 정통성에 따르면, 그것은 말하는 원숭이이거나 인간과의 접촉 없이 자라난 야생의 동물과 같은 그런 인간이어야 했다.

14

그리고 잊혀졌다

아직 파리에 도착도 하기 전인데, 빅토르는 소중히 여겨졌던 이론들을 일부 무너뜨리고 있었다. 직립 자세를 신봉해 온 사람들은 빅토르가 대여섯 번에 걸쳐 도망치려고 시도하는 과정에서 네 발로 벌판을 건너서는 마치 동물처럼 유유히 대지 쪽으로 달아나자 몹시 실망했다. 비레이는 빅토르에게서 어떤 "고유의" 인간적인 특질을 발견할 수 없었다.

"우리의 어린 아베론인은 과연 연민의 능력이 있는가?"

그는 이렇게 물었다.

"개인적으로 이 젊은이가 주위의 사물에 대해 어떤 관심을 보인다면, 다른 평범한 아이가 하는 것만큼이나 동정이나 위로를 표하는 능력이 있다고 나는 감히 믿을 것이다."

지니처럼 그도 자기가 소중히 여기는 것을 몰래 감췄다. 그리고, 절대 나누려 하지 않았다. 지니와 똑같이, 그도 오직 어른에게만 천천히 마음을 열었고, 다른 어린이에게는 전혀 관심이 없었다. 신체적 직립과 감정의 열렬함이야말로 인간을 구분짓는 특성이라고 믿었던 사람들을 조롱하면서, 그 역시 지니처럼 더 웅장한 미스터리를 다스리라는 부름을 받았다. 미스터리란 거미줄의 중심 근처에 있는 것이었다.

1580년, 몽테뉴는 그의 에세이에서 이렇게 말했다.

"만일 어떤 어린아이가 완전한 고독 속에서 어떤 교류도 없이 (이걸 실험하기는 어렵겠지만) 성장한다면, 자신의 생각을 표현할 어떤 종류의 말을 하게 될 것이라고 믿는다."

그리고 이 내재된 수수께끼는 아직도 프사메티코스 1세 왕의 질문과 동일하다고 암시했다. 어린이가 말하게 될 언어는 어떤 것일까? 계몽주의자들은 이 질문으로부터 새로운 하위 제목들을 쥐어짜냈다. 우리의 타고난 언어는 영혼에 관련된 것일까? 아니면 사회와 관련된 것일까? 아니면 지적인 어떤 것? 생각이 언어로 이어지고, 다시 사회로 이어진 것일까? 어떤 이들은 이 발달

단계를 뒤집었다. 사회야말로 우리가 타고난 가장 고유한 성격임에 틀림없다. 그것이 언어를 가능케하고, 언어가 사고를 낳았다는 것이다. 그렇다면 숲속의 아이는 생각을 하지 않았다는 말인가? 언어 말고 다른 무엇을 가지고 생각을 한다는게 가능할까? 혼자 생각한다는 것은 과연 불가능한 것일까? 아니면 생각한다는 것만이 모든 것에 우선하는 필요한 선도자일까? 이러한 질문들은 시간을 누르고 살아남았다.

19세기 후반 무렵, 독일인이며 문헌학자였던 헤이만 슈타인달은, 언어란 단지 의사교환의 수단만은 아니라고 결론지었다.

"언어는 스스로 깨닫는다. 즉, 어떤 사람을 어떤 사람으로 이해한다는 것은 타인에 의해 이해를 받는 것을 의미한다. 사람은 자기 자신을 이해한다. 이것이 언어의 시초이다."

이런 모든 질문이 성패成敗 양단 간의 운명을 좌우하는 방정식 형태로 농축되어 빅토르에게 던져졌다. 그가 기어다니건, 벽을 타고 오르건 간에 단지 말을 할 수만 있다면, 인간에 의해 인간으로 평가받을 것이었다. 이타르에게 이 방정식은 색다른 것이긴 했지만 그렇게 힘든 것은 아니었다. 만일 그가 이 소년을 야만상태로부터 부활시킨다면, 콩디악 이론의 (이타르가 명명한) "구체적인 증거"를 제공해줄 것이었다. 즉, 인간은 아무것도 타고 나지 않으며 교육만이 전부라는 사실을 공표해줄 것이었다.

그러나 이 젊은 교사와 어린 피후견인에게 언어의 시작은 결코 쉽지 않았다. 국립청각농아시설의 외풍이 심한 방에서 2년간 매우 가혹한 한두 가지 교수방법을 실험하며 둘 다 마음고생을 한 후에야, 마침내 이타르는 희망적으로 보이는 한 시스템을 개발해냈다. 카드에 적힌 단어를 알아보고, 그 단어와 맞는 사물을 연결시키는 훈련이었다. 예를 들면, "쇼쉬르(chaussure)"라고 하면 신발을 가리키는 식이었다. 이것이 성공하자 게임으로 옮겨갔다. 플래시 카드*와 숨바꼭질을 결합한 것으로, 이타르가 단어를 쓰면 빅토르는 방을 돌아다니며 연관된 것을 찾아오는 것이었다. 그 다음에는 게임을 한 단계 더 진전시켜, 빅토르에게서 신발 한 짝을 빼앗은 다음 다른 신발들을 찾아오게 했다. 단어의 뜻에 대한 일반적인 개념을 강제로 형성하기 위해서였다.

한동안 소년의 이해 속도는 마치 로켓에 올라탄 듯 했다. 카드에 적힌 이름에 맞는 물건을 찾아오는 것은 물론이고, 그 물건에 맞는 이름을 쓰기도 했다. 목적어만 배운 게 아니었다. 형용사와 동사도 배웠는데, 이것들을 이해했을 뿐만 아니라 형용사와 동사

* 수업 중 교사가 단어, 숫자, 그림 등을 순간적으로 보여주는 순간파악 연습용 카드.

를 사용해 문장을 지어내기도 했다. 심지어 언어의 작은 조각들이 그에게 생각하는 새로운 방법을 열어준 듯 했다. 전에는 완전히 떠다니는 것 같았던 소년이 이제 집중하고 있었다. 전에는 기계적으로 수행했던 잡일을 갑자기 자발적으로 하기 시작했고, 심지어는 타인의 욕구조차 헤아리는 것처럼 보였다.

"이 모든 것이 마치 불난 집처럼 휙 하고 지나갔다. 이제 그의 모든 행동에서 언어가 진동하는 듯 했다."

프랑스의 학자이며 번역가이기도 한 로저 샤툭은 그의 책 『금지된 실험*The Forbidden Experiment*』에서 이렇게 보고했다. 아마도 이 책은 '아베론의 야생아'에 관해 영어로 씌어진 책들 가운데 가장 명쾌한 책일 것이다.

그러나 결론적으로 말하면, 진동은 충분하지 못했다. 트뤼포 영화의 끝 장면에 나오는 승리에 찬 기록은, 1801년에 제출된 이타르의 첫 번째 보고서에서 유래한 것이다. 이때 빅토르는 초기에 어느 정도의 연약한 성과를 올린 뒤 바야흐로 훨씬 더 많은 것을 보여줄 찰나에 있는 것 같았다.

다시 5년의 세월이 흐른 후, 이타르는 인간관찰협회에 두 번째 보고서를 제출했다. 그리고 그것은 첫 번째 것과 확연히 달랐다. 진전이 있었던 것은 사실이었다. 그러나 그는 젊은 제자의 정신의 잠재력보다는 한계를 더 음미하고 있었다. 빅토르는 소리내는 데 필요한 범주를 이해했고 발음하는 것도 가능했지만, 결코 말하는 것은 배우지 못할 것임이 분명해 보였다. 글쓰기만이 유일하게 발전된 영역이었다. 때마침 사춘기의 "위기"가 몰아닥쳐 빅토르의 심신을 쇠약케하고 발전을 지연시켰다. 이 위기는 그를 고통으로 몰아넣고 주의를 산만하게 만들었으나, 정작 소년은 또래의 아이들이 하는 것만큼 그것을 이해하지도, 조정할 줄도 몰랐다. 이타르는 호르몬의 폭풍을 가라앉히기 위해 소년의 피를 뽑았다. 그러고는 실험을 멈추자고 제안했다.

실험이 중단된 뒤, 두 사람 사이엔 사적으로 그리고 작업과 관련해 인연이 이어졌지만 오래 가지는 않았다. "이타르의 사례연구를 글자 그대로 철저하게"(진 버틀러의 표현이다) 따랐다는 그 영화가 진짜 끝까지 빅토르를 추적했더라면, 지니의 이야기는 얼마나 달라졌을까? 초기의 기적과도 같았던 낙관론을 지나 보다 험난한 경고 지역으로 트뤼포 감독이 그의 주제를 계속 파고들어 갔더라면, 영화를 보고 난 후 "마음깊이 충격을 받았다"던 과학자들의 느낌은 과연 어떻게 변했을까? 샤툭이 그의 영화가 다 "잘라먹었다"고 비난하자(한편 그는 처음에는 이 영화를 "지혜로운 헌사"이며, "대중의 마음에 관한 거의 완벽한 이야기"라고 칭찬한 적도 있었다), 트뤼포 감독은 다음과 같은 답장을 보냈다.

"나는 영화를 희망적으로 끝낸 것을 후회하지 않습니다. 왜냐하면, 빅토르는 실제로 많은 것을 배웠고, 말도 배웠기 때문입니다. 그러나 마지막 장면이 끝난 후, 내가 아델레 에이치의 이야기에서 했던 것처럼 등장인물들이 나중에 어떻게 됐는지 해설을 덧붙였어야 했음은 기꺼이 인정하는 바입니다."

등장인물들이 어떻게 됐는고 하니, 이타르는 유일하게 더 성공하고 더 유명해졌다. 반면에 빅토르는 그저 잊혀져 갔다. 이타르는 1814년 명예훈장을 받았고, 1821년에는 약학 학술원의 회원으로 선출됐다. 그는 파시에 위치한, 파르끄 드 보쎄쥬의 맨션에서 한가로운 말년을 보냈다. 로시니와 보마르쉐*가 그의 이웃이었다. 한편, 빅토르는 1811년 이후 국가에서 주는 쥐꼬리만한 연금으로 마담 구에린과 함께 살았다. 청각농아시설 근처의 작은 집이었는데, 그곳에서 네 집 건너에는 유일하게 나중에 세상에 명성을 떨치게 될 한 이웃이 살고 있었다. 그는 아직 명성을 맛보지 못한 지지리도 가난했던 사춘기 소년 빅토르 위고**였다.

파리의 생자크가의 소르본느 남쪽 길을 한참 내려가다 보면,

---

* 「피가로의 결혼」을 쓴 극작가.

** 「노틀담의 곱추」, 「레 미제라블」을 쓴 프랑스의 시인, 극작가, 소설가.

육군 병원의 예배당 마당을 향해 동쪽으로 길이 바뀌기 직전에 높은 돌담과 마주치게 된다. 돌담을 따라 오로지 사람만 지나다닐 수 있는 길이 이어져 있고, 돌담 중앙에는 높다랗고 육중한 대문이 나 있다.

12월의 어느 추운 겨울날 아침, 나는 이 대문을 지나 지금은 "국립청각장애아 연구소"라고 불리는 빌딩의 자갈 깔린 마당에 들어섰다. 나는 카라코스타스 박사와 약속이 되어 있었다. 그는 매주 수요일, 이곳의 문서보관 담당자로 봉사하는 파리의 정신과 전문의였다.

건물의 정면은 빅토르가 살던 시절에 만들어진 판화에서 보던 것과 거의 달라진 것이 없어 보였다. 아무런 장식이 없는 다섯 개의 층, 덮개가 닫힌 창문들, 위엄과 검박함을 유지해온 한 저명한 시설의 표본으로서, 건물의 겉과 안은 모두 유럽 특유의 분위기(전혀 미국적이지 않은)를 자아낸다. 내부 바닥은 빗질만 되어 있을 뿐, 광택제를 바른 자국은 없다. 중요한 문서가 많이 보관되어 있는 이 도서관에는, 이타르가 펜으로 직접 쓴 원고(정신과의 탄생과 청각장애자들의 교육에 관련된 것도 있다)도 있었지만, 정작 이것들을 관리하는 직원은 없었다.

마당으로 직접 나를 마중 나온 카라코스타스는 몇 개의 유리문을 지나고 나선형으로 틀어진 넓은 계단을 한참이나 올라가 꼭대기 층으로 나를 인도했다. 두 줄로 나열된 개인물품 보관함 사이에 놓인 테이블이 그의 사무실이었다. 뒤로는 방이 있었는데, 하얗고 기다란 작업용 앞치마를 두른 여자들이 나란히 앉아서 치료소의 세탁물을 수선하고 있었다.

"이 시설은 청각 장애자 교육에 관한 역사의 심장부입니다."

의자 두 개를 찾아와 자리에 앉자, 그가 강의를 시작했다. 때마침 타악기를 부드럽게 치는 것 같은 재봉틀 돌아가는 소리가 들려왔다. 우리는 그 소리와 함께 치료소 역사상 가장 유명했던 재소자에 얽힌 역사의 작은 부분으로 빨려 들어갔다.

"1800년에 발견된 '아베론의 야생아'에 관한 열광은 프랑스 혁명에서 비롯된 사회적 변혁과 결코 뗄레야 뗄 수 없는 관계에 있습니다. 인류학에 엄청난 관심이 집중됐지요, 전체적인……."

적절한 단어가 생각이 나지 않자 그가 손을 쳐들었는데, 마치 어떤 가상의 다루기 힘든 무언가를 움켜쥐고는 마구 흔들어대는 것처럼 보였다. 그러더니 그가 마침내 토해낸 말은, "…… 불타는"이란 단어였다.

"아름다운 시절의 정열이 불타오르던 시기였습니다. 이 시기에 심리학이 시작됐고 의학의 분업화가 시작됐지요. 이타르는 어린이를 위한 정신과를 설립했고 이비인후과를 독자적인 연구 분야로 만들었습니다. 청각장애와 자폐증을 구별한 것도 그가 처음이었죠. 이타르와 빅토르의 관계가 얼마나 열렬했는가는 대단히 흥미있는 이야기입니다."

카라코스타스가 말했다.

"알고자 하는 뜨거운 의지가 있었지요. 그건 러브스토리였어요. 섹스와 관련된 것은 아니었지만, 분명 소아 성애증이었어요. 야생아는 시대의 도덕적 사고와 인간성에 관한 커다란 질문들을 드러내 줄 관찰의 대상이 되어야 했지요."

그는 주먹을 쳐들더니 한 손가락씩 구부리며 항목을 세기 시작했는데, 프랑스인이 하는 식으로 엄지손가락부터 시작했다.

"언어학, 심리학, 교육학, 동물성과 인간성 간의 한계점, 청각장애와 인지력의 관계에 관한 의문들이었지요. 그러나……."

그가 말했다.

"빅토르는 정반대되는 모델이었어요."

카라코스타스는 앞으로 몸을 쑥 내밀더니 갑자기 문장을 잘라버리듯 말했다.

"야생아는 절대 말을 못했답니다. 야생아는 버려졌죠. 이 근처의 작은 집에 갇혀 마침내 잊혀지고 말았습니다. 1828년, 40세 정도에 그가 죽었습니다. 처음 발견된 후 8~9년이 지나(10년은 안됐을 거예요), 작은 집으로 그가 옮겨갔을 때 아무도 상관하지 않았습니다. 이타르는 이곳에서 계속 일했죠. 그는 빅토르에게 아무 신경도 쓰지 않았습니다. 다시 만나지도 않았죠. 관심이 없어진 것은……."

그는 어깨를 으쓱하더니 다시 의자로 가 앉았다.

"빅토르의 연구가 성공적이지 않아서가 아니라, 시대의 요구가 변했기 때문이었죠. 밝은 빛에 대한 궁금증은 땅속으로 꺼져버렸습니다. 몇 년 후, 지방에서 다시 야생아가 발견됐다는 보고를 접한 파리 정부는 이렇게 답변했지요. '그 쪽에서 보관하시오.'"

치료소 밖에는 올 겨울의 두 번째 눈이 내리고 있었다. 나는 카라코스타스 박사 사무실의 작고 낮은 사각형 창문을 통해 눈발이 흩날리는 것을 바라보았다. 가까운 성당의 돌로 만들어진 고딕상 아래로 난 좁은 길에도 눈이 쌓이고 있었다. 도서관을 열어 달라는 학생에게 그가 불려 나가자, 나는 혼자 계단을 내려와 건물의 뒤편으로 나와서는 담에 둘러싸인 정원을 한동안 거닐었다. 정원 뒤쪽에다 짓고 있는 현대적 부속건물을 제외하고는 18세기가 시작될 때와 거의 달라진 것이 없어 보이는 1에이커 정도 되는 땅에 나는 서 있었다.

그때도 이렇게 눈이 내리면 빅토르는 저 유리문을 박차고 달려 나왔으리라. 그때나 지금이나 청각장애아들이 이 정원을 돌본다.

그러나 이 추운 날씨에는 어디에서고 그들의 모습은 보이지 않았다. 손바닥만한 포도밭의 넝쿨들은 격자무늬의 대를 타고 올라가 울퉁불퉁한 옹이를 드러내며 촛대 모양으로 하늘을 받치고 있었다. 고색창연한 부조가 너무나 아름다운 중앙의 분수대는 겨울에는 사용하지 않는 물을 반쯤 담은 채 고요하게 누워 있었다. 이미 오래전에 굳어버린 얼음의 표면 위로 새로 내리는 눈이 꽃가루처럼 뿌려졌다.

빅토르가 발견되고 아직 파리로 이송되기 전, 그의 담당 지방감찰관이었던 보나트르는 소년을 기다리고 있는 피치못할 운명에 대해 비탄의 심정을 느꼈다. 잔인한 유기로부터 구출되었다지만, 그 구출 역시 어떤 식으로든 고통스럽게 될 것을 알아차렸음에 틀림없었다.

"너는 얼마나 지독하게 자유를 잃어버리게 될 것인가? 정치적 족쇄에 묶이고 인간이 만든 제도에 걸려 넘어지겠지. 넌 정말 흐느끼며 울게 될거야!"

보나트르는 이런 기록을 남겼다.

"너를 교육으로 이끄는 길은 너의 눈물로 얼룩지겠지."

얼음 위로 눈이 마치 회오리바람처럼 민첩하게 원을 그리며 떨어져 내렸다. 불안정한 대기 속에서 굵어진 눈발은 금세 자리를 잡았다. 전에 본 적이 있는가 싶을 정도로 깊은 어둠 속의 붉은 색 한가운데에 눈이 부시도록 하얀 색이 대조를 이루었다. 원생들이 가꾼 장미꽃 이파리에 눈이 내린 것이었다. 분수 가장자리 주위로 무심한 계절이 꽃을 피우고 있었다.

15

키스가 있는 곳은 파열음인가

계몽주의 시대의 의문들이 지하로 들어갔다 해도 그렇게 깊숙이 들어간 것은 아니었으며, 지하에 머무르는 동안 지독히도 제멋대로인 상태로 잠복해 있었다. 그것들은 마치 말라리아나 헤르페스 같았다. 보다 현대적 위험이 많은 해체의 시대로 이동해온 것뿐이다. 자, 여기 다시 그들이 온다. 똑같은 것이 다시 되풀이된다. 어린아이가 자신을 총망라하고 있는 세계로부터 받아들이는 입력의 부적절함을 인용하면서 노암 촘스키가 언어의 선천성에 대해 강의할 때, 그리고 캐서린 스노우가 어린아이는 언어의 대부분을 환경으로부터 힘들게 얻는다는 것을 확신한다고 화답할 때, 이들은 데카르트와 로크의 대리전을 치루고 있는 것이다.

지니는 이 논쟁으로 칩입해 들어와 고대의 앙숙관계라는 이상한 세계로 떨어지고 말았다. 그녀에게 있어서 한센과 켄트는 피넬의 자녀들이었고, 진 버틀러는 이타르의 후예들이었다. 콩디악 역시 여기에 있었다. 그의 유령은 교육이 지니의 남은 일생을 결정지어주기를 바라는 사람들을 인도했다. 콩디악은 사회복지사들의 후견인이었고, 데카르트는 사회복지사들의 말썽꾸러기 요정이었다.

잘 알려진 대부분의 다른 야생아들과는 달리 아베론의 빅토르나 템플시의 지니는 둘 다 관객의 기대 속에 도착했다. 빅토르의 출현 시기는 콩디악이 던진 의문과 대충 때를 맞췄고, 인간관찰협회가 만들어진 시기와 정확히 일치했다. 1971년, 지니는 다른 선발대의 서비스를 받았다. 초기에 지니를 관찰했던 데이빗 엘킨드는 이를 이렇게 표현했다.

"촘스키는 당시 새로운 발견이었어요. 그리고 언어학계는 아주 뜨거웠죠 - 매일 새로운 이론이 쏟아져 나왔습니다."

이 중 한 이론의 강림 시기에 맞춰 이보다 더 완벽한 시기에 지니가 나타날 수는 없었던 것이다.

어린이의 언어습득에 관한 연구는 하나의 단순한 사고에 기반

한다. 나는 이것이 가장 간결하게 표현된 예를 1989년, "스탠퍼드 아동 언어연구 포럼"의 기조연설에서 들었다. 언어학과 관련이 없는 사람들에게는 스탠퍼드 회의를 비롯한 그런 비슷한 것들이 참 이상하게 보일 것이다. 언어학계는 마치 모든 빈민가들이 그렇듯이 자신만의 내부언어를 갖고 있다. 진 써칭거의 비서는 한 언어학자와의 녹음 인터뷰를 옮겨 적다가 분통이 터져서 이를 포기한 적이 있었는데, 제작자한테 이렇게 불평했다고 한다.

"이 사람은 영어를 말하는 데 외국어를 사용하고 있어요!"

당연히 언어학자들의 말은 수백명의 언어학자들이 모였을 때 가장 치명적이다. 이들의 직업적 비밀회의는 마치 열렬한 신도들이 실수로 혀를 잘못 놀리는 어느 늦은 밤의 부흥회와도 같다. 스탠퍼드 포럼이 어떤 종류의 장소냐 하면, 칵테일 한 잔을 앞에 놓고 어린애들이 단어의 흐름에서 운율에 대한 편견을 갖고 시작하는가의 여부, 쉬익 하는 소리를 마찰음으로 볼 수 있는지, 키스는 숨을 들이마시면서 내는 파열음인지 등을 두고 말싸움을 벌이는 전장이다.

이는 또한 친구의 두 살짜리 딸이 빨간색 새 드레스를 입고 신이 나서 기록대 근처를 깡총깡총 뛰어다니는 것을 쳐다보던 한 여성이 경탄과 우려가 뒤섞인 엄마다운 숨죽인 목소리로 친구에게 "꼬마 제시카가 아직 순음 발음을 제대로 못하네"라고 말하는 장소이다.

냉철한 전문적 용어의 등 뒤에는, 사실은 부드러운 은어의 후광이 숨어 있다. 언어학자들에게 "이야기"는 제안과 가설, 개념적 선도자, 시나리오, 설명, 혹은 놀랄만한 새로운 사실을 뜻한다. 훌륭한 연구 논문은 "아주 멋있는 이야기", "스타(star)"는 "잘못(wrong)"을 의미한다. 문법적으로 빈약한 문장 때문에 위반이나 잘못이 드러나는 경우를 가리켜, "사실(fact)"이라고 부른다.

어느 날 아침, LA에 있는 자신의 집에서 아침식사를 하면서, 빅토리아 프롬킨은 말싸움을 즐기는 언어학자들의 한 예를 내게 직접 보여주었는데, 펜실베니아 대학의 리라 글레이트만과 공모해서였다.

글레이트만 : "언어학자들은 이렇게 논쟁을 하죠 – '나는 그가 바보라고 생각해요*. 이 말에 동의하시나요?' "

프롬킨 : "스타, 스타, 스타."(아니에요, 틀렸어요.)

언어학자치고는 영어를 너무 좋아하는 글레이트만은, 스탠퍼드 포럼에서 기조연설을 했는데, 그녀는 아주 특이하리만큼 평범하

* I believe in "He being a fool."

고 쉬운 영어를 사용하고 있었다. 50대 후반의 반쯤 새버린 머리카락을 짧게 자른 그녀는 운동화를 신었고, 바지 차림에 오렌지 무늬의 블라우스를 입고 있었다. 그녀는 단상에 비스듬히 기대어 수업에 들어가느니 체육관 벽에 기대어 담배 한 대를 꼬나물겠다는 무단 결석생의 분위기를 내려고 노력하는 것 같았다.

"잘 들리세요?"

그녀가 마이크에 대고 짖었다. 그러더니 혼자 콧소리를 내며 "후! 너무도 잘 들리는군요"라고 말했다. 알고 보니 이 콧소리가 그녀의 트레이드 마크였다. 또한, 프로 권투선수처럼 비음이 섞인 헛기침소리를 내는 것은 냉소와 일탈적인 즐거움을 의미하기도 했다. 그녀 뒤의 슬라이드에 수퍼마켓 타블로이드 신문의 첫 페이지가 떴다. 표제는 "산모, 두 살짜리 애를 낳다"였고, 그 밑에는 다시 작은 글씨로, "어린아이 3일 안에 걷고 말하다"라고 적혀 있었다.

관객들은 크게 웃었다. 갖고 있던 종이를 정리하던 기조연설자는 관객을 향해 이렇게 말했다.

"자, 지금쯤은 제가 누군지 아시겠죠? 리라 글레이트만입니다. 제가 기본적으로 말하고자 하는 것이 바로 이것입니다."

그녀는 성큼성큼 걸어가더니 지시봉으로 화면을 탁 쳤다.

"뭐가 3일 걸렸다고요?"

'뭐하는 데 3일이 걸렸는가?'는 지난 몇십 년간 그녀를 사로잡아온 질문이었다. 그 시간이 지나는 동안, 그녀는 어느 정도는 얼떨결에 열렬한 촘스키파가 되고 말았다.

"사람들은 이렇게 말하죠. '리라, 그 여자는 단지 미친 이성론자일 뿐이야' 라고요."

기조연설이 있었던 다음 날, 그녀는 나와 점심 식사를 하며 이렇게 말했다.

"또 사람들은 '그녀는 모든 것이 타고난다고 말하지' 라고들 하죠. 그러나 원래 나는 아주 강경한 경험론자였답니다. 정말이에요! 경험론적인 입장을 입증하기 위해 나는 내 연구를 설계했어요. 그런데 그 연구결과가 잘못을 알려주었을 때 그걸 무시할 수는 없었죠."

그녀가 계획한 실험 가운데에는, 경험론의 수호성인으로부터 직접 영감을 받은 것도 있었다.

"로크는 이렇게 말했죠. '맹인을 보라. 이들이 배우지 못하는 것이 분명 있을 것이다.' 그래서 실험을 해봤어요. 경험이 언어학습을 어떻게 안내하는지 알게 될 거라고 생각했어요. 그러나 우리가 발견한 것은, 맹인 어린아이들이 그들의 능력으로 도저히 알 수 없는 것들을 알고 있다는 것이었어요. 경험적으로 그들의 능력 밖에 있는 것들의 답을 알고 있었어요. 정말 분통이 터졌어요. 글쎄요, 인간 정신의 승리는 축하할만한 일이었지만, 이들 어린아이들에게 낭비한 시간을 생각하면 정말 열 받는 일이었죠. 나는 그저 이 실험이 실패작이라고만 생각했었어요. 단순하기 그지없죠! 그리고 내 남편, 헨리에게 달려갔죠."

헨리 글레이트만은 당시 펜실베니아 대학의 심리학과 과장으로 있었다.

"그러자 그가 말했어요. '그래, 그 애들이 도대체 어떻게 답을 알아냈다는 거요?' 내가 말했어요. '아, 그건 중요하지 않아요.' 그러고는 촘스키와 의논하려고 케임브리지로 달려갔죠. 그는 정말 깊은 관심을 나타냈어요. 그리고 말했죠. '그래, 그 애들이 도대체 어떻게 답을 알아냈다는 겁니까?' 그러는 순간, 언뜻 깨달음 같은 게 느껴졌어요. '오, 이거 정말 문제로구나. 저 광신적 이성론자인 촘스키하고 저 광신적 경험론자인 헨리 글레이트만이 같은 점에 동의하다니.' 그래서 우린 다시 처음으로 돌아갔죠. 우리가 발견한 유일한 설명은 아이들이 질문에 내재된 구문론 규칙의 인도를 받는다는 거였어요. 이미 규칙을 이해하고 있었던 거죠. 구문론이 답을 말해준 겁니다."

스탠퍼드 강당에 모인 언어학자들 앞에서 글레이트만은 이렇게 말했다.

"어린아이들이 자신의 내재된 어떤 특성이 아니라 이 세계에 반응한다는 것을 증명하기 위해, 나는 아이들을 대상으로 할 수 있는 것은 다해보았습니다. 우리는 좋거나 나쁜 엄마의 효과에 대한 실험에서부터 출발했지요. 그런데 아무런 차이도 없었습니다. 그래서 애들한테서 귀를 떼냈어요. 청각 장애아들을 실험했죠. 이번엔 눈을 파내봤습니다.

그런데도…… 무슨 말인지 아시죠? 이 조그만 놈들은 언어를 알고 있었습니다. 인간의 자녀들은 조건에 대한 엄청난 저항력을 갖고 있습니다. 무슨 일이 있어도 언어를 배우게 되어 있죠. 언어로부터 멀찌감치 떨어뜨려 놓으면, 언어를 만들어냅니다.

우리는 조산아에 대해서도 멋진 연구를 한 적이 있습니다. 이들도 9개월을 다 채우고 나온 아기들과 똑같은 경험을 이 세상에서 하고 있습니다. 다만 생리적으로 다른 단계를 밟는다는 차이밖에 없죠. 결국 임신하는 순간부터의 나이가 태어나는 순간부터의 나이보다 언어수행 능력의 지표로서 낫다는 애기가 됩니다.

지금은 분명히 세상을 관찰하는 것이 증거의 한 원천이 됩니다. 어린아이로부터 모든 감각을 다 빼앗을 수는 없죠. 만일 그렇게 한다면 아이들은 절벽 끝에서 굴러 떨어질거고, 호랑이를 새끼고양이로 잘못 알아볼 것입니다. 그럼 아주 빨리 어린이들은 사라져 버리겠죠. 그러나 어린이들은 경험으로부터 언어를 배우는 것이 아닙니다. 경험으로부터 단어들은 배우죠. 문장은 타고나는 것입니다."

글레이트만을 개종하게 만든 생득주의적 관점에서 이 3일의 의문이란, "어린이들이 어떻게 언어를 배우는가"가 아니라, "언어가 어린아이한테서 어떻게 꽃을 피우는가"였다. 이해력의 갑작스런 급성장을 가능케 하는 그 무엇이 마음에서 일어나는 것일까? 글레이트만은 이미 이 퍼즐조각 한 개를 발견했다. 그녀는 3일간의 시계란 임신하는 순간에 맞춰져 있음을 증명해 보였다. 그럼 도대체 이 시계는 언제 약발이 떨어지는 것일까? 언어 학습에 정해진 데드라인이라도 있는 것일까?

이런 의문과 딱 때를 맞춰서 절묘한 시기에 지니가 도착한 것이었다. 그녀가 발견되기 3년 전인 1967년에 이 질문은 갑자기 저명해졌다. 하버드대학의 신경심리학자인 에릭 린넨버그가 『언어의 생물학적 근간*Biological Foundations of Language*』이라는 책을 발간한 후였다. 이 책은 어떤 면에선 10년 전의 촘스키보다 (더 구체적이라는 점에서) 더 혁명적이었다. 촘스키가 마르크스라면 린넨버그는 레닌에 해당됐고, 촘스키를 콩디악에 비유한다면 린넨버그는 이타르 역할을 했다고 말할 수 있다.

"린넨버그의 책은 정말 대단했어요. 놀라웠죠."

캐서린 스노우가 한번은 내게 그렇게 말했다.

"촘스키의 머리, 그 언어학자의 머릿속에는 신경이란 없었죠. 린넨버그는 거기에 생물학자의 두뇌를 선물한 거예요. 대뇌피질과 뇌엽, 축색돌기, 수지상돌기 등과 함께 말예요."

『언어의 생물학적 근간』의 4장에서, 그는 "결정적 시기에 관한 가설"이라고 불리게 되는 주장을 내놓았다. 즉, 두뇌가 모국어를 배울 수 있는 시기는 어느 특정한 초기이며, 그 이후는 불가능하다는 것이다. 또한 그는 이게 왜 이렇게 되는지 생리학적인 설명을 제시했다. 린넨버그의 혁신이란 바로 이 설명에 근거한다. 왜냐하면 "결정적 시기"라는 아이디어는 이미 그 이전에도 있어 왔기 때문이었다.

"로렌츠도 똑같은 말을 했어요."

제이 셜리가 내게 말했다.

"생태학자인 콘래드 로렌츠는 어느 특정한 시기에 새끼 오리들을 훈련시키기만 하면 자신을 따라다니게 할 수 있다는 것을 발견했어요. 그렇지만 그건 오리였죠. 인간에 대해 이런 질문을 제기한다는 것은 거의 불경스러운 짓이었어요. 창조론자 같았으면 그런 말조차 못하게 입을 막아버렸을 겁니다. 그러나 의문은 제기됐습니다. 피아제는 그의 평생을 걸고 어린아이들이 특정 나이에 어떤 특정한 능력을 발전시키는지 연구했습니다. 이 이론은 서기 600년대의 성 아우구스투스까지 거슬러 올라갈 정도로 오래된 것입니다. '내게 6세 이전의 어린이를 다오. 그러면 평생 가톨릭 신자가 되게 하겠다' 라고 말했을 때, 그는 직관적으로 이를 깨닫고 있었던 거죠. 그렇지만 그는 틀렸어요."

셜리는 말했다.

"12세까지는 가능하니까요."

린넨버그는 이에 동의했다. 열두 살까지 가능하다. 린넨버그에 의하면, 모국어를 배우는 어린아이의 능력은 성적인 발육이 시작되면서 사실상 막을 내린다. 이 결정적 시기에 대해 촘스키 자신은 신경 쓰지 않았다. 그럼에도 불구하고, 『언어의 생물학적 근간』 4장의 주장이 사실이라면, 촘스키가 옳았다는 것을 증명해주는 셈이 된다. 언어가 생물학적인 시계와 연결되어 있다는 것은 바로 언어가 선천적임을 의미하기 때문이다.

구체적이었음에도 불구하고 린넨버그 역시 촘스키처럼 이론가에 불과했다. 이제 임상학자들이 할 일만 남아 있었다. 그러나 그들에겐 작업해야 할 그 무엇이 필요했다. 린넨버그의 데드라인을 넘긴 어린아이(12세를 넘기고 이제 막 사춘기를 맞이한 아이), 그러나 아직도 처음으로 언어를 배워야 하는 아이를 말했다. 1967년 이후, 언어학계는 목매어 기다려왔던 것이다. 아베론의 빅토르가 콩디악을 위해 했던 것처럼 린넨버그와 촘스키를 위해 헌신해줄 적당히 어린 결정적인 존재를.

16

가련하고 기이하고 예뻤다

수잔 커티스의 학위논문에 실린, 1971년 봄, 병원에서의 지니의 발달 상황에 관한 이야기는 그녀가 직접 취재한 것이 아니고 비디오테이프와 인터뷰에서 어렵게 얻은 것이었다. 5월의 컨설턴트들의 회의가 있기 전만 하더라도, 이 UCLA 대학원생은 그녀의 경력을 수놓아줄 실험대상을 아직 대면조차 못한 상태였다. 1971년 6월 4일, 이제 상황은 바뀌었다. 커티스는 빅토리아 프롬킨과 병원을 방문했다.

그녀는 주위 환경에 벌써 기가 죽어 있었다.

"나는 간호사나 의사 타입이 전혀 아니었어요."

그녀가 말했다.

"병원의 어린이 병동에 있을 때면, 한 번도 마음 편한 적이 없었어요. 난 정말 병원에 어울리지 않았어요. 내 적성이 아니었죠. 거기다 겁이 났어요. 어쨌든 긴장했죠."

그럴만한 이유는 충분했다. 감수성이 예민한 사람들한테 지니는 정말 괴물과 같은 존재였다. 커티스가 지니를 만난 날 아침, 그녀는 맨발 차림이었다. 게다가 치렁치렁한 옷 탓에 지니는 너무나 작아보였다. 몸을 급작스럽게 흔드는가 하면, 이는 들쭉날쭉 누렇게 변색되어 있었고, 머리카락은 마치 부서질듯 가늘었다. 커티스는 그녀의 모습이 "기이하고 가련했다"고 표현한다. 그러나 한 가지가 더 있었다. 바로 예쁘다는 것이었다. 이 과학자는 소녀의 자태에서 우러나오는 부드러움에 완전히 매료되고 말았다. 피부는 아름다웠고, 뺨의 홍조와 끝부분에서 급상승하는 코는 기가 막혔다.

"마치 예술가가 아주 조심스럽고 섬세하게 하나하나를 색칠해 놓은 것 같았어요. 그러고는 마침내 중국 인형 같은 모습을 완성시켰다고 할까요?"

그녀는 곧 지니의 무차별적인 침뱉기와 긁기, 코풀기, 음식 좀 도둑질하기 같은, 어느 정도는 덜 매력적인 부분에 대해서도 알게 되었다.

"힘들었어요."

초기의 만남에 대해 그녀는 말했다.

"지니는 정말…… 지니는…… 음, …… 도전할만했지요."

커티스가 도착했을 때는 시기적으로 그녀의 임무가 두 배는 더 힘들게 느껴질 그러한 때였다. 지니는 사회 적응 훈련이 아직 되어 있지 않았고, 불행히도 지난 가을에 보여준 순수성과는 반대되는 쪽으로 진행되고 있었다.

"언어를 배우는 과정을 지켜보는 입장에서는……."

커티스가 말했다.

"좀 늦었다고 느꼈어요."

그녀의 지각은 어디까지나 상대적인 것이었다. 만일 지니가 도착한 날, 커티스가 병원 접수대에 있었더라면 그녀는 언어를 가진 사람과 만났을 것이다. 모든 어린이는 언어를 사용하기 전에 이미 어느 정도 수준의 언어를 갖고 있다는 의미에서 말이다. 만약에 지니가 전에, 어느 언어학습자나 다 그렇듯이 가장 심오한 초기의 임무를 마스터하지 못했더라면, 그녀가 구사했던 보잘 것 없는 단어들을 습득할 리 만무했을 것이다. 즉, 소녀는 자신을 둘러싼 일반적 불협화음으로부터 의미 있는 소리를 가려내는 법을 이미 알고 있었던 것이다. 리라 글레이트만은 기조연설에서 이를 이렇게 표현했다. 지니는 독력獨力으로 해낸 것이라고.

"아이들은 비밀번호도 없습니다."

글레이트만은 말했다.

"애들은 자신이 미국에 있는 것도, 영어를 배우고 있다는 것도 모릅니다. 엄마는 아기에게 이 방을 보여주죠."

그녀는 관객 너머로 손을 흔들었다.

"그러고는 방에 대해 묘사를 합니다. 뭐라고 할까요? '바바바바바바바바바.' 이게 엄마가 말하는 겁니다. 저 뒤에 있는 숙녀분께서는 파란색의 옷을 입고 있다고 말했을 수도 있지만, 그녀가 말한 것은 '바바바바바바바바바바' 입니다. 문제는 바로 이겁니다. 엄마가 방에 대해서 말하고 있다는 것을 아기는 어떻게 눈치챌까요? 아시겠습니까? 그게 우리의 '이야기' 입니다. 그것이 바로 독력獨力입니다."

글레이트만이 독력獨力이라고 부르는 것은 학자들이 지향하는 학구적 목적에 따라 다르게 호칭되나, 불가사의하게 느낀다는 점에서는 똑같다. 어린애들은 어떻게 소리의 흐름으로부터 의미를 갖는 음절과 문장을 분별해내는 것일까? 대부분의 사람들은 어린애들이 아마 의기소침해질 것이라고 생각할 것이다. 낯선 언어로 말하는 동영상의 대화를 한번 들어보라. 우리 언어는 저마다 다르고 뚜렷한 뜻을 가진 블록으로 잘 짜여져 있는데 반해, 다른 언어는 그저 들쑥날쑥, 변덕스럽기만 하다. 낯선 외국어에서 단어를 잡아내기란 한 주먹의 물을 연못에서 움켜잡으려는 것과 같다. 그런데 어린이들은 해낸다. 이들에겐 들리는 언어가 모두 외국어일텐데 말이다.

과학자들은 이들 어린 청취자들이 처음에 낚아채는 것이 음소(의미를 구별하는 최소한의 소리단위)인지, 아니면 음절(한 개나 혹은 그 이상의 음소가 모여 형성하는)인지에 대해서도 아직 확신이 없다. 보통 대화에서 1분마다 900여개의 음소가 경쟁을 하며 부속어들이 따라붙는데 이들 부속어는 자신의 중요성을 가리킬만한 아무런 뜻도 갖고 있지 않다. 단어는 뜻을 갖고 있지만, 이들의 길이와 형태의 변이는 무궁무진하고, 경계는 애매모호하기 그지없다. 보통 말할 때 우리는 단어마다 끊지만, 인접한 단어는 함께 얼버무린다. 이따금 단어 사이에 잠시 멈추기도 한다. 단어를 정직하지 못하다고 표현한다면, 문장은 훨씬 더 심하다.

다른 곳의 아이들도 마찬가지겠지만, 이곳 미국의 아이들은 언어학자들이 설명할 수 있는 것보다 훨씬 더 많은 것을 알고 있는 듯하다. 아기들은 음소와 문장차원의 언어에 대해 이해 내지는 느낌을 갖고 태어난다. 세계적으로 널리 알려진 언어에서 사용되는 수백 개의 음소 가운데, 영어에서는 오직 40개만이 발견된다. 영어를 말하는 가정에서 태어나는 아기는 이들 40개의 음소에 대한 편향을 보여주는데, 이는 아마도 자궁에서 이미 들었기 때문인지도 모른다. 아가들은 엄마가 말하는 모국어에 반응한다. 아기가 커가면서 차이가 점점 더 벌어진다. 어린이들은 점점 더 전문가가 되어 간다. 영어를 말하는 성인은 집중적인 훈련 없이는 중국어나 불어 특유의 음소를 정확히 알아들을 수 없으며, 따라하는 건 더 힘이 든다. 새로 태어난 아기들은 모국어에 대한 특별한 애착을 발전시키기보다는, '낯선' 음소에 대한 감각이 위축되는 것 같다. 중국에서 태어난 아기들은 'r'이 덜 섞인 자신의 모국어에 대한 편향을 갖고 태어나긴 하지만, 'r'을 알아듣고 발음할 수 있다. 미국에서 태어난 아이들도 프랑스어의 모든 모음에 대해서 마찬가지이다.

이런 깜짝 놀랄만한 능력이 문장에도 똑같이 적용된다. 1980년대 중반, 리라 글레이트만의 제자였으며 현재는 템플대학의 교수인 캐시 파섹은 언어학 연구의 표준적 제약 때문에 좌절감을 느꼈다. 대부분의 실험이 말로 이루어지기 때문에 말할 수 있는 어린아이들만이 테스트 대상이 될 수 있었다. 그녀는 말하기 이전 단계에 있는 유아는 무엇을 알고 있는지 궁금했다. 그녀와 두 명의 동료는 아주 어린 아기들의 반응을 측정할 수 있는 방법을 고안해냈다. 9개월 된 아기에게 녹음된 문장을 들려주고, 인식의 숨길 수 없는 신호인 눈의 움직임을 관찰했다. 문장이 끝나야 할 곳에서 끝나자, 아기는 그것을 인정했다. 문장이 적당치 않은 곳에서 끝나자, 아기는 그것을 언어로 인정하지 않았다. 옳지 않은 문장 역시 임의적인 소음으로 받아들였다. 파섹은 점점 더 어린 아기들을 데리고 시험해 보았다. 그녀는 뒤이어 나온 결과에 놀라움을 금치 못했다고 실토했다. 4개월 반밖에 안된 아기도 적합한 문장과 그렇지 않은 것을 구별할 수 있었다. 더욱이 폴란드어와 영어, 둘 다에서도 결과는 마찬가지였다. 이 실험은 9개월 된 아기가 모국어에 대해 갖고 있는 능력을 다른 언어에 대해서도 가지고 있다는 것을 시사한다. 앞으로 사용하지 않게 될 문법이 아직 싱싱하게 살아있는 것이다.

17

플라스틱으로 만든 거라면 무엇이든지

커티스를 만나기 전에 이미 언어 학습을 시작했지만, 지니는 어린이의 언어능력을 평가하는 표준화된 테스트를 받기에는 적당치 않았다. 1971년 여름, 커티스와 프롬킨은 지니에게 알맞는 완전히 새로운 언어검사를 발명해야 할 임무에 봉착했다. 두 사람은 결국 26개를 고안해냈다. 그 밖의 수많은 심리와 신경 테스트까지 포함하면, 검사를 마치는데 5년은 족히 걸릴 것이었다. 데이빗 리글러의 표현을 빌리면, "역사상 가장 많은 테스트를 받은 아이"가 될 것이었다.

그나마 다행스러운 것은 전통적으로 언어연구실험은 덜 엄격하다는 것이었다. 지니를 만난 날부터 커티스는 일기를 쓰기 시작했다. 지니가 말한 것을 모두 기록하고 분석하며 발전된 증거를 찾고자 함이었다. 지니는 불가사의할 만큼 완고한 존재였다. 그녀는 대부분 아무런 말도 하지 않았다. 목소리를 낼 때는 보통 낑낑거리거나 꽥 소리를 냈다.

"소리를 내면 얻어맞았거든요."

커티스가 설명했다.

"그래서 말을 할 때는 매우 긴장하고, 숨소리가 섞여들고, 약했어요. 무슨 말인지 도저히 알아들을 수가 없었어요. 마치 중풍에라도 걸린 것처럼 소리가 많이 뒤틀려 있었어요. 그러나 근육이나 신경이 손상된 증거는 없었습니다. 게다가 음조가 근본적으로 아주 높았어요. 너무 높아서 측정기에 넣고 분석할 수가 없을 정도였죠. 그리고 지루할 정도로 단조로웠어요. 높은 단음이었죠. 음조의 변화가 전혀 없었어요."

공식적인 연구조사에 관한 어떤 시도도 당분간은 헛된 수고로 끝날 것임을 깨달은 커티스는 여름 동안 그냥 죽치고 앉아 지니를 지켜보기로 결심했다. 지니를 알고 지니의 신뢰을 얻고자 함이었다. 그녀는 재활센터의 환자들과 같이 있거나, 보통 리글러나 제임스 켄트와 함께 지니를 데리고 소풍을 나갔다.

"지니한테 가서 함께 산책을 나가거나, 패스트푸드점에 데려가곤 했습니다.”

켄트가 회상에 잠겼다.

“처음에는 간호사가 동행했죠. 간호사와 나는 일종의 대리부모 노릇을 한 거였습니다. 지니로 하여금 가족과 비슷한 구조를 느끼게 해주고 싶었죠. 그렇게 나간 외출에서 지니가 말소리 같은 것을 냈습니다. 그래서 지니가 내는 소리를 듣기 위해 수잔 커티스가 따라 붙었죠. 지니는 곧 대리모 역할을 맡았던 간호사보다 수잔에게 더 애착을 보였습니다.”

여행은 점차 확대되었다. 이들은 동물원이나 그리피스 공원으로 산책을 가기도 했다. 특별한 것은 쇼핑을 갈 때였다. 지니는 쇼핑을 너무 좋아해서 지나가는 모든 빌딩을 손가락으로 가리키며 새로 배운 단어인 “가게”를 되풀이했다. 지니는 ‘세이프웨이’나 ‘울워스’ 같은 대형상점을 좋아했다. 이곳에서 지니는 실례되지만 귀여운 행동으로 당황스럽고도 놀라운 발랄함을 보여주었다. 지니는 흥미있어 보이는 모르는 사람에게 다가가 애착을 나타내곤 했는데, 팔을 잡고 자신의 얼굴을 바짝 갖다 대고는 상대방의 눈을 똑바로 응시하는 것이었다. 이와 똑같은 열정을 사람들의 소지품에 드러내기도 했는데, 그러면 커티스는 지니를 얼른 떼어놓아야 했다.

지니가 도저히 유혹을 뿌리칠 수 없었던 물건이 하나 있었는데, 그것은 바로 해변에서 들고 다니는 들통이었다. 그녀의 성화에 못이겨, 켄트는 지니가 특별히 좋아하는 들통 몇 개를 사주었다. 지니는 23개나 되는 소장품을 모으게 되었고, 재활센터 내의 자기 침대 옆의 안전한 곳에 모셔 놓았다. 6월 중순의 어느 야유회 날, 켄트는 지니가 좋아하는 것을 이용해 언어에 대한 호기심을 유도하고자 했다. 물건의 이름에 관한 질문이었다. 켄트는 플라스틱으로 만든 들통 하나를 가리키며, 지니에게 무엇이냐고 물었다.

"들통."

지니는 대답했다. 그가 다른 것을 가리키자, 그녀는 "양동이"라고 대답했다. 두 물건을 특별히 구분할 만한 차이는 없었지만, 지니는 자신의 구분에 확신하는 듯 했다. 이 들통들은 '울워스'의 복도에 있었는데, 밝은 색 플라스틱 통으로 가득찬 이곳을 지니는 특히 좋아했다. 들통과 양동이 외에 지니가 탐냈던 것은 플라스틱으로 만든 목걸이, 플라스틱 지갑, 플라스틱 쓰레기통이었는데, 플라스틱으로 만든 거라면 무엇이든 좋아했다.

데이빗 리글러에게 이 특별한 성향에 대해 물어보자, 설명하면서 무언가 떠올랐는지 그는 몹시 화가 나는 듯 했다.

"아마도 밝은 색과 재질 때문일 겁니다. 지니가 고립되어 있을 당시, 플라스틱으로 만든 조그마한 인형 몇 개가 있었답니다. 변기 건너편 벽에는 비닐로 만든 비옷이 걸려 있었고요."

숨을 잠깐 멈추더니, 그가 다시 몰아치듯 말했다.

"한번 그 집을 머릿속에 그려보십시오. 오늘, 내일 그리고 또 똑같은 하루, 그렇게 매일매일을 극히 제한된 자극과 함께 홀로 변기에 앉아 있는 애를요. 그 애는 어떤 종류의 자극을 거머쥐려고 합니다. 그녀가 볼 수 있는 사물들은 그녀에게 아주 커다란 역할을 합니다. 맞은 편 벽에는 비닐로 만든 우비가 걸려 있었죠."

갑자기 머리를 숙이더니 그는 어깨를 흔들었다. 마치 참기 어려운 그 어떤 것을 떨쳐 버리려는 듯이.

"지니는 그래서 플라스틱을 좋아했던 겁니다."

그가 결론지었다.

지니에게 소풍이란 요술왕국으로의 방문이었다.

"지니를 데리고 그리피스 공원에 산책간 적이 있었어요."

데이빗 엘킨드가 말했다. 그는 5월의 회의 말고도 두 번이나 먼 곳으로부터 지니를 찾아왔었다.

"모든 것이 지니에겐 너무나 새로웠어요. 문간의 놋쇠에서부터 동물들, 새들 그리고 개가 짖는 바람에 겁에 질리기도 했죠. 잔디밭에 소풍을 나온 대학생들이 있었는데, 지니를 보더니 남다른 것을 눈치채고는 오렌지 한 개를 지니에게 줬어요. 지니는 그런 것을 본 적이 없었거든요. 한참 들여다보더니 냄새를 맡아보더군요. 그러고는 집으로 돌아오는 길에 가게에 들렀어요. 셀로판지로 만든 가방을 보더니 기뻐서 어쩔 줄을 몰랐습니다. 쭈굴쭈굴하게 만들고는 거기서 나는 소리에 귀를 기울였어요."

지니의 천진난만한 탐색은 비범한 반응을 이끌어냈다. 세이프웨이 상점에서 일하던 한 정육점 주인은 지니가 수축 포장한 고기에 황홀해 하는 걸 보자, 진열대를 열고 포장하지 않은 고기 한 덩어리를 지니에게 내밀었다. 그러자 지니는 고기를 이리저리 만지면서 냄새를 맡아보고 면밀히 조사하는 것이었다. 그런 식으로 몇 달 동안 그는 뼈와 닭고기, 물고기, 칠면조 등을 지니가 조사할 수 있도록 내어주었다. 이런 과정이 아무런 말도 없이 진행되어서 마치 두 사람 사이에 일종의 암묵적인 이해가 이루어진 듯했다. 때때로 지니가 계산대로 다가오면 계산원은 장난감이나 장신구를 꺼내주며, 앞서 간 어떤 고객이 지니가 이걸 갖고 싶어하는 것 같아 샀다면서 지니에게 전해달라고 했다고 말했다. 이 선물들은 소름이 끼칠만한 정확성과 애정 어린 침묵 속에 선택된 것들이어서 커티스는 마침내 자신이 어떤 초자연적인 의사교환(분명하지만 말로 표현되지 않는)을 목격하고 있으며, 자신이 심혈을 기울여 준비한 노트의 분석은 이것을 설명하기엔 역부족이라고 확신하게 되었다.

"지니는 내가 여태껏 보아온 가운데 가장 강력한 비언어 의사교환자였어요.”

커티스가 말했다.

“극단적인 예가 하나 떠오르네요. 지니의 집착이 어느 정도로 강했냐 하면, 어떤 사람이 어떤 플라스틱 물건을 가지고 있건 지니는 그것을 알아채고 갈망할 수 있었어요. 어느 날 산책을 나갔는데, 아마도 헐리우드였던 것 같아요. 나는 바보 흉내를 내며 오페라식으로 노래를 불렀어요. 지니가 항상 갖고 있는 긴장감을 풀어주고 싶었거든요. 아주 복잡한 교차로의 코너에 도착했는데, 마침 빨간 불이 켜졌어요. 그래서 얼른 멈춰 섰죠. 갑자기 무슨 소리가 들렸어요. 절대 잘못 알아들을 수 없는 소리였죠. 지갑이 쏟아지는 소리였거든요. 교차로에 정차해 있던 한 여성이 차에서 내려서 달려오더니, 지니에게 지갑을 쥐어주고는 다시 돌아갔어요. 바로 플라스틱으로 만든 지갑이었죠. 지니는 아무 말도 하지 않았어요.”

지니의 의사교환 방식도 예전과는 점차 달라지고 있었다. 토막 치듯이 한 단어씩 말하는 것은 똑같았지만, 어휘 수가 늘어갔다. 주고받는 식의 대화법도 이해하고 있었다. 사실상 그녀는 국립청각농아시설에서 빅토르가 해낸 것과 대충 비슷한 수준을 이룬 것 같았다. 즉, 사회적 애착을 형성 중이었고, 자신의 욕구를 표현하기에 충분한 조야한 언어를 골라냈다. (지니의 경우는 말로, 빅토르는 글로) 그녀에게 엄청난 관심이 집중되었다. 아무리 작은 것이라 하더라도 지니의 심리적 상태를 나타내는 징조라면 놓치지 않기 위해서였다.

지니를 만났을 때, 엘킨드는 지니가 화장대 서랍에 있던 물건 하나를 되찾아 온 것을 눈치챘다.

"지니는 '대상 영속성' 이라는 개념을 깨우쳤어요."

그가 말했다.

"이건 어린아이에게 아주 중요한 인지적 단계입니다. 어떤 것이 우리 감각 안에 있지 않다고 해서 존재하지 않는 것은 아니죠. 아기는 태어난 지 일 년이 지나야 이 개념을 파악합니다."

그는 또한 아침 일찍 개 짖는 소리를 들은 지니가 나중에 따라하는 것을 보았다.

"그건 유예된 모방입니다. 지연은 심적 영상에 의해 중재되니까요."

엘킨드가 말했다.

"따라서 지니는 전조작기前操作期에 들어선 것입니다."

'전조작기' 란 장 피아제가 만든 전문용어로 (스위스의 심리학자였던 그는) 어린이들에겐 단지 언어습득뿐만 아니라 전반적인 심리발달을 위한 결정적 시기가 있다고 믿었다. 오직 학습을 통해서만 정신이 확장되는 것은 아니다. 정신의 확장은 어린이가 성장하면서 예상가능한 단계를 거쳐 자연스럽게 내부로부터 펼쳐진다. 전조작기적 사고는 두 번째 단계이다. 피아제는 언어의 성장은 사고의 성장과 연결되어 있다고 보았다. 인지라는 식물에 매달린 하나의 가지로 본 것이다. 촘스키는 언어학습과 인지의 발달을 같은 토양 안의 서로 다른 두 개의 식물로 본다. 이는 또 다른 논란거리를 제공하는 것으로, 어쩌면 지니가 최종적으로 어떤 해답을 던져줄지도 모르지만, 당분간은 지니의 정신적 단계에 관한 커티스의 평가는 피아제의 눈금과 일치하는 듯했다. 사물의 이름을 열심히 알고 싶어하는 것은 전조작기적 사고의 시초였다.

종합해 보건대, 지니는 당시 정서적 고립과 자기중심성을 깨부수고 나오기 위해 무장을 하고 있었다. 아마도 그전에 중간 단계가 필요했을 것이다. 피아제와 동시대를 살았고, 그의 비평가였으며, 거장 피아제의 이론을 언어에 접목시킨 레프 비고츠키에 의하면, 이름을 배우는 단계는 스스로에게 말을 걸고 자신의 내면의 사고를 부호화하기 위해 새로운 어휘를 만들어내는 시기의 바로 전 단계다. 비고츠키의 이론은 헤이만 슈타인달의 오래된 공식을 윤색한 것이다. 불가사의함 뒤에서 그녀는 아마도 자기 인식을 형성하고 있었는지도 모른다. 타인에 의해 이해당하는 그녀 자신을 이해하는 것, 바로 그것이 "언어의 시초"가 아니었던가?

여름이 다가고 가을로 접어드는 동안 수잔 커티스는 지니가 토해내는 모든 소리와 간헐적이지만 이제 막 시작한 말을 바삐 옮겨 적으며, 언젠가 그녀가 뭔가를 보여주기 시작할 그날이 오기만을 손꼽아 기다렸다.

18

집

지니의 운명을 두고 엇갈리던 불협화음들, 즉 5월의 회의가 도화선이 되어 검은 연기를 내며 털털거리던 불만이 7월에 드디어 터지고 말았다. 이 폭발은 지니와 관련된 모든 사람들과 최종적으로 사상자가 된 이들에게 중요한 의미를 지니는 것이었다. 폭발의 시작은 풍진이었다. 지니가 처음으로 자유를 얻은 첫 여름에 발생했던 가장 놀랍고 흥미진진하면서도 결정적이었던 사건들에 대해서 커티스의 학위논문은 전혀 언급하고 있지 않다. 그러나 그때 일은 진 버틀러가 잘 기록해 놓았다. 재활센터의 지니 담당 교사였던 그녀는 지니와 강력한 정서적 관계를 발전시켰었다.

버틀러의 이야기는 일기 형태로 적혀 있다.

1971년 6월 23일.
병원에서 필요한 서류에 서명했다. 내용은 자원봉사의 일환으로 지니를 소풍에 데려가고, 또 우리 집에도 데리고 간다는 것이었다.

그녀의 “집”은 이층의 안락하지만 낡은 집으로, 카푸엔가 블루바드에 있는 월셔 골프클럽으로부터 한 블록 떨어진 곳에 있었다. 일 년에 13,000달러를 버는 학교 교사에게 평범하지도, 대단하지도 않은 그런 집이었다. 진 버틀러는 그럭저럭 잘 해내고 있었다. 그녀는 최근에 오렌지카운티의 레져월드 은퇴자 마을 근처에 그녀가 소유하고 있는 25에이커의 땅을 거의 25만 달러에 달하는 돈을 줄테니 팔라는 제의를 거절했다. 독신이었던 그녀는 모자라는 수입은 여름계절학기 때 애들을 가르치거나, 가끔 아동용 도서를 집필하면서 보충했다. 집의 아래층에는 손님용 객실이 있었고, 지니는 이곳에서 잠을 잤다.

서류에 서명하고 얼마 되지 않아, 버틀러는 병원으로 전화를 걸어 끔찍한 소식을 전했다. 자신이 병에 걸렸으며, 진단 결과 풍진으로 밝혀졌다는 것이었다. 지니는 괜찮았지만, 버틀러 집에 있었기 때문에 전염되었다고 추정할 수밖에 없었다. 풍진이 학교에 엄청난 피해를 줄 수 있다는 점에서 지니를 격리시켜야 했지만, 지니의 과거를 비추어 볼 때 혼자 격리시키는 것은 너무 비인간적으로 보였다. 해결 방법은 오직 하나, 교사와 함께 지니를 격리시키는 것이었다. 그래서 7월 7일, 지니는 버틀러의 집으로 들어갔다.

"지니는 내 집에서 머물면서 분명 행복해 보였습니다."

버틀러는 일기장에 이렇게 기록했다. 그러나 버틀러 자신은 그녀가 "지니 팀" 이라고 명명한 여러 멤버들로부터 걸려오는 전화를 받느라 그다지 행복하지 않았다. 병원에서 열렸던 5월 회의이후, 버틀러는 지니를 돌보는 다른 사람들을 눈에 띄게 폄하하기 시작했다. 그녀가 보기에 수잔 커티스는 서투른 애송이였고, 데이빗 리글러는 잘난 척 하는 사람이었으며, 제임스 켄트는 지나치게 관대했다. 하여간 이들 모두는 자기욕심만 차리는 무심한 인간들이었다.

과학자들의 입장에서는 버틀러는 쓸데없이 논쟁적이고, 개인적으로 문제가 많은 사람이었다. 그녀가 몸담고 있는 로스앤젤레스 공립학교 제도와의 줄기찬 투쟁과, 재활센터로 옮기기 전에 그녀가 일했던 아동병원의 급성환자 담당 의사들과의 싸움은 유명한 것이었다. 그녀 역시 다른 사람들과 똑같이 자신의 야망에 의해 움직이는 사람처럼 보였다.

"버틀러는 지니와 함께 나란히 역사에 남기를 원했어요."

한센은 내게 이렇게 말했다.

"그녀는 기적의 치유사로 알려지기를 원했으니까요."

커티스의 기억에 의하면, 버틀러의 뽐냄은 노골적인 것이었다. 버틀러는 종종 재활센터 내의 다른 사람들에게 자신이 제2의 앤 설리번 같은 존재가 될 거라고 떠들고 다녔다고 한다. 앤 설리번은 헬렌 켈러를 구원함으로써 유명해진 젊은 간호사였다. 커티스가 보기에, 버틀러가 지니를 싸고도는 모습은 마치 무슨 전매특허라도 받은 것처럼 보였다.

7월 8일.

학생 수잔 커티스가 집에 찾아와 지니의 말을 기록하고, 지니를 웃기려 했다. 온종일 지니 뒤를 졸졸 따라다니면서 주위를 맴돌았다. 노트를 항상 끼고 다니는 그녀는 지니의 면전에서 비판적인 태도로 지니의 말과 부족한 점, 그리고 먹는 습관에 대해 떠들어댔다……. 그날 저녁 리글러 박사가 전화했을 때, 나는 그가 이 집에서 주고자 하는 "도움"이 전혀 도움이 되지 않는다고 말해 주었다.

버틀러를 가장 짜증나게 한 사람은 제임스 켄트였던 것 같다. 지니가 결국 버리지 못했던 즐거움 중에는 빅토르 교육의 철저한 중단을 가져왔던 것과 똑같은 행위가 있었다. 바로 자위행위였다. 절제에 관한 어떤 개념에도 구애받지 않았던 그녀는 빈번하고 자연스럽게 공개적으로 당황스러운 행위를 선보였다. 버틀러의 줄기찬 주장 중에서 특히 물의를 일으켰던 것은, 켄트가 강제와 압박으로 인생이 꼬여버린 아이가 더 위축되지 않기를 바라는 마음에서 지니의 이런 습관을 부추겼다는 것이었다 - 켄트는 이 혐의를 부인했다.

지니가 병원으로부터 받은 보호와 음식은 행동 면에서뿐만 아니라 신체적 성장에도 박차를 가했다. 그중에서도 젖가슴이 발달하기 시작했다. 지니가 성적으로 성숙해지기 시작했다는 신호는 에릭 린넨버그의 결정적 시기에 관한 가설을 직접 시험해 볼 수 있다는 기쁜 소식을 의미했다. 즉, 커티스와 프롬킨은 사춘기를 넘긴 어떤 사람의 언어 배우기 시도를 관찰할 필요가 있었다. 그러나 이는 한편으로는 너무나 가슴 아픈 우연한 행운이었다. 리글러는 한번은 내게 그가 만든 달력을 보여주었다. 침대 적시기를 극복해나가는 지니의 발달 상황을 체크해 놓은 것이었다. 이들은 어린아이의 끔찍한 딜레마를 웅변적으로 표시해 놓고 있었다. 침대를 적신 날과 적시지 않은 날 중에는 그녀가 월경을 한 날도 표시돼 있었다. 용변 훈련과 월경이 동시에 그리고 한꺼번에 일어나고 있었던 것이다.

나는 켄트 박사에게 지니가 지나치게 실험대상이 되고 있으며, 긴장을 풀 여유가 주어지지 않는 것이 몹시 두렵다고 말했다. 그러나 그는 '필요한 과정일 뿐'이라고 말했다.

버틀러가 일기에 쓴 내용이다. 버틀러는 이런 문제점에 대해 걱정하는 사람이 자신뿐만이 아니라고 느꼈다.

7월 13일.
'공공사회복지부(DPSS)'를 맡고 있는 수 오만스키가 우리 집을 찾아왔다……. (그녀는) 이 아이를 기니피그처럼 진열하는 것에 극도로 비판적이었고, 그 UCLA 학생이 어린애 주위를 계속 맴돌며 말하는 것을 모두 받아 적는 것에 반대했다. 미스 오만스키는 이들이 모두 명성을 얻기 위해 지니를 이용하고 있다고 말했다.

여름이 점점 깊어가면서 버틀러와 과학자들 사이의 긴장은 가끔 한판의 말싸움으로 번지기도 했다. 그녀의 집은 거대한 타이탄 신들의 관할권 분쟁의 장이 되고 말았다. 수 오만스키는 '공공사회복지부' 에서의 직위로 볼 때, 사실상 지니의 보호자였다. 아동병원의 조사연구자들이 지니에게 접근하건 말건 그녀의 부서로선 하등의 이해관계가 없었다. 그러나 두 기관은 지니의 이름으로 연결돼 있었다. 그들은 재활센터에서 아이를 꺼내어 개인 가정으로 옮기는 문제에 대해 몇 달 동안 상의해오고 있었다. 이제 풍진 때문에 이 문제가 더 시급해졌다. 버틀러는 '공공사회서비스부문' 에 지니의 수양부모가 되겠다고 신청했고, 오만스키는 교사의 집이야말로 지니의 영원한 안식처로 적당하다고 느꼈다. 그러나 '공공사회서비스부문' 의 상관은 아동병원과 상의 끝에 이 신청을 유보시켰다. 한 가지 이유는, 병원에 속하는 직원의 집에 환자를 놔둔다는 것은 병원의 정책에 위배된다는 것이었고, 또 다른 이유는 수양엄마뿐만 아니라 수양아빠도 있는 가정이 지니에게 더 좋을 것이라는 것이었다.

버틀러는 이 문제를 쉽게 해결했다. 연인에게 들어와 같이 살자고 한 것이다. 그는 플로이드 러흐로, 남부캘리포니아 대학에서 삼십년 동안 가르친 심리학자요, 세미나용 교재인『심리학과 삶』을 집필한 작가이기도 했다. 그는 부유하고 사려심도 깊은 사람이었지만, 홀가분하지는 않았다. 아내와 별거하고 버틀러의 집에서 두 블럭 떨어진 곳에서 혼자 살고 있었던 그 역시 사실상 이미 현장에 있었다. 버틀러와 지니 팀 간에 벌어진 소동에 휘말려버린 것이다. 버틀러의 일기는 한밤중에 해안 도로에서 벌어진 그녀와 리글러 간의 '서로 소리지르기 시합으로 돌변했던 의견 차이'에 대해 말하고 있다. 러흐가 일어나 싸움을 말렸고, 리글러에게 한밤중에 싸움이 해결된 적은 없으니 이제 그만 집으로 돌아가라고 말했다고 기록하고 있다. 그러나 리글러는 이 사건을 기억하지 못했다.

"아, 그런 일이 일어났을 수도 있죠."

그가 말했다.

"행정적 문제 때문에 말다툼을 벌인 적은 있었어요. 그렇지만 소리를 지르고 싸운 적은 없었어요, 그것도 한밤중에요."

7월 14일.

켄트 박사에게 당장 내 집에서 미스 커티스를 데리고 가라고 요구했다. 그녀는 전혀 도움이 안될 뿐만 아니라, 어린애를 다루는 데 경험도 없고, 훈련도 안 돼 있으며, 안전에 관한 요소도 전혀 모른다. 켄트 박사는 그녀를 내 집에 두는 것이 꼭 필요하며, 커티스가 지니의 발음이나 음성을 기록하는 것이 지니를 돌보는 능력의 결여보다 더 중요하다고 말했다. 나는 지니가 미스 커티스가 곁에 있을 때는 말을 하지 않는다고 말해 주었다.

리글러와 버틀러, 이 두 사람이 싸우고 며칠 지나지 않아 아직도 갈등이 팽배해 있는 상황에서 강아지 소동이 일어났다. 리글러는 이 사건을 이런 식으로 묘사했다.

"한번은 진 버틀러의 집을 방문했는데 골든 리트리버 새끼를 데리고 갔어요. 이걸 지니가 창문을 통해 봤었나 봐요. 버틀러가 말하기를 지니가 몹시 흥분해 있다고 하더라고요. 그 강아지는 10주나 12주 정도밖에 안된 새끼였어요. 그저 털 뭉치에 불과했죠. 창문엔 다가가지도 않았어요. 우린 마당에 있었는데도 지니가 그것 때문에 겁을 먹었다고 하더라고요."

버틀러의 얘기는 더 생생하다.

7월 20일.

리글러 박사가 전화로 그의 아내가 강아지를 데리고 왔다며 지니에게 보여주고 싶다고 말했다. 나는 그에게 며칠만 기다려달라고 부탁했다. 그러나 그는 지금 꼭 보여주고 싶다고 말했다. 그래서 나는 개를 차 안에 붙잡아놓고, 유리창 너머로 지니가 보게 하자고 말했다……. 저녁 8시쯤 지니와 내가 이불보를 접고 있는데, 지니는 이 일을 몹시 좋아했다……. 바로 그때 리글러 박사가 왔다……. 그는 지니의 손을 잡고 현관문 쪽으로 데리고 가더니 문을 열면서 말했다.
"나랑 같이 가자. 지니야. 너에게 보여줄 게 있단다."
이때쯤 리글러 부인은 개를 차 안에 가둬놓지 않고, 이미 잔디밭에 풀어놓은 상태였다. 문간에서 개를 본 지니는 집으로 뛰어 들어왔다. 그러고는 미친듯이 문을 꽝 하고 닫더니, 내 침대 속으로 들어갔다……. 한참동안 지니는 앞 창문을 통해 개를 쳐다보았다. 리글러 부부가 떠난 후에도 지니는 2시간 동안이나 내 침대를 떠나지 않고 빈번하게 화장실을 드나들었다. 그녀는 "개, 안돼." 그리고 "겁나"라고 말했다. 지니는 그날 밤, 두 시간도 채 자지 못했다. 새벽 2시 반에 깨어 내게 오더니, 내 손을 잡고는 자기 침대로 끌고 갔다. 두 시간을 그녀 곁에 앉아 있었는데, "겁나"라는 말만을 되풀이 했다.

지니가 개를 아주 싫어한다는 사실은 리글러의 강아지 사건이 있기 전에도 이미 잘 알려져 있었다. 리글러도 직접 목격한 적이 있었다. 아주 초기에 지니를 데리고 시내로 산책을 갔을 때였다.

개하고 맞부딪친 사건이 있은 후, 리글러는 켄트에게 그렇게 개를 무서워하는 애는 처음 봤다고 말했다.

"개나 고양이를 보면, 지니는 옆에 있는 사람한테 기어오른답니다. 마치 전봇대에라도 올라가는 것처럼요."

그가 내게 말했다.

"아니면 아예 옆에 있는 사람을 버리고 도망가지요. 어디 있나 하고 둘러보면, 길 중앙에 있는 하얀 선 쪽으로 가고 있는 거예요. 거기가 정확히 길 양 쪽으로부터 등거리라는 것을 아는 거죠. 그리고 지니는 울타리 안에 있는 개는 안전하지만, 울타리 안의 고양이는 그렇지 않다는 것을 알만큼 충분히 영리했어요."

플로이드 러흐는 지니의 무서움증을 극복하게 해주려고 애를 썼다. 지니와 함께 "돌아온 래시" 프로그램을 보기도 하고, 건전지로 움직이는(짖기도 하고 꼬리도 흔드는) 장난감 개를 사주기도 했다. 그러나 그 뒤 많은 세월이 흐르고 나서야, 러흐와 버틀러 그리고 리글러 박사 부부는 지니의 두려움이 얼마나 뿌리가 깊은 것이며, 이유가 무엇인지 알 수 있었다.

7월이 가고 8월로 접어들고 있었다. 실랑이는 계속되었다. 버틀러는 계속해서 그녀의 집으로 침입하려는 과학자 무리들을 통제하려고 애를 썼다. 그와 동시에 공식적으로 그 무리 속에 끼려고 애를 썼다. 그녀는 또한 자신의 평균 급여의 38퍼센트를 올려

달라고 요구했다. 그리고 과학 학술지에 과학자들과 나란히 자신의 이름도 올려 달라고 요구했다. 리글러는 기금을 신청할 때 그녀도 포함시켜주겠다고 제안했다. 그녀의 직책은 "교사-치유자-엄마-보호자-연구보조자"가 될 것이었다. 그러나 그는 이 제안을 공식적으로 철회했다. 버틀러에게는 그 제안이 "자신의 빈약한 판단에 근거"한 것이었다고 말했다.

19

“이 아이는 판매용이 아니에요.”

점차 느긋함과 여유를 찾게 된 것은 오로지 지니뿐이었던 것 같다. 당시 버틀러의 집에서 찍은 사진을 보면, 그녀는 생동감 있고, 명랑하고, 침착하고, 만족스러워 보인다. 무릎방석에 앉아 햇빛에 그을린 한 손으로 다른 손을 가볍게 쥐고 있는데, 팔목에는 병원용 팔찌가 껴 있다. 자신감 있게 위를 쳐다보는 눈길은 너무나 완벽한 자의식에 차 있어 평범한 아이가 아니라는 사실을 믿기 어려울 정도다. 뒷마당에서 찍은 사진에서는 호스를 갖고 노느라 흠뻑 젖은 말총머리를 하고 카메라를 향해 아무 거리낌 없는 즐거운 빛으로 환한 미소를 던지고 있다. 빅토르처럼 지니도

대체로 물을 좋아했다. 심지어 바닷가에 간 적도 있었다. 그곳에서 잠깐 겨우 발목 깊이의 물에 들어간 것이 전부였지만, 지니는 태평양의 무서우리만큼 황홀한 매력을 맛보기도 했다.

버틀러는 일기책에 그해 여름 지니가 이룩한 발전을 총결산해 보았다. 버틀러의 주장에 의하면, 침대를 적시는 횟수가 줄어들었고(37번 중에 7번 밖에 적시지 않았다) 점차 다른 활동에 눈길을 돌리게 되면서 자위행위의 기세도 꺾였다. 무엇보다도 지니가 말을 한다고 그녀는 적고 있다.

"말하는 수준이 많이 나아졌으며, 그 양도 최소한 10배 이상 늘었다……. 나는 적절한 순간에 지니가 '예'라고 대답하게 할 수 있었다. 전에는 전혀 할 수 없었던 것이었다. 또한 화가 날 때 말로 표현하도록 했다. '화가 나'라고 말하면서 공중을 치는 시늉을 하거나, 혹은 움직이지 않는 물건 (바람을 넣어 부풀린 커다란 오뚝이 같은 것)을 때리게 하는 것이었다. 자신의 적의와 분노를 처음으로 언어로 표현한 것이었다."

당시 오클라호마 대학으로 돌아가 있어 여름 동안 벌어진 일들을 궁금해하던 제이 셜리에게 버틀러는 이런 편지를 보냈다.

당신은 지니가 저의 집에 있으면서, 지니의 말이 어떻게 변했느냐고 물어보셨지요. 지난 두 주 동안, 러흐는 지니를 "나의 작은 괴로움"이라고 불렀답니다. 그는 종종 "너도 점점 자라면, 지니(Jeanie, 진 버틀러의 애칭)처럼 나를 괴롭히겠지"라고 말했죠. 붕어 네 마리를 사러 애완용 상점에 갔다 온 어느 날 저녁, 지니는 45분간이나 말했답니다. 그날 낮에우리는 10여 분간 말을 주고받고, 심지어는 말싸움을 벌이기도 했죠. 지니는 2~3개의 단어로 된 문장을 사용했습니다. 적절하게 부정문을 구사했고, 내가 그녀에게 현관에 물 뿌리는 것을 멈추지 않으면 안으로 들어와야 할 것이라고 말하자, "안 들어가"라고 대답했답니다……. 종종 두 개의 형용사를 사용해 물건을 표현…… "한 마리 검은 야옹이(one black kitty)",…… "네 마리 오렌지색 물고기(four orange fish)",…… "나쁜 오렌지색 물고기, 안 먹어, 나쁜 물고기"는 가장 길게 생각을 표현한 것입니다. 다시 오시면 물고기와 그 종말에 얽힌 무용담에 대해 말씀드릴께요.

지니의 심리 상태에 대한 버틀러의 자화자찬식 평가는 '국립정신건강연구소'의 평가위원회가 내린 판단과 일치하는 것이었다. 이 위원회는 지니가 버틀러의 집으로 옮겨간 이후 "놀랄만한 발전"을 이뤘다고 말했다. 이 평가는 계속해서, "이보다는 덜하지만 행동에서도 극적인 변화가 뒤따랐으며, 두 명의 현장 전문가가 집을 방문한 결과, 그 집의 환경에서 긍정적인 행동의 변화와 실질적인 교정이 이루어졌음을 확인했다"고 말했다. 이 방문객들은 나중에 베데스다로 돌아와, 버틀러의 집이야말로 지니를 위한 "훌륭한 안식처가 될 것"이라고 보고했다. 로스앤젤레스에서는 지니가 살 곳을 둘러싸고 지루한 논쟁이 이어졌지만, 아직 결론은 모호했다.

8월 6일.

리글러 박사가 (회의가 끝난 후) 날 집으로 데려다 주겠다고 고집을 부렸다. 결국 그렇게 했다. 돌아오는 차안에서 그는 내가 '훈련생'처럼 비협조적이며, 자기는 예전에 학생과 관련해서 그 어떤 어려움도 겪어본 적이 없다고 말했다. 나는 매우 화가 나서, 나를 마치 학생이나, 훈련생 혹은 바보천치로 취급하지 말라고 받아쳤다. 또 내가 지니를 가르치는 데 사용하는 특별한 방법에 대해 나에게 설교할 필요는 없으며, 지난 8개월 동안이나 지니를 붙잡고 있었지만, 당신이 해낸 것은 아무것도 없다고 말했다. 지니가 보여주었던 문제점들은 모두 그가 맡은 팀의 합작품이며, 최소한 경험 있는 사람으로서 나를 존중해주어야 마땅하다고 덧붙였다.

8월 9일.

정규 우편물이 배달되는 시간이 아닌데, 우편함에서 우체국 소인이 찍히지 않은 봉투 한 개를 발견했다. 리글러 박사가 내게 쓴 10페이지에 달하는 편지였다.

켄트, 한센, 오만스키 앞으로도 복사본이 발송된 이 편지에서, 리글러는 버틀러에게 최근의 고통스런 역사를 요약하면서, 모든 악다구니 속에 뒤죽박죽이 된 것을 제대로 펴보겠다는 취지 하에 이 편지를 보낸다고 말했다.

"친애하는 진에게, 나는 현재 사태에 대한 우려를 표명하고자 이 편지를 씁니다."

편지는 이렇게 시작했다. 그리고 버틀러의 착취 혐의 주장에 반대하며 연구에 대한 자신의 권리를 옹호했다.

"이 어린애는 판매용이 아닙니다. 그러나 우리의 견해와 우리에게 기금을 보조해주는 기관의 입장에서 보건데, 이 독특한 아이를 연구함으로써 얻어지는 지식은 인류를 위한 목적으로 사용될 중요한 지식인 것입니다."

리글러는 재활센터 직원들의 우수성을 극구 찬양하면서, "이런 종류의 시설로서는 세계 어디에 내놔도 뒤지지 않을 최고의 기관"이라고 묘사했다. 그는 또한 미래의 수양엄마가 되겠다는 버틀러의 주장을 지지했다.

"이런 측면에서 볼 때, 나는 지금 지니가 귀하의 집에서 우수하면서도 사랑이 가득한 보호를 받고 있다는 것을 잘 알고 있습니다."

그럼에도 불구하고 버틀러의 협조가 부족하다고 징징대면서, 급여인상을 바라던 버틀러의 희망을 꺾어놓았다.

"돌보기 어려운 애를 둔 부모나 수양부모치고, 그들 앞에 놓인 끝없는 수고와 헌신에 대해 적절한 보상이 이루어진 예는 없었다 할 것입니다. 물론……."

편지는 계속해서 써내려간다.

"만일 개인적인 사정(경제적인 이유)으로 인해 수양부모의 역할을 계속하지 못하는 사태가 발생하게 된다면, 지니에게 가해질 충격을 잘 아는 저로서는 통탄을 금치 못할 것입니다……. 저는 우리가 상당한 정도의 협조를 이룰 수 있기를 바랄 뿐입니다."

리글러는 마지막 문장을 이렇게 끝맺는다.

"그러나 지난 수개월간 벌어진 일들을 볼 때, 확신하기가 무척 힘이 드는군요."

4일 후인 8월 13일 아침, 수 오만스키와 그녀의 '공공사회복지부' 상관이 버틀러의 집을 방문했다. 버틀러의 수양부모 신청에 대한 '공공사회복지부'의 최종결정을 전달하러 온 것이었다. 버틀러의 신청은 기각됐다. 그날 버틀러의 일기는 이랬다.

한 20여 분이 지나자, 지니는 무엇인가 잘못됐다는 것을 눈치챘다. 우도스키씨와 오만스키양을 따라 재활센터로 돌아가야 한다고 말하자, 지니는 몹시 흥분했다. 그녀는 "안돼, 안돼, 안돼!"라고 말했다. 나는 지니에게 내가 얼마나 그녀를 사랑하는지와, 내가 그동안 말한 것을 어디서든 꼭 지켜야 하고, 그들과 함께 돌아가야만 한다고 말했다. 우도스키씨는 지니의 옷 보따리를 내가기 직전에, 내가 지니를 위해 애쓴 모든 것에 감사한다고 말했다……. 10시 반경, 그들은 떠났다.

재활센터로 돌아오기 바쁘게 지니는 곧 새로운 수양부모에게 넘겨졌다. 판단컨대, 환자가 병원 고용원과 살 수 없다는 정책은 상황에 따라 다르게 적용됐던 것 같다. 수양부모는 다름아닌 데이빗과 마릴린 리글러였다.

카푸엔가 블루바드에서 지니와 함께 지낸 짧았던 행복의 갑작스런 종말은 진 버틀러에게 운명의 순간이었다. 패배감에 젖은 그녀는 분연히 일어나 리글러를 포함한 지니 팀에 반대하는 투쟁에 뛰어들었다. 자신이 받은 부당한 대우에 복수하기 위해 무자비한 캠페인을 벌이기 시작한 것이다. 지니 팀의 연구를 비난하는 내용의 편지를 여러 과학자들에게 보내고, 보조금 신청이나 팀 멤버들의 심포지엄 논문과 관련해 아주 작은 불법행위나 직권남용의 흔적이라도 발견되면 이를 샅샅이 폭로하고 다녔다.

그녀의 첫 번째 행동은, '공공사회복지부'가 입장을 뒤집은 것에 대해 민원을 제기한 것이었다. 그녀는 사례 담당자가 더 나은 판단을 포기하고, 지니를 연구하는 데 더 협조적인 환경으로 옮겨 달라는 과학자들의 압력에 굴복했다고 주장했다. 리글러는 그 혐의가 담당자들의 서류에 견책으로 표시돼 있었던 것을 기억해 냈지만, 지니가 있을 장소를 결정하는 데 이 항의는 아무런 영향도 주지 못했고, 데이빗 리글러는 (그녀의 말을) 독설이라고 일축했다. 그는 또한 버틀러를 제외시키는 데 자신이 적극적인 역할을 했다는 그녀의 암시도 부인했다.

"나는 진의 (수양부모) 신청이 기각됐다는 것을 알고 깜짝 놀랐어요."

자신도 정말 걱정했다고 했다. 한편 마릴린은 데이빗과 멀홀랜드 드라이브의 해안선을 따라 구불구불 이어진 길을 차를 몰고 한참 달렸던 것을 기억해냈다. 걱정거리를 의논하기 위해서였다. 버틀러의 제안을 거절한 '공공사회복지부'가 정작 지니가 있을 곳에 대한 다른 특별한 대안을 가지고 있지 않았다는 것이다.

여름철에 벌어진 사건들을 두고 누구 말이 옳은지, 리글러와 버틀러 사이에 진실 게임이 벌어진 것은 놀랄만한 것이 못된다. 처음에 생긴 의견의 균열이 시간이 가면서 점차 골이 깊어진 것이었다.

"그녀는 거절당한 데 화가 나 있었어요."

어느 날 오후, 내가 리글러 부부의 부엌에 함께 있었을 때, 리글러가 말문을 열었다.

"그녀는 우리의 행동이 기괴하다고 비난하기 시작했어요, 그러나 우리가 볼 때는 그녀의 행동이 기괴했죠. 그녀는 파괴적이었어요. 그 원인은 그녀가 잘 압니다. 그 후 그녀는 점점 중세의 사악한 마녀처럼 되었어요. 적어도 우리가 알기론 그렇습니다."

"지니의 수양부모가 되겠다고 결심한 적도 없고, 그럴 계획도 전혀 없었어요."

리글러가 계속해서 말했다.

"하워드 한센이 아이디어를 냈죠. 아내와 나는 먼저 스스로에 대해 곰곰이 생각한 후에, 서로 상대방의 입장에서 또 심사숙고했어요. 그러고는 우리만의 장소로 돌아와 어떻게 하면 좋을지 생각했죠. 정말 아무도 지니를 맡을 사람이 없다면 우리가 맡겠다고 결심했습니다. 그리고 '공공사회복지부'에 정말로 정말로 지니를 맡을 사람이 없다면, 일정 기간만 그 애를 데리고 있겠다고 말했죠. 그게 얼마 동안이었지? 여보?"

그는 아내에게 고개를 돌리며 물었다.

"오, 일 년이었죠."

"아니, 아니야. 훨씬 짧았어. 내 생각엔 3개월이었던 것 같아.

그리고 지니가 도착했습니다. 날짜까지 기억합니다. 금요일, 8월 13일이었어요. 그리고 우리와 함께 4년을 지냈죠."

III

노래가 오직 그녀만을 위한 것이었을 때

20

새로운 집

만일 지니의 여정이 호레이셔 앨져*풍의 자수성가한 인물의 성공담처럼 읽힌다면, 그녀가 살았던 집에 관한 역사만으로도 능히 포브스Forbes**의 기사감이 되었을 것이다. 6개월밖에 안되는 짧은 기간에 맨 밑바닥에서부터 최고의 시설에서 머무른 후 헐리우드의 집으로 옮겨갔다가, 이제 가장 근사한 주거지역에 도착했으니 말이다.

데이빗과 마릴린 리글러 부부는 로스앤젤레스 로스펠리츠 구

* 미국의 소설가, 1834~1899.

** 미국의 격주간 경제 잡지.

역의 러플린 파크에 살고 있었다. 이곳은 외부와 철저하게 차단된 곳으로, 61가구가 모여 살고 있었다. 무성영화 시대부터 이 구역은 영화인들과 연예계에 종사하는 사람들에게 인기가 좋았는데, 헐리우드 촬영장과 가까웠기 때문이었다. 세실 B. 데밀 감독도 이곳에 대저택을 지었는데, 그의 딸이 아직도 그곳에서 살고 있다.

찰리 채플린, 안소니 퀸, 릴리 폰즈와, 최근에는 안드레 코스텔라네츠, 칙크 커리어가 이곳에 가정을 꾸몄다. 리글러는 방문객이 오면, W. C. 필즈*가 한때 살았던 집을 지나 산책하는 것을 좋아했다. 러플린 파크는 주변과 동떨어진 예외적 거주지로 항상 남기를 원했다. 너무나 자의식에 찬 나머지 최근에는 입구마다 출입문을 세웠다. 그 안의 길은 비밀스럽고, 숨죽일 듯 조용하고, 꾸불꾸불하고, 차단되어 있다. 봉건 영주의 성 같은 집들은 빽빽하게 들어선 회양목 울타리와 높은 치장벽돌 담 뒤에 숨어 있다. 러플린 파크는 저명함이라는 언덕 위에 위엄을 자랑하며 섬처럼 홀로 서서, 저 아래의 지저분한 산업시설과 사람들로 꽉 찬 점점 커져가는 저지대를 내려다보고 있다. 마치 살인으로 얼룩진 진흙탕 같은 부르타뉴를 내려다보는 몽생미셸처럼.

---

* 미국의 코메디언 겸 배우, 1880~1946.

그러나 몇십 년의 세월이 흐르면서 러플린 파크의 인기도 쇠락하고 유행에도 뒤진 곳이 되었다. 리글러가 거주할 무렵에는 가격도 많이 떨어지고 더 이상 멋있는 영화 촬영지도 아니었지만, 의사들 사이에서는 여전히 인기가 좋았는데, 이곳이 벨에어보다는 그나마 덜 비싸고, 아동병원이나 기타 병원들과 가까웠기 때문이었다.

리글러의 집 뒤쪽 정원은 잭 댐프시*가 예전에 살던 집과 맞닿아 있었는데, 다른 집들과 비교해 특별히 호사스럽거나, 그렇다고 눈에 띄게 소박한 집도 아니었다. 어떤 친구는 한도 끝도 없이 지루하게 진행됐던 리글러 집의 부엌공사를 회상하면서 "자네 집은 이 지역에서 가장 가난하고 초라하다네"라고 농담을 한 적도 있었지만, 다른 방문객들은 그의 집이 전형적인 교수의 집이라고 표현했다.

집의 외관은 훌륭했다. 안락하고, 교양 있고, 내부는 우아하고 세련돼 보였다. 최소한 지니가 도착하기 전까지는 모든 것이 질서있게 정돈된 곳이었다. 이들 부부에게는 3명의 청소년기의 자녀와, 고양이 한 마리와 토리가 있었다. 토리는 지니가 전에 만났었던 골든 리트리버 강아지였다. 지니에게는 아래층의 침실이 하

* 미국의 권투선수, 헤비급 챔피언이었음, 1895~1983.

나 배정됐는데, 혼자 쓸 수 있는 화장실도 딸려 있었다. 뒤로는 지니가 뛰어 놀 수 있는 커다란 마당이 있었고, 심지어는 방문할 수 있는 이웃도 있었다. 한센의 가족도 러플린 파크에 살고 있었다. 그의 집은 몇 블럭 떨어진 곳에 있었는데, 무성영화 시대의 배우였던 안토니오 모레노가 그 집에 살았었다.

새 가족 구성원 때문에 리글러 집 식구들은 즉각적인 변화를 겪어야 했다.

"한 가지 예를 들면, 우리 집 식구들은 책을 소중히 여기지요."

리글러가 말했다.

"지니가 쓰던 방은 원래 서재였어요. 두 벽면이 책과 잡지로 가득 차 있었지요. 그것들을 보더니 지니는 몹시 놀라워 했어요. 특히 내셔날 지오그래픽 잡지를 좋아했죠. 그중에서도 특히 자기가 좋아하는 잡지는 따로 보관했어요. 가끔 파괴적이기도 했어요. 난 절대 책에다 어떤 표시도 안하는데, 지니는 마음에 드는 페이지가 나오면 그냥 죽 찢었어요."

다른 것들도 그냥 그렇게 하면 됐다. 이 집에 도착한 날, 지니는 손톱 끝으로 각 방을 긁고 다녔다. 그러고는 리글러 부부의 딸 방의 쓰레기통에 대변을 보았다. 어디에 있건 10분마다 오줌을 지렸다. 이 습관은 거의 즉시 나아졌지만, 다른 것들은 그렇지 않았다. 지니는 배설물을 자신의 방에 숨기기도 했고(병원에 있을 때도 이런 짓을 한 적이 있는데, 한번은 냄새를 없애려고 방향제를 뿌려 리글러가 크게 기뻐한 적도 있었다), 리글러 아이들의 소지품을 훔치기도 했다. 식탁에 앉아서는 두 뺨을 불룩하게 만들어, 음식을 녹일 침이 고이기를 기다렸다(지니는 그때까지도 음식 씹는 것을 모르고 있었다). 이런 방법은 지니가 늘상 먹었던 씨리얼이나 애플 소스같은 음식에는 통했을지 모르지만, 리글러 부부의 식단에는 조금 더 단단한 음식이 포함되어 있었기 때문에, 지니는 엄청난 양의 침을 뱉어내야만 했다.

리글러 부부는 또한 지니의 오랜 숙적인 토리를 지니가 받아들이는 데 몇 날 며칠을 고생해야 했다.

"절대 둘이 동시에 한 집에 있을 수는 없었습니다."

데이빗 리글러가 말했다.

"그래서 서로를 알아가게끔 계획을 짰죠. 전면이 유리로 된 현관을 사이에 두고 각자 반대편에 있게 했습니다. 그리고 지니가 익숙해졌을 때, 유리문을 먼저 열고 장막은 그대로 쳐진 상태로 뒀어요. 그 다음엔 장막도 거뒀습니다. 지니는 점차 익숙해져서 마침내 반대편의 토리쪽으로 손을 내밀고는 꼬리를 만졌어요. 그때부터 그녀는 괜찮아졌습니다."

이 털뭉치 치유가 성공적으로 끝나자 낙관론은 더욱 힘을 얻었다. 지니는 마침내 집에 안착했다. 서로 물어뜯기를 일삼는 관료제의 맹렬한 논쟁으로부터 해방된 것이었다. 그리고 '국립정신건강연구소'의 기금이 통과됐다. 앞으로 2년간 아동병원을 통해 수잔 커티스와 빅토리아 프롬킨의 언어연구를 포함한 다방면의 연구조사에 10만 달러가 제공될 것이었다. 연구조사팀의 총책인 데이빗 리글러 박사는 월급은 한 푼도 깎이지 않은 채, 아동병원에서 맡았던 임무에서 벗어나 업무 시간의 반을 지니 일에 몰두하도록 허락됐다. 기금의 조건에 의하면, 인간발달을 주제로 석사학위를 따려고 공부 중이던 그의 아내도 지니를 돌보는 댓가로 한 달에 오백 달러에서 천 달러까지 금전적 혜택을 받도록 되어 있었다. 로스앤젤레스주 또한 수양부모의 대가로 230달러씩을 매달 이 부부에게 제공할 것이었다. 이제 연구조사팀을 가로막을 것은 아무것도 없었다. 이 거침없는 항로에 유일한 제약이 있다면, 그건 오로지 지니뿐이었다.

수잔 커티스는 거의 매일 리글러의 집으로 출근했다. 커다란 빨간 공책에 지니가 뱉는 말을 모두 기록했다. 1971년 9월 초, 그녀와 프롬킨이 고안해낸 첫 번째 언어테스트를 실시하려고 준비하는 와중에, 그녀는 지니가 사람을 나가떨어지게 할 정도로 완고하며 잠시도 가만있지 못한다는 사실을 재빨리 알아차렸다. 명령에 복종하고 활동에 참여하는 가장 협조적인 날조차, 지니는 어떤 것도 앞장서서 먼저 시작한 적이 없었다. 그리고 그 참여는 항상 최소에 그쳤고 여지없이 짜증날 정도로 간단하게 끝냈다. 커티스는 지니가 게으르다고 결론을 내렸다. 이 애가 정말로 한 단어나 두 단어 정도의 문장 정도만 구사할 수준밖에 안되는 것인지, 아니면 훨씬 더 복잡한 문장을 할 수 있는데 단지 그렇게 할 마음이 없어 안하는 것인지 도저히 알 수 없었다.

훨씬 더 시간이 지나 대여섯 개의 단어로 구성된 문장을 구사할 수 있게 되었을 때, 지니는 그것을 두세 개의 음절로 압축시켰다. 예를 들면, "월요일 커티스와"가 "월커와"와 비슷하게 끝났다. 이런 행동 때문에 언어학자들은 지니에게 "위대한 축약가"라는 별명을 지어주었다. 강한 요청이 있을 때만 지니는 축약되지 않은 문장을 발음했다. 커티스는 지니의 능력이 "행위에 가려져 있다"고 결론지었다.

또 다른 가면을 쓴 행위는 너무나 뿌리 깊이 몸에 밴 나머지 마치 신진대사의 일부처럼 보였다. 지니는 몹시 느렸다. 개나 깜짝 놀랄만한 유령에 부닥치지 않는 한, 그녀는 마치 물속에서 걷는 것처럼 움직였다. 이 행동은 처음부터 눈에 띄었다. 그녀가 처음 발견됐던 날, 사회복지 사무실에 발을 질질 끌고 들어올 때부터 그랬다. 그러나 언어 이해력이 커지면서 그녀의 그런 걸음걸이는 더 현저해졌다. 뭘 하라는 말을 들으면 한참 시간이 지나도 전혀 움직이지 않고 있다가 갑자기 복종하는 것이었다. 마치 그 요청이 막 그때 접수된 것처럼. 그녀는 언어 과업에 대해서도 똑같은 "응답의 잠복성"을 보여줬다.

지니가 리글러의 집에 도착하고 3개월이 지난 어느 날, 커티스는 지니에게 "네가 오늘 아침에 누구를 만나고 싶은지 리타에게 말해주렴"하고 말했다. 한 10분 이상 더 대화가 진행되고 나서야 지니는 마침내 이름 하나를 터트렸다. 상황이 이러니 질문에 대답할 능력이 없는 것인지 아니면 그저 대답을 하기 싫어서 그랬는지 판단할 수가 없었다.

커티스는 지니에게 이야기 책을 읽어주기 시작했다. 지니는 그저 유순하게 있을 뿐 망각에 빠져 있는 듯 했다. 그러다가 10월 13일, 망각은 부서져 나갔다. 지니의 표정에서 커티스는 지니가 이야기의 내용을 반추하고 있다는 것을 알았다. 항상 흘려듣던 그녀가 이제 귀를 기울이고 있었다. 그녀는 이제 귀를 쫑긋하고 듣고 있었다. 자신에게 하는 말이 아닌 것에도 귀를 기울이고 있었다. 다시 말해서, 엿듣는 것을 알게 된 것이다. 커티스는 리글러 부부와 친구가 되었는데, 지니는 이들이 말하는 것을 종종 관찰하는 것 같았다. 이따금 어른들 사이의 대화를 방해하기도 했다. 심지어 어떤 때는 가만히 듣고 있다가 적절한 코멘트로 대화에 끼어들기도 했다.

새로운 집은 이러한 발전을 이룩하기에 적당하고 기름진 토양을 제공해 주었다. 거실에는 연주회용의 슈타인 피아노가 한 대 있었는데, 이 집 식구들이 연주하는 일은 거의 없었고, 보통 저녁 식사 직전에 커티스가 자신의 유일한 관객을 위해 피아노를 쳤다. 듣기에 관해서는 그저 참는 정도였다면, 음악에 관한 한 지니는 완전히 콘서트광이었다.

"음악은 지니를 몽상의 세계로 인도했어요."

커티스가 말했다.

"그녀의 육체는 할 수 없이 거기 서 있었지만, 영혼은 환상의 세계로 빠져든 것 같았어요. 그 애가 어디로 갔는지 난 알 수 없었죠. 과거를 반추하고 있었는지도 모르죠."

그러나 지니는 오직 클래식을 들을 때만 전율했다. 그리고 그 순간에 행해진 살아 있는 연주를 들을 때만 그랬다.

리글러의 설명에 의하면 이 이야기는 그녀가 갇혀 있었던 작은 방으로 거슬러 올라간다.

지니가 감금돼 있었던 어느 시기에 옆집 아이가 피아노 레슨을 받았다. 그 애가 피아노 연습을 할 때 간신히 열린 창문을 통과해 흘러간 소리가 지니의 다정한 친구가 되었다는 것이다. 원인이 무엇이든 지니의 취향은 확고했다. 커티스의 레파토리가 너무

팝 뮤직 쪽으로 흐른다 싶으면 지니는 어김없이 그녀의 손을 잡아당겨 자신이 알아들을 수 있는 좀 더 수준 높은 음악으로 바꿔서 치게 만들었다.

11월 10일, 커티스는 지니가 참을성 있게 들어주리라 기대한 자장가 한 곡을 연주하며 노래를 부르고 있었다. 놀랍게도 지니는 커티스가 시키는 대로 손뼉을 치고, 춤을 추며, 음악에 따라 발을 굴렀다. 그러고는 마치 음을 조절하는 것처럼 높낮이를 바꾸며 노래를 불렀는데, 전에는 한 번도 본 적이 없는 모습이었다. 일주일 뒤, 음악은 또 다른 혁신을 불러왔다. 이번에는 억양 면에서가 아니라 성량 면에서였다. 병원으로 가는 차 안에서 커티스는 그들이 가고 있는 종착지에 대한 즉흥곡을 불렀다. 지니는 노래를 따라 하며, 몇 번이고 계속해서 "병원"이란 단어를 불렀다. 마치 소리내는 것에 대한 두려움을 떨쳐버리기라도 하듯 큰소리로 노래 부르는 것 같았다. 몇 달이 지나자 지니는 다시 한 번 반항을 시도했다. 이번엔 비명 지르기였다. 데이빗 리글러가 귀를 파주려 할 때였다.

이 사건은 즉시 커티스의 노트에 기록되었다. 연구자들이 기억하는 한 이 비명소리는 처음이자 마지막이었다. 그러나 그 외침이 감정과 분노의 폭발이 거의 항상 지하에 묶여 있었던 한 어린 아이로부터 나온 것임을 감안한다면, 그것은 최소한 정직한 비명

소리였다.

말하는 것과 더불어 행동의 변화도 눈부셨다. 비공식적이긴 하지만 지니의 행동 변화를 책임진 사람은 데이빗의 아내인 마릴린 리글러였다. 그녀는 씹는 법을 가르쳐주기 위해 지니의 손을 자신의 턱에 갖다 댔다. 4개월 만에 지니는 마릴린과 거의 비슷한 모습으로 자신의 턱을 움직이는 것을 배웠고, 아직 몸짓을 사용하는 것만 빼면 외관상 리글러의 식탁은 거의 정상을 되찾았다. 원하는 것이 있으면 지니는 말로 부탁하지 않고 마릴린의 얼굴이나 손을 잡고 그쪽 방향을 가리키거나 원하는 것을 가리키는 시늉을 했다. 그녀의 제스처 역시 일종의 언어였으며, 독특하면서도 나름대로 효과적이었다.

기분이 좋을 때면 손가락 두 개를 입속에 넣어 축축하게 적시고는 마릴린의 코에 대고 재빨리 문질렀다. 그러나 저녁식사 시간의 분위기는 보통의 가정처럼 대화를 나누는 모습이었으므로, 손으로 가리키는 대신 말로 표현하라는 압력을 받았다.

리글러의 집에서 생활에 적응하는 시간을 가진 뒤 지니는 유치원에 등록했고, 그 뒤에는 지적장애아를 위한 공립학교에 입학했다. 집에서는 말하기 치료를 받으면서 수화법을 배웠다. 수화를 가르쳐준 이유 중 하나는, 지니가 손으로 표현하는 것을 매우 좋아했으므로 적절하다고 판단했기 때문이었다. 그러나 지니는 여전히 지독하게 말수가 적고 뚱한 편이었다. 결정적으로 커티스와 리글러 부부는 버틀러가 보고한 바 있는 오랫동안 이어지는 문장이나 수다스러움의 증거는 눈을 씻고 봐도 찾을 수가 없었다. 표현의 결여가 가장 두드러지게 드러날 때는 성질을 부리고 짜증을 낼 때였는데, 침묵의 자기 파괴라는 구속복에 여전히 갇혀 있는 듯 했다. 마릴린은 지니의 손톱에 매니큐어를 칠해주었다. 허영이 지니로 하여금 손톱으로 바닥이나 벽을 잡아뜯는 행동을 멈칫하게 만드리라는 예상은 적중했다. "예쁘다"는 말을 지니가 얼마나 좋아하는지 잘 아는 마릴린은 "얼굴에 상처를 내는 지니의 모습은 예쁘지 않다"고 말해 주었다. 마릴린은 자신의 위치가 어딘가 이상하다는 것을 곧 깨달았다. 명색이 부모라는 사람이 문을 꽝하고 닫거나 발을 굴러대는 발작 행위를 어떻게 하면 더 잘할 수 있는지 가르쳐주고 있었으니 말이다. 그녀는 지니를 부엌에서 끌어내 밖에서 마음 놓고 발을 구르도록 해 주었다.

여기에서도 몸짓은 말보다 우세했다. 지니의 수화법에 따르면, 한 손을 흔드는 것은 짜증을 의미했다. 손가락 한 개를 흔드는 것은 폭발이 임박했음을 가리켰다. 폭풍에 대한 경고를 보면 마릴린은 지니에게 이렇게 말하곤 했다.

"지금 속이 상하는구나? 넌 곧 힘든 시간을 갖게 될거야."

그러다가 "지금 속이 상하는구나?"만 말하면, 지니는 "힘든 시간"하고 동의를 하게 됐고, 나중에는 "힘든 시간"이라고 말하는 것이 손가락 흔드는 것을 대신하게 되었다. 자신의 고통을 알리는 자발적인 문구가 된 것이었다. 어느 날 커티스는 정서적 표현의 더 격한 돌파구를 목격했다. 리글러의 집에 와보니 지니가 울고 있는 것이었다. 기침을 해대고 감기 기운이 있었는데, 귀가 아프다고 불평했더니 마릴린이 곧 병원에 가봐야 한다는 겁나는 뉴스를 방금 들려준 것이었다.

"나는 이 소녀의 놀라운 변화를 목격했다. 바로 얼마 전만 하더라도 울거나 눈물을 흘리는 모습을 전혀 보여준 적이 없었던 소녀였다."

그녀는 학위논문에서 이렇게 썼다.

1972년 6월 중순쯤, 커티스는 지니를 안 지 거의 일 년이 되가는 시점에서 이를 기념하는 한 사건에 대해 기록해 놓았다. 그녀의 학위논문을 읽다보면, 이 실험으로 인해 누가 더 많이 변한 것인지, 실험 대상인지 아니면 과학자인지 가끔 헷갈릴 정도이다.

> "오늘 지니를 데리고 시내로 나갔다. 한 시간 가량 상점을 쏘다녔다. 함께 노래를 부르고 행군을 하며, 약간 미친듯한 우리만의 독특한 걸음걸이로 헤집고 다녔다. 지니는 내가 하는 모든 행동에 즐거워하고 마냥 행복해했다. 그녀는 '지니

행복해' 라고 말했다. 나도 마찬가지였다. 우리 사이는 드디어 특별한 것으로 발전했다."

21

"지금 말을 하고 있다구요!"

또 다른 기념일이 2~3개월 뒤로 다가오고 있었다. 수양부모의 집에 처음 도착한 날이 다가온 것이다. 이날은 훨씬 더 공식적으로 축하되었다. 미국심리학협회(APA)의 80회 총회가 호놀룰루에서 열리고 있었는데, 지니의 관찰자 중 대여섯 명이 이곳으로 날아가 데이빗 리글러가 의장을 맡은 심포지엄에 참석했다. 힐튼 하와이안 빌리지의 미나룸에서는 하워드 한센이 템플시에서의 지니의 옛 삶에 대한 논문을 읽었다. 제임스 켄트는 병원에서 지내던 8개월간에 대해 연설을 했다. 그리고 마릴린은 이제 갓 일 년이 된 그동안의 시련에 대해 말했다. 그녀의 연설 제목은 "지니와 집에서 함께 한 모험"이었다. 그리고 빅토리아 프롬킨이 그녀와 커티스, 스티브 크라센(프롬킨의 휘하에 있는 또 다른 대학원생)이 지니의 언어를 관찰한 결과에 대해 연설했다.

"1971년 11월경, 지니가 발견되고 일 년이 지난 시점에서의 지니의 문법은 여러 면에서 18개월에서 20개월쯤 된 아기와 비슷했습니다."

프롬킨은 이렇게 말했다. 그 뒤 어떤 면에서 상황이 변화했는가에 대해 설명했다. 총회가 시작되기 몇 주 전부터 지니는 마침내 단수와 복수 명사를 구별하게 되었다. 커티스가 "풍선들" 혹은 "거북이들", "꼬리들" 하고 말하자, 지니는 드디어 끝의 "들"을 인식하기 시작하여, 풍선이나 거북이가 하나씩 있는 그림이 아니라 두 세 개씩 있는 그림을 가리켰다. 이와 유사하게 긍정문과 부정문도 구별하고, 일부 전치사의 뜻도 이해했다.

마릴린이 어디에 가면 코끼리를 볼 수 있냐고 물으면 "동물원에서(in zoo)"라고 대답했다. 지니는 예/아니오 의문문을 이해했고, 일종의 소유격을 사용하기 시작했다. "커티스 턱" 혹은 "마릴린 자전거"라고 구사할 수 있었다. (반년 후에는 동사 삽입도 알아내 이렇게 말했다. "프롬킨 양은 파란 차를 가지고 있어요.") 이해력과 말하기 능력은 한 단어에서 시작해 두 단어까지 발전했고, 때때로 세 단어가 튀어나오기도 했다.

"자, 두 단어를 발음한다는 것은 아주 복잡한 일입니다. 이것이 수반하는 의미를 생각해 볼 때, 결코 쉬운 것이 아닙니다."

프롬킨은 호놀룰루의 청중 앞에서 이렇게 말했다.

"그냥 아무 단어나 두 개를 무작위로 엮는 게 아니거든요. 그녀가 문장에서 결합시키는 두 단어는 아주 엄격하게 선택된 것이고, 규칙의 지배를 받는 것입니다. 아무 거나 갖다 붙인 게 아니에요."

"규칙의 지배를 받는다"가 바로 암호였다. 지니가 언어학의 세계를 뒤흔들 쿠데타를 성공적으로 진행하고 있다는 힌트였다. 그러나 프롬킨이 연설용으로 작성한 초고는 그녀의 기대를 무너뜨리고 있다.

"지니가 영어문법의 규칙을 습득하고 있음이 분명하다"라고 처음에 썼다가, 그 다음엔 "규칙의 일부를"이라고 정정했고, 나중에는 "지니가 구문론의 규칙을 습득하고 있다"고 연필로 고쳤고, 좀 더 강하게, "습득을 완료했다"고 끝을 맺었다. 그리고 다른 페이지에다가 "지니는 현재 문법 규칙을 알고 있다"고 선언하기에 이르렀다. 그러나 이 모든 것이 그녀가 하와이에 도착했을 무렵에는 삭제되고 없었다.

지니가 이룩한 것의 잠재적 중요성은 최종 연설에서 삭제되긴 했지만, 다른 섹션에서도 명료하게 드러나 있었다.

"지니의 구문론적, 음성학적 발달을 요약하면, 언어습득이 다섯 살 이후에도 가능하며, 심지어 사춘기가 시작된 이후에도 가능함을 말해주고 있습니다. 지니의 언어발달을 보면, 반구우위나 대뇌좌우의 기능분화가 발달하는 시기에만 언어습득이 가능하다고 주장하는 몇몇 학자들의 결론과 상충하는 것 같습니다."

프롬킨은 나아가 "몇몇" 사람의 실명까지 거론했다.

지니는 에릭 린넨버그의 생각이 틀렸음을 알려줄 것이었다. 그녀는 구문론을 배우고 말 것이었다. 비록 당대를 지배하는 이론이 그녀가 배울 수 없다고 말할지라도.

그런데 여기에는 사적인 정의감이 개입되어 있었다. 지니에 대한 소식을 들은 린넨버그는 그녀를 연구의 대상으로 삼을 생각이 없다고 선언했다. 그는 동료에게 감금으로 인한 지니의 정서적 트라우마가 너무 크기 때문에, 과학적 선례로 삼기에는 너무나 혼탁하다고 말했다고 한다. 프롬킨과 커티스가 이 말을 들었더라면 강력하게 반발하고 나섰을 것이다.

"첫째로, 지니는 원래부터 말을 못하는 상태였어요. 물론 그것이 지니의 정서적 상황을 반영하는 것일 수도 있겠죠."

커티스가 말했다. 그러면서 (이런 주제만 나오면 늘 그랬지만) 정서적으로 약간 격앙되는 듯 했다.

"그러나 지니가 사회적으로 성장하고 행복해지는 능력을 습득하면서부터 지니의 언어문제는 어떠한 고통이나 감정과도 상관이 없다는 게 분명해졌습니다. 정서적인 윤곽과 관련하여 언어의 어떤 측면이 성장할 수 있는지는 저는 잘 모르겠어요. 언어습득에 관하여 여러 다양한 견해가 있는 건 사실이죠. 제가 자신 있게 말씀드릴 수 있는 것은 제 자신의 생각일 뿐입니다만, 대부분의 생득주의자들이 동의하는 것이기도 하죠. 즉, 감정은 언어의 발달과 거의 상관이 없다는 것입니다. 분명 지니는 정서적으로 상처를 받은 아이였습니다. 그렇지만 그것과 내 관심사는 무관합니다."

가장 잘됐더라면 좀 흠집이 있긴 해도 그럭저럭 린넨버그의 손을 들어주는 것으로 끝났을 것이다. 그러나 그러기엔 지니가 갖고 있는 반박의 울림이 너무 컸다. 만일 지니가 말을 배우지 못한다면 '결정적 시기'에 관한 가설을 의심하거나, 그녀의 정서적 문제 탓으로 흐지부지 돌려지고 말 것이었다. 그러나 이런 모든 난관에도 불구하고 지니가 말을 배운다면, 이 모든 것을 다 반박할 수 있으니 반증의 효과가 대단할 것임에 틀림없었다!

그리고 짧은 동안이긴 했지만, 지니는 진짜 말을 배우는 것처럼 보였다. 돌이켜보면 1972년 9월, 하와이에서 총회가 열린 시점은 낙관이라는 조수가 가장 높게 밀려왔던 때였던 것 같다. 만약 프랑소와 트뤼포가 아베론의 빅토르가 아니라 지니를 대상으로 '와일드 차일드'를 만들었더라면, 아마 영화는 이 부분에서 끝나고, 크레딧이 올라가기 시작했을 것이다.

22

(말이) 터지는 날을 기다리며

지금 와서 얘기지만, 과연 지니가 최종적으로 승리를 구가하게 될 것인가에 관한 전망은 1972년 여름에는 이미 비관 쪽으로 기울고 있었다. 정통적 언어습득이론에 따르면 습득과정의 길고 빠른 차이는 있지만, 모든 어린이들은 똑같은 순서와 똑같은 단계를 밟는 것으로 되어 있다. 두 단어를 구사하는 단계가 지나면 이제 아이들은 폭발을 향해 숨을 고른다. 여기까지 언덕 위로 썰매를 낑낑대고 밀어 올린 것이다. 그러고는 갑자기 꼭대기로부터 경사진 면을 쏜살같이 내려오는 것이다. 아이들의 기술은 이처럼 갑작스럽게 가속도가 붙는다. 진 버틀러의 집에 오기 전에 지니는 이미 두 단어를 사용하고 있었다. 그러나 시간이 지나고 또 지나도 지니의 폭발단계는 오지 않았다. 지니는 아직도 언덕 위로 썰매를 밀어 올리며 지친 걸음으로 느리게 걷고 있었다.

나는 한번은 수잔 커티스에게 지니의 말이 결국 터지지 않을 거라는 생각이 떠올랐을 때 기분이 어땠냐고 물어보았다.

"그것 때문에 실망하지는 않았어요. 왜냐하면 지니의 나이 때문에 다른 종류의 규칙이 적용될지도 모른다고 예상했었거든요."

커티스가 대답했다.

"그렇지만 그렇게 제한적일 거라고는 미처 생각하지 못했어요."

정상적인 어린이들이 재빨리 익히는 것 중에 부정문을 만드는 것이 있다. 아이들은 처음에는 "No have toy"라고 말한 다음 바로 다음 단계로 뛰어드는데, 문장 안에 부정을 파묻어버린다. "I not have toy." 그다음에는 보조동사를 어떻게 사용하는지 알아내서, "I do not have a toy"라고 말한다. 그리고 이 신동들은 동사를 "don't"에 결합시킨다. 지니는 거의 삼년간을 "Not have toy" 단계에 머무르고 있었다. 그리고 4년이 지나 말을 연이어 할 수 있게 된 때에도, 여전히 전보의 축약문처럼 문법에 맞지 않는 말을 했다.

의문문도 마찬가지였다. 가끔 부모들은 어린 아이들이 소위 언어학자들이 WH-의문문이라 일컫는 질문 형태에 너무나도 빨리 익숙해지는 것에 놀라워한다. 시도 때도 없이 "왜?"라고 묻는 아이들의 질문을 지니는 할 수 없었다. 1972년 2월이 지나면서 지니는 "어디에", "언제", "누가", "무엇을", "왜", "어떻게" 혹은 "무엇을"의 모든 형태의 의문문을 이해했다. 그러나 본인더러 이런 질문을 해보라고 하면, 뒤죽박죽으로 말했다. "Where is may I have a penny?" 라든가, "I where is graham cracker on top shelf?" 등이었다.

올바른 의문문을 막는 장해물에 관한 설명이 촘스키 이론의 핵심에 놓여있다. WH-를 이용한 질문을 하려면, "이동"에 관여해야 한다. 즉, 표면화된 문장 "When is the train coming?"의 순서는 내재된 평서문, "The train is coming"으로부터 도출된 것이다. 지니는 이 기능을 갖고 있지 않았다.

대명사에도 문제가 있었다. 지니의 어휘목록에 대명사란 존재하지 않았다. "나"는 지니가 가장 애용하는 것이었고, "너"와 "나"는 동격으로 사용됐다. 이는 지니의 자기중심성을 반영하는 것이었다. 자기와 세상 사이에 경계가 없는 것이다. 지니는 그 여자가 누구이고, 그 밖에 다른 사람이란 누구를 가리키는 것인지 결코 이해하지 못했다. "엄마는 당신을 사랑해요"라고 말하면서 자기 자신을 가리키곤 했다.

"지니는 사람들과 교제하고 언어로 상호소통하려는 욕구가 굉장히 강했어요."

커티스는 이렇게 말했다.

"거의 정말 미친 듯이 하고 싶어했죠. 사람들이 말할 때 입을 뚫어지게 바라보곤 했어요. 창의력도 뛰어났고, 자기가 정말 상대방과 소통하고 있는지에 아주 예민했죠. 예를 들면, 학교 체육시간에 배운 것을 종종 묘사하려고 했어요. 그게 어렵잖아요. 시제 구분도 할 줄 알아야 하고, 무엇을, 어떻게, 누구에게 하는지 가리켜야 하죠. 이런 것은 모두 지니가 도저히 할 수 없는 분야였어요. 지니는 그림을 그리고, 무언극을 벌이고, 동음이의어를 사용하는 등 상대방을 이해시키기 위해 할 수 있는 모든 것을 동원했어요. 상대방이 이해하는 것처럼 보여도 그것이 자기가 생각하는 것과 다르면 몇 번이고 다시 설명했지요. 지니는 정말 열정적이었습니다."

교제를 활발하게 하기 위한 동기부여로 언어를 사용했다지만, 이는 안타까운 모순이 아닐 수 없었다. 왜냐하면 지니는 자동 스피치*라고 알려진 상호작용에 특히 더 무능했기 때문이었다. 그런

---

* 의식이나 생각의 지배 없이 자동적으로 튀어나오는 단어들 – like, er, uhm.

데 이것들은 교제용 담화에 필수적인 것이었다. 지니는 상대방의 "안녕"에 대꾸해 "안녕"하고 인사하는 것을 결코 배우지 못했다. "감사합니다"라는 뜻도 파악하지 못했다. 아주 드물게, 자기 이름을 부르면 왔지만, 스스로는 누군가를 부르지 못했다. 학교에서 어떤 남자애가 성가시게 군다고 불평했지만, 그렇게 하지 말라고 그 소년한테 어떻게 하면 되는지 가르쳐줄 수 있는 사람은 아무도 없었다. 추측컨대, 지니가 작은 방에 갇혀있을 때부터 사용했던 말들인 "그만해", "그만 됐어"는 자신과 자신의 행동을 겨냥해서 쓰는 것이지 자신을 방어하는 데 쓰는 것은 아니라고 상상했던 것 같다. 결국 지니는 할 말은 많지만 말할 능력은 없고, 자신의 무능력은 잘 아는 뇌졸중 환자와 비슷한 감옥 같은 삶을 살게 된 것이다.

그러나 말하는 것을 제외하면, 그녀에겐 아무런 장벽도 없었다. 커티스는 학위논문에서 이렇게 기록했다.

"말만 못했을 뿐이지 지니는 아는 사람들에게, 심지어 낯선 사람들에게도, 자신의 욕구와 바람, 느낌을 전달할 수 있었다."

리글러는 "친절한 이방인 현상"이 이곳에서도 재현되는 것을 목격했다. 컨버터블 승용차에 한가하게 앉아 있던 한 여인은 지니를 보더니 자신의 가짜 진주목걸이를 빼주었다. 장난감 소방차를 갖고 이들 옆을 지나가던 부자가 있었는데, 저만치 가던 소년이 돌아오더니 소방차를 지니에게 쑥 내미는 것이었다. 리글러는 이 얘기를 하면서 눈물을 글썽거렸다.

하와이에서 총회가 끝나고 3년이 흘렀지만 고대했던 언어의 향상은 결코 실현되지 못했다. 커티스에게 어느 시점부터 지니가 정지된 상태로 있게 됐냐고 묻자, 그녀는 "바로 즉시" 라고 대답하면서 다음과 같이 덧붙였다.

"그러나 저는 몇 년이 지나서야 그걸 인정할 수 있었습니다."

지니의 사례가 실패에 직면하자 많은 과학자들은 애초에 지니의 아버지가 주장했던 설명에 의존했다. 지니가 지체아라는 것이었다. 커티스는 이에 동의하지 않는다. 그녀는 프롬킨과 자신이 지니를 위해 일부러 만든 일부 테스트에서 지니가 그 어떤 사람보다도 높은 점수를 받았다고 말했다.

"공간력 테스트에서 지니는 완벽한 성인의 점수를 받았어요. 지니는 부분적인 조각들이 빠진 상태에서 전체 모습을 상상할 수 있었고, 어느 하나의 관점에서 사물을 바라볼 뿐만 아니라 다른 관점에서 보면 어떻게 바뀔지 알고 있었어요. 지니는 실루엣을 그릴 수 있었고 분류도 할 수 있었어요. 분류가 언어학습의 핵심이라고 말한 사람들이 있었습니다. 문법이란 조직화된 문장을 점점 더 작은 범주로 쪼개나가는 과정이거든요. 지니는 조직화를 할 수 있었지만, 문법은 배우지 못했어요. 지니가 집중했던 분류화는 불행히도 문법에서 요구하는 것과 아무 상관이 없었어요. 지니에게 복잡한 계층모형(hierarchical model)을 베껴보라고 주곤 했는데, 아무런 힘도 들이지 않고 완벽하게 그려냈어요. 지니는 가장 복잡한 구조도 이해할 수 있었죠."

"한번은 지니에게 한 세트의 막대기들로 구성된 조직도를 베껴보라고 했어요. 막대기는 제각기 다른 색깔을 띠고 있었지만, 우리는 미처 거기에 대해선 생각을 못했어요. 모양에만 관심이 있었죠. 기억에 의해 지니가 되살려낸 그림은 모양뿐만 아니라 모든 색깔이 다 정확했어요(모든 막대기들이 일일이 다 다른 색깔로 그려져 있었거든요). 자기가 해야 할 일도 아니었는데 말이에요. 이런 것을 할 수 있다는 것은 문법적 구조를 보는 눈이 있다는 것을 의미하죠. 그런데도 정작 문법은 깨우치지 못했습니다."

지니의 특별함(공간력과 세밀함에 대한 능력)은 그녀의 말에서도 드러났다. 대부분의 아이들은 대화를 할 때 활동과 관계에 집중한다. 무엇이 언제 일어났고, 무엇을 누구에게 했다는 식이다. 지니는 대신 사물에 집중했다. 꼼꼼하게 묘사를 하고, 색깔과 모양, 숫자와 크기로 사물을 정의했다. 대여섯 개의 단어를 구사하는 단계에 있는 일반적 어린아이가 지니가 보통 말하는 것들("큰, 직사각형 모양의 베개", "아주, 아주, 아주 진한 녹색의 상자", "딱딱한 이빨", "바다에 있는 큰, 거대한 물고기")을 말하는 경우는 아주 드물다.

1970년대 후반, 학위논문을 끝마치면서 커티스는 다시 한 번 광범위한 심리 테스트를 실시했는데, 언어보다는 인지력을 요하는 기능을 측정하는 것이었다. 커티스는 그 결과를 다른 과학자들이 지니에게 초기부터 실시했던 테스트와 비교해 보았다.

"나는 아주 재미있는 것을 발견했어요."

커티스는 회상한다.

"격리에서 벗어난 후 매년 지니는 정신적 연령에서 1년치씩 성장했어요. 환경과 상호작용할 기회가 주어지면서 성장을 거듭한 거죠. 이것이야말로 지니가 지적장애아가 아니라는 가장 강력한 증거입니다. 지적장애아의 정신적 연령이 매년 1년씩 성장하는 사례는 일찌기 보고된 바가 없습니다. 또한 지적장애아가 사용하는 어휘는 아주 빈곤합니다. 나는 격(格, case)은 맞지만 의미론적으로는 틀리게 말하는 지적장애아들을 데리고 연구를 한 적이 있었어요. 이들은 성性이나 숫자 구분도 잘 못합니다. 지니는 인지적 문제에 관한 한 틀린 적이 없었어요. 또한 숫자와 종류의 개념도 파악하고 있었죠. 게다가……."

커티스는 계속했다.

"지니와 함께 있는 느낌은 지적장애인과 있을 때와 달랐어요.

오히려 상처받은 사람과 함께 있는 것과 같았죠. 내가 만난 사람 중에 지니처럼 그렇게 심하게 상처를 받은 사람은 없었어요. 그렇지만 불이 켜져 있었죠. 집에 누군가가 있음을 알리는 불이요……."

23

그래서 그는 개가 되었다

지니와 함께 생활하면서 리글러 부부 또한 아주 총명한 아이를 다루고 있음을 알았다.

"멍청한 아이가 아니었습니다. 천만에요."

데이빗 리글러가 내게 말했다.

"지니는 에너지와 개성이 넘치고, 놀랄만큼 호기심이 강한 아이였어요. 인정받는 데에 아주 민감하게 반응했고 꾸중을 들으면 정말 낙담했습니다. 애정을 희구했고 또 그것을 베풀 줄 알았습니다. 유머감각 또한 대단했죠."

집 안에서 지니는 복잡한 일도 맡았다. 다리미질을 하고, 손과 기계를 사용하여 바느질도 했다. 또 그림을 그렸다. 지니에게 그림은 실질적으로 어휘의 일부로서 독학으로 배운 언어 같은 것이었으며, 보상 역할을 했다. 어떤 생각을 잘 전달할 수 없을 때는 연필과 종이를 움켜쥐고 말로 표현 못하는 부분을 스케치하곤 했다. 지니의 스케치는 그저 사물을 그리는 정도가 아니었다. 지니는 자신의 생각과 바라는 것을 그림으로 표현할 줄 알았다.

그저 간단하고 솜씨 좋게 쓱쓱 그리는 것만으로 상황의 형태(게슈탈트; Gestalt)*를 전달하는 그녀의 능력에 커티스는 주목했다. 형태를 감지하는 그녀의 능력은 소름이 끼칠 정도였다. 난장판 뒤에 숨겨진 골격을 들여다보고 산산 조각난 파편 더미에서 전체를 읽어내는 것이 전혀 힘들어 보이지 않았다. 지니는 게슈탈트 테스트에서 여태껏 기록된 가운데 가장 높은 점수를 받았다. 지니의 복잡한 이해 능력은 말로 하는 테스트보다 시각적 테스트에서 훨씬 두드러졌다.

감금에서 빠져나온 이후 지니는 끊임없이 일상의 경험을 잡지나 책의 이미지에 연결시켰다. 리글러 부부의 애완동물이 가장 큰 공포의 대상이었을 무렵 지니는 비슷한 고양이나 개의 사진을

* 자신의 이야기를 중심으로 사람이나 사물을 병렬하는 것.

오려서 모으곤 했는데, 마치 주술 인형처럼 자신을 보호해 준다고 믿는 것 같았다.

대형수족관의 헬멧을 쓴 다이버를 보고는 흥분해서 난리를 치더니, 커티스를 뒷마당으로 끌고 가 내셔날 지오그래픽에 실린 똑같이 생긴 괴물 사진을 보여주는 것이었다. 커티스는 처음에는 아마도 지니가 감금되었던 시절, 사회나 사건과의 접촉이 전혀 없었던 대신 시각적 경험(마치 엽서의 사진처럼 정지된 경험)의 지배를 받은 탓에 두뇌가 그런 쪽으로 프로그램화된 것이 아닐까 하고 추측했다. 내셔날 지오그래픽의 움직이지 않는 사진이나 수족관의 움직이는 사람을 모두 똑같이 살아있는 것으로 보는 것인지도 몰랐다. 후에 지니의 뇌를 조사했을 때, "공간적" 우반구가 "언어적" 좌반구보다 압도적으로 우세하다는 비밀이 드러났다. 메커니즘에 보다 원인이 있었던 것이다.

지니의 발달 상황 또한 '서서히'라는 말을 붙이기도 미안할 정도로 아주 느리게 진행됐지만, 그녀가 이룩해낸 진전은 특이하면서도 주목할 만한 것이었다. 그녀는 말로 환상과 조작을 꾸며낼 줄 알았다.

1974년 3월, 지니는 두 가지 기술을 결합해 완벽한 거짓말을 해냈다. 하루는 학교에서 돌아오더니 교사의 심한 요구 때문에

울었다고 말했다. 그 사건은 가공의 것이었고 마릴린의 동정을 사기 위해 치밀하게 계산된 것이었다. 그로부터 일 년 후, 커티스는 지니의 주머니에 돌멩이가 가득 들어 있는 것을 발견했다(지니는 그런 행동이 금지돼 있었다). 지니는 자신의 주머니가 "물질"로 가득하다고 말했다. 오늘날 정치인들의 기준에서 본다면 엄청난 거짓말은 아니었지만, 대단한 출발점이 아닐 수 없었다.

1971년 크리스마스가 가까워 올 무렵, 지니와 커티스는 병원으로 가고 있었는데, 한 소년이 다가와 장난감 총으로 이들을 쏘기 시작했다. 겁을 먹은 지니는 사정거리를 피해 달아난 후, 커티스가 달래느라 한 말을 요약해서 말하는 것이었다. "작은 나쁜 남자애" 와 "나쁜 총"이었다. 그 뒤 2주가 지난 어느 날 저녁, 피아노를 연주하고 있던 커티스는 지니가 혼자 중얼거리는 소리를 들었다. 무슨 말을 했냐고 묻자, 지니는 "작은 나쁜 남자애" 와 "나쁜 총" 을 되풀이해서 말했다. 커티스는 이에 크게 기뻐했다. 과거의 사건을 설명하는 데 처음으로 언어를 사용했기 때문이었다.

관심은 즉각 언어를 사용할 줄 몰랐던 시절에 일어났던 사건에 대해서도 말을 할 수 있을 것인가에 모아졌다. 그때 일어났던 일들을 기억하고 있는 것일까? 그것들은 어떤 식으로 부호화되어 있을까? 대답(최소한 그 일부)은 너무나 끔찍한 형태로 나타났다.

"아버지 지니 때렸어. 커다란 막대기. 아버지 화났어."

어느 날 지니가 이렇게 말한 것이다. 그리고 또 한번은 "아버지 지니 때렸어 커다란 막대기" 그리고 "아버지 나무 조각 들고 때렸어. 울었어"라고 말했다. 과학자들은 미처 몰랐던 지니의 삶에 대해 듣고 있었다. 그것도 바로 그 아이로부터.

"아버지에 대한 공포를 없애느라 애를 많이 썼어요."

리글러가 내게 말했다.

"우리는 계속해서 지니에게 아버지는 이미 죽었고, 다시 나타나 때리지 않을 거라는 확신을 심어줬죠. 죽음이라는 개념을 이해시키느라 힘들었죠. 지니는 그가 다시 돌아올까 봐 항상 두려워했어요. 지니가 조금씩 말하기 시작하면서 가장 많이 쓴 말이, '아버지 때려' 였습니다. 수백 번을, 아니 수천 번을 되풀이했죠."

최악의 상태에 처하면, 지니는 보통 말을 잃었다. 한번은 불러도 오지 않길래 지니의 방에 들어가보니, 잡지 앞에 앉아서 와들와들 떨며 얼어붙어 있는 것이었다. 잡지에는 늑대의 사진이 펼쳐져 있었다. 너무나 엄청난 공포에 질려 있어서 지니는 자신의 기이한 행동을 도저히 말로 표현할 수 없었다. 그래서 리글러 부부는 지니의 엄마를 만났을 때 물어보았다. 아이린의 설명은 이러했다. 지니의 아버지는 딸과 상호작용할 때(아주 드물었지만), 개 흉내를 냈다. 자신의 딸을 향해 짖거나 으르렁대곤 했다. 이따금 그는 딸이 갇혀있는 침실의 문 밖에 서서 개 흉내를 내며 짖곤 했다.

지니에 대해 잘 아는 심리학자와 정신과 의사들조차도 그 이미지가 주는 공포에 몸서리를 친다. 나는 그중 몇 사람에게 물어보았다. 왜 하필이면 "개"냐고?

제이 셜리가 가장 납득할만한 설명을 해주었다. 그가 해준 설명의 시작은 그도 잘 모른다는 것이었다.

"다만 내가 생각하기에 그가 딸의 보호자 역할을 자청한 것과 관련이 있다는 것입니다. 기억하시나요? 그는 이 세상으로부터 딸을 보호하려 했죠. 또 동시에 자신의 보호로 딸을 벌주고 있었던 거죠. 종종 사람들은 개로부터 보호를 받지 않습니까?"

그는 어깨를 으쓱했다.

"그래서 그는 개가 된 거죠."

24

딸의 인생에서 그녀는 없는 거나 마찬가지였다

1970년 11월, 지니와 지니의 엄마 아이린이 로스앤젤레스 카운티의 복지관으로 걸어 들어갔던 바로 그날 이후로 아이린은 딸의 삶에서 사라진 것이나 마찬가지였다. 아마도 그녀의 인생에서 이보다 더 막막하고, 비탄에 잠기고, 덧없는 존재였던 적은 없었을 것이다. 엄마의 숨죽일 수밖에 없었던 인생에 대해 지니는 거의 이해할 수 없었을 것이다. 두 사람이 집을 탈출한 후, 사태는 나아지기도 했지만 악화되기도 했다. 그것은 어느 모로 보나 아이린 혼자만을 위한 단순한 탈출이 아니었다. 탈출만이 전부였다면 그녀는 아마 혼자 집을 나왔을 것이다. 아이린은 남편한테 정면으로 대항해서 볼모로 잡혀있던 딸을 납치했다.

만일 지니를 데리고 나오지 않았더라면, 평생 그녀의 삶을 짓눌렀던 것을 바로 잡겠다는 의무감이 없었더라면(자신이 부당하게 받는 대우보다 이것이 더 참기 힘들었을 것이다), 누가 알겠는가? 아마도 아이린은 그냥 그렇게 평생을 살았을지도 모른다. 분명 늦은 감은 있었지만 자신의 영웅적인 행위에 대해 아이린은 단기간이나마 혹독한 대가를 치러야 했다.

"젠장맞을. 단단한 상자에서 처음 나온 아이린은 LA 타임스의 대문짝만한 머릿기사였죠. 그리곤 바로 법정으로 끌려갔어요."

제이 셜리가 말했다.

"남편은 자살했습니다. 그게 모두 일주일도 안 돼서 일어난 일입니다. 그러고는 바로 애를 포기해야 했어요."

법정에서 석방 선고를 받은 아이린은 골든웨스트가에 있는 집으로 돌아왔다. 그 후 5년 동안 아이린은 명사가 된 딸의 가장자리를 유령처럼 서성거리며 넓디넓은 로스앤젤레스를 떠돌아다녀야 했다. 지니가 머무는 곳을 옮길 때마다 아이린도 따라서 그곳을 방문했는데, 그때마다 이제는 딸 때문에 새로 알게된 먼 친척처럼 되어버린 사람들에게 안내됐다.

제임스 켄트는 아이린이 처음 만났던 사람들 중의 한 명이었다. 아동병원에 입원한 지니를 켄트가 처음 치료할 무렵의 어느 날, 아이린이 불쑥 방으로 들어섰다. 이때의 광경을 그는 하와이에서 열렸던 미국심리학협회 심포지엄에서 이렇게 묘사했다.

"(허수아비 인형과 지니가 함께 노는 것을) 진행하는데, 지니의 엄마와 오빠가 방으로 들어왔습니다. 오빠가 반가워하는 모습은 쳐다보지도 않고 엄마 쪽으로 급히 가더군요. 그러고는 엄마 얼굴에 자기 얼굴을 바짝 갖다댔어요. 잠깐 동안 아무런 표정도 없이 엄마 얼굴을 빤히 보더니, 다시 인형놀이를 하더군요……. 처음 관찰한 것에 의하면 지니는 엄마한테 병원 내의 다른 직원들보다도 더 관심이 없어보였어요. '이리 와서 엄마 무릎에 앉으렴' 하면 와서 앉기는 했지만, 몸은 뻣뻣했고 마치 현실에서 벗어난 듯이 보였습니다. 한번은 엄마 무릎에서 벗어나자마자 손톱으로 긁어대며 침을 마구 뱉는 등 화를 낸 적도 있었어요. 지니의 엄마는 딸의 냉담한 반응에도 별 신경 쓰지 않는 것 같았어요. 오히려 한번은 그런 발작이 있은 후였는데도 '오늘은 나를 좋아' 하는 것 같았다고 말하더군요."

아이린은 일주일에 두 번씩 병원을 방문했다. 찾아오는 횟수가 잦아지면서 모녀의 관계도 좋아졌다.

"지니의 엄마는 점점 더 자발적으로 되면서 적절하게 행동했어요."

켄트는 말을 계속해나갔다.

"지니 역시 타인과의 관계가 발전되면서 엄마한테도 반응을 보이게 되었고 느긋해졌습니다. 나중에는 그야말로 엄마가 오는 것을 기다리기 시작했고 엄청 반가워했습니다."

이 변화는 결코 우연이 아니었다. 켄트는 이 공을 브린다 냅에게로 돌린다. 아동병원의 정신과담당 수석사회복지사였던 그녀가 아이린을 방문하기 시작한 것이다. 모녀 사이가 가까워지기를 원했던 과학자들은 그 계획의 일부로 아이린의 정신상담을 주선했다.

"우리는 지니가 엄마와 자주, 그리고 정기적으로 접촉을 갖는 것이 중요하다고 생각했습니다."

켄트가 말했다.

"그녀만이 지니의 과거를 이어주는 유일하고도 진정한 연결고리이고, 그것이 반드시 유지되어야 한다고 느꼈어요."

이런 신념을 지키기 위해 과학자들이 첫 번째 치러야 했던 투쟁은 바로 아이린을 감옥으로부터 끄집어내는 것이었다. 그녀와 그녀의 남편, 클락이 아동학대죄로 기소되었을 때, 하워드 한센은 안면이 있었던 존 마이너라는 변호사를 설득해 아동병원을 대표해서 예비청문회에 참여케 한 다음 아이린을 변호하게 했다. 마이너에게 이런 싸움은 식은 죽 먹기였다. 아이린을 변호할 때 그가 근거로 삼은 법은 바로 그가 기초한 것이었다.

매맞는 아이 증후군에 관한 위원회를 주도했었던 그는 이 위원회에 있을 때, 캘리포니아 내의 아동학대를 중죄로 다스리는 법안을 기초한 것이었다. 이런 노력으로 인해 주지사는 마이너를 가리켜 캘리포니아주에서 "어린이의 으뜸가는 보호자"라고 칭송했다. 마이너는 변호사라는 직업 외에도 심리치료사로서 훈련도 받았을 뿐만 아니라, LA 지방검사 사무소 내의 의료-법률 부서를 운영한 적도 있었다. 업무의 일환으로 그는 부검에 참여하거나 종종 거들기도 했다. 그는 마릴린 먼로, 로버트 케네디 그리고 샤론 테이트의 부검을 돕기도 했었다. 로스앤젤레스의 법이 집행되는 곳이면 어디에서나 볼 수 있을 정도로 그는 아주 친숙한 내부 참가자였다. 하지만 다소 버릇없어 보이는 아랫세대들은 그를 두고 LA의 재향군인 세대라고 부른다. 무슨 말인고 하니, 당시에는 법조계의 비즈니스가 비슷한 생각을 지닌 가까운 집단끼리, 그리고 개인적으로 친숙한 변호사, 판사, 정치인들 사이에서 비공식적으로 해결된 적이 많았다는 것이다.

의료-법률 부서도 아동학대 사례를 취급했기 때문에 마이너는 아동병원의 의사들과 알고 지냈고, 이들을 통해 아이린과 지니 사건을 알게 되었다. 그가 아이린 사건을 맡은 것은 지방검사직을 사임한 직후였는데, 그녀를 위한 예비 청문회에 참여한 후 그는 이 사건에 묘한 매력을 느껴 클락이 자살할 때 사용했던 권총을 '섬뜩한 기념품'으로 사들였다.

지니에 대한 그의 관여는 사건이 이송된 후에도 끝나지 않았다. 그는 1972년 4월, 지니의 법적 보호자가 되겠다는 신청을 청소년 법원에 제출했다. 그의 관심에 대해 '공공사회복지부'는 이런 내부 메모를 남겨 놓았다.

"아버지의 유산에 대한 지니의 몫을 안전하게 지켜주겠다는 동기부여가 있었다."

마이너는 '공공사회복지부'의 지역담당 부서장에게 우선 법적 보호자가 되어야 유산에 대한 법적 보호자로서의 권리도 생기는 것이 아니냐고 말했다고 한다.

클락이 남긴 유산은 보잘것 없는 것이었다. 골든웨스트가의 집 외에, 약 2만 달러 정도가 있었는데, 이중의 1/3이 아이린에게 가고, 나머지 2/3는 두 자녀에게 각각 주어졌다.

법정은 두 개의 진술서를 심각하게 고려했다. 하나는 아이린에게서 받은 것으로, 법적 보호자 제도에 동의한다는 것이었고, 다른 하나는 지니의 "주치의"로부터 온 것이었다. '공공사회복지부'가 남긴 또 다른 메모에 의하면, "위의 주치의 의견에 의하면, 존 마이너는……. (지니의) 재산과 아이를 잘 돌볼 적당한 보호자로 사료된다"고 씌어있다. 그 주치의란 바로 하워드 한센이었다. 5월

18일, 법적 보호자 계약이 체결됐고 6월에는 템플시가 보관하고 있었던 지니의 돈이 비버리힐스의 한 저축은행으로 옮겨졌다. 마이너는 법적으로 지니의 돈과 이익을 보호해야 할 책임을 지는 동시에, 예를 들면, 조사연구자들의 지나친 착취나 남용으로부터도 보호해야 할 책임도 지는 것이었다. 그런데 그 조사연구자들(예를 들면, 아동병원의 의사들)이 누구냐 하면, 아이린에게 그를 극구 칭찬했고 그가 법적 보호자가 되도록 보증까지 서줬던 사람들이었다.

이런 모든 편리함이 처음에는 하등 위험할 것이 없어 보였다. 환자를 의사와, 실험대상을 과학자와 같이 살게끔 묶어주는 것은 물론 어느 정도는 정통성이 결여된 행동일지 모르지만, 어쨌거나 지니는 매우 특별한 케이스가 아니었던가? 정말로, 지니를 담당했던 사람들은 서로를 잘 알고 지내던 관계였다. 아니 최소한 서로를 이성적이고 명예로운 사람이라고 생각하고 있었다. 더욱이 연구와 치료라는 공동 목적지를 향한 여행은 순항 중인 것처럼 보였다. 그러니 당시에 왜 서로들 간에 경계선을 확실하게 그을 필요가 있었겠는가?

이 경계선이 흐릿해지기 시작한 것은 아이린의 예비심문 때 존 마이너가 참석하게 된 때부터였는지도 모른다. 사실 병원은 그때

환자의 가족이 연루된 한 범죄 사건에 매달려 있었다. 지니 팀이 아이린의 재활을 돕겠다는 결심을 굳혔을 무렵, 이미 경계선은 거의 무너지고 없었다. 브린다 냅은 아이린을 상담할 때 가족사에 대해 캐보라는 지시를 받고 있었고, 그녀는 과학자들이 이 정보를 이용하도록 전달하는 역할을 했다. 미국심리학협회 총회에서 발표된 한센 논문의 자세한 내용과, 나중에 커티스의 논문에서 드러났던 많은 상세한 부분 역시 아이린이 자신의 상담사에게 털어놓은 것이었다.

데이빗과 마릴린 리글러 부부는 주말이면 가끔 차를 몰고 지니를 템플시에 데려다주었다. 이러한 여행 역시 지니를 관찰할 수 있는 좋은 기회였다. 리글러 부부는 자신의 집에서도 자주 지니를 촬영했는데, 밥 먹는 모습과 말하는 것, 노는 것 등을 기록해 놓았다. 이들은 골든웨스트가로 갈 때도 카메라를 들고 가 엄마와 함께 있는 모습을 담았다. 한번은 내게도 그때 찍은 것을 보여준 적이 있었다.

지니가 부엌 싱크대에 서 있고 그 옆에는 엄마가 있다. 아이린은 싱크대에서 일을 하고 있는데, 머리는 파마를 했다. 얼굴은 그저 수수한데 나이보다는 걱정 때문에 더 지쳐 보인다. 지니는 교태라도 부리듯 엄마 주위를 얼씬거리며 카운터며 냉장고를 뒤지고 다니다가 마치 꽁지에 불붙은 나비처럼 위태롭게 파닥거리는 것을 멈추고, 이따금 엄마 옆으로 쉬러 온다. 피리소리 같은 음색으로 씨리얼을 달라고 조르자, 엄마는 씨리얼은 점심 때 먹는 게 아니라며, 안 된다고 한다. 점심에는 닭고기를 먹을 예정이다. 계속 카메라가 따라간다. 이번에 엄마는 지니를 스토브로 데리고 가 커다란 냄비의 두껑을 열고 지니가 닭고기를 볼 수 있게 해준다. 그리고 잠깐 동안 두 사람의 얼굴이 클로즈업 된다. 입자가 거친 흑백사진으로 정지돼 있는데, 두 사람 모두 웃고 있다. 엄마가 웃는 모습에는 약간 긴장감이 서려 있지만, 지니는 그저 즐겁기만 하다. 지니가 부엌 구석으로 가자, 카메라는 이리저리 흔들리며 그녀가 어색하게 깡총거리며 걷는 모습을 보여준다. 그녀는 오렌지 쥬스를 달라고 하고 또 씨리얼을 달라고 한다. 지니의 높은 목소리는 골든웨스트가를 지나는 유리창을 통해 들려오는 차 소리의 굉음에 삼켜지듯 사라져버리고 만다.

25

예의범절과 수다 : 아이린은 보았다

아이린의 집은 사건이 있은 후로 다시 정돈되었고 치장도 새로 했다. "아주 괜찮아 보였어요"라고 리글러는 내게 말했지만, 다른 방문객들은 형편없다고 생각했다. 그래도 그 변기의자만큼은 밖으로 내갔고 불살라졌다.

지니를 데리고 탈출하기 전, 이미 10여 년 이상을 그 집에서 살았지만, 아이린 역시 찬찬하게 자신의 집을 둘러본 것은 그 때가 처음이었다. 1971년 여름, 아이린은 백내장을 제거하는 수술을 받으면서 잃었던 시력을 많이 회복했다. 수술을 주선해준 사람은 한센과 냅, 그리고 마이너였다. 정신과 상담과 마찬가지로 수술 역시 공짜였다. 수술 전날, 하워드 한센은 아이린이 입원해 있는 교외의 한 병원으로 차를 몰고 갔다. 아이린은 그에게 마마와 다다, 그리고 오클라호마에서의 어린 시절과 여름에 수영하러 다녔던 얘기를 털어놓으면서 지니도 자신처럼 그렇게 수영할 기회를 갖게 되기를 바랬다고 말했다.

수술이 끝난 후 한센이 다시 경과를 보러 오자, 아이린은 처음으로 그의 모습을 보게 되었다. 그녀는 그의 깊은 목소리 때문에 그가 거인일 거라고 오해했었고, 그의 푸른 눈을 보는 순간 이토록 예쁜 눈은 처음이라고 생각했다. 그 뒤 몇 주에 걸쳐 아이린은 자신의 삶과 관계된 다른 목소리들도 그 실체를 하나하나 파악해 나갔다. 냅은 마치 천사처럼 온통 하얗게 보였다. 리글러는 별 특징이 없었다. 마이너는 재밌고 너무나 말쑥했다. (그는 종종 프렌치 커프스를 하고, 옷이나 장신구에 자신의 이름을 새기고, 손톱에는 광택제를 바르고 다녔으며, 법정에도 가끔 각반을 차고 나타났다.) 아이린을 놀라게 한 것은 그가 너무나 솔직하다는 것이었다.

"그렇게 솔직한 신사는 본 적이 없었어요."

바로 그 다음에 예정되어 있었던 정기 상담을 받으러 아동병원에 왔을 때 지니가 오지 않을 거라는 소식을 들은 아이린은 울고 싶었고 원망스런 마음까지 들었다. 태어나서 처음으로 보게 될 이제는 사춘기에 이른 다 큰 딸을 한시라도 빨리 만나고 싶은 자신의 애타는 심정을 의사들이 모를 리 없다고 생각했기 때문이었다. 마침내 그 다음번 방문 때, 리글러 부부를 대동하고 지니가 도착했다. 리글러 부부는 쇼핑백을 들고 있었다. 지니가 너무나 말랐다는 사실에 아이린은 경악을 금치 못했다. 사람들 앞에서 감정을 드러내기엔 너무나 수줍었던 아이린은 위층에 있는 사무실로 지니를 끌고 갔고, 둘만 있는 곳에서 지니를 꼭 끌어안을 수 있었다.

"병원에서 눈수술까지 받게 해주고, 엄마를 위해서 대단한 일을 한 거지요. 아이린은 정말 행복해 했어요."

셜리가 말했다.

그러나 고마움을 기대했던 사람들은 누구나 실망감을 맛봐야 했다.

"특히 제임스 켄트가 아이린을 위해서 애를 많이 썼어요. 한센 박사도 마찬가지였다고 생각해요. 두 사람 다 아이린을 친구로 만들고자 했지요. 그렇지만 뜻대로 되지 않았습니다."

만약에 그 우정이 성공했다 하더라도, 그것은 커다란 격차가 가로막는 그러한 우정이었을 것이다. 마치 템플시와 러플린 파크 사이의 간격을 메울 다리를 놓는 것만큼이나 힘든 작업이었을 것이다.

"아이린은 노골적으로 업신여김을 당했어요, 마치 상류사회가 하류층한테 하듯이 말이에요."

셜리가 말했다.

"아동병원을 한 번 왔다 가려면, 대중교통을 이용하는 아이린으로선 하루 종일이 걸렸습니다. 제대로 된 옷이 없었던 그녀는 기분이 안 좋았어요. 병원에 있는 딸을 방문하러 갈 때 입을 적당한 옷이 없었죠. 딸이 입원해 있는 이 고급 병원에 대해 내게 말한 적이 있었어요. 자기가 비용을 부담해야 했더라면 이런 병원은 감당할 수 없었을 것이라고요. 양쪽 다 상대방 처지에 대한 생각이 부족했죠. 아이린은 리글러 부부의 지성을 의심쩍어 했습니다. 그리고 리글러 측에서는 아이린이나 클락을 인간으로 취급한 적이 없었습니다. 리글러, 한센, 켄트 모두 부유한 집안 출신이거든요. 그들에게 있어서 아이린은 추레하고 지저분한 존재였죠. 바로 그게 그들의 문제였어요."

이 과학자들을 잘 아는 다른 사람들은 켄트나 리글러, 커티스가 향유하는 사회적 이득이 무엇이든, 조상으로부터 물려받은 것은 아니라고 항의한다. (자신의 표현에 의하면) 커티스는 "오하이오주 클리블랜드의 찢어지게 가난한 한 유대인 집안" 출신이었다.

공교롭게도 마릴린 리글러 역시 이보다 정확히 한 세대 앞서서 클리블랜드에서 성장했다. 우크라이나로부터 이곳에 도착한 마릴린의 아버지는 의류 제조 공장에서 주머니 만드는 일을 했는데,

돈을 모아 나중에 구석진 곳에 작은 채소가게를 차릴 수 있었다. 데이빗 리글러 역시 그의 아내처럼 이민 1세대 출신이었다. 그의 가족 또한 무일푼으로 루마니아에서 건너 왔다. 데이빗의 아버지 역시 작은 가게를 갖게 되었다. 맨해튼의 스프링가에 가게 하나를 소유하게 되었지만, 대공황이 불어닥치면서 그는 다시 떠돌이 세일즈맨으로 전락하고 말았다. 데이빗은 집안에서 처음으로 대학에 간 사람이었다. 그는 25세가 되어서야, 그것도 제대군인 원호법의 혜택을 받아 간신히 대학 과정을 시작할 수 있었는데, 제2차 세계대전 중 파나마운하 구역에서 군함의 전자 장치와 레이다망을 설치하고 수리하는 일을 하면서 몇 년을 군대에서 보내고 난 뒤였다. 처음에 그는 기술자가 되겠다고 마음먹었었다.

아이린에 대한 혐오감을 대놓고 드러내지는 않았지만 리글러 부부는 그 원인이 계급 격차에서 오는 것은 아니라고 생각했다. 아무리 소극적이었다 해도 딸을 그렇게 오랫동안 감금하는 데 일조했던 그녀의 역할에 대한 혐오감을 떨칠 수가 없었다는 것이다. 원인이 어디 있건 간에 딸이 속한 새로운 사회의 기준에서 볼 때, 자신이 환영받지 못한다는 것을 아이린은 힘겹게 눈치채야 했다. 그녀가 리글러의 집에 초대를 받아 간 것은 4년 동안 통틀어 3번밖에 되지 않으니 거의 안 간 것과 다름 없었고, 갈 때마다 주인 부부가 초조해하고 퉁명스럽다는 느낌을 받아야 했다. 매주

한 번씩 이루어졌던 지니와의 만남은 공원이나 패스트푸드점 같은 중립적인 장소에서 행해졌다. 한 가지 아이러니한 것은, 마릴린 리글러는 오히려 아이린의 감정을 고려해 이런 장소를 일부러 골랐다는 것이다. 마릴린이 엄마로서의 권위를 행하고 엄마로서 사랑을 베푸는 집에서 딸을 만난다면 아이린이 불편해할지도 모른다고 걱정했고, 공원에서의 만남이 수양부모와 친부모 간의 대조를 덜 두드러지게 하고 양쪽의 위치를 조금이라도 더 평등하게 만들기를 희망했다는 것이다. 마릴린은 아이린이라는 이름 대신 항상 깍듯하게 그녀의 성으로 불렀는데, 이에 대해 아이린은 "미세스"라는 호칭이 너무나 공식적이라고 느꼈다.

이 눈에 보이지 않는 계급 전쟁에서 외교관의 면책특권을 누린 사람이 있었으니, 기이하게도 겉보기에는 부유함과 가장 친숙한 삶을 살았던 것으로 보이는 진 버틀러였다. 중서부의 부유한 집안에서 성장한 그녀는 유럽을 일주하는 여행을 한 적도 있었다. 버틀러와 플로이드 러흐는 그 후 결혼해서(그녀는 이제 진 버틀러 러흐가 되었다) 대여섯 채의 집과 요트를 소유하고 있을 정도였다.

"그런데도 나는 진이 오히려 리글러 부부보다 사회경제적인 면 같은 그런 차이에 대해서 더 조심스럽게 대처했다고 생각합니다."

셜리가 말했다.

"그녀는 어떻게 하면 존경심을 가지면서 거리를 둘 수 있는지 잘 알고 있었어요. 그리고 사태를 지배하는 데 자신의 부나 사회적 위치를 이용하지도 않았죠. 그저 아이린에게 충고를 줄 뿐이었지, 뺏으려 하거나 공격하지 않았습니다."

리글러 부부의 예의 바른 처신과는 대조적으로, 버틀러는 아이린이라고 직접 이름을 불렀고 한담을 즐겼다. 아이린은 버틀러가 별 쓰잘데없는 얘기도 다한다고 치부할 때도 있었지만, 그녀가 친절하다고 생각했고 이를 고마워했다. 아이린의 건강이 나아지고 과부로서의 삶에 익숙해져 가면서, 아이린은 점차 버틀러를 좋아하게 되었다. 그리고 이와 때를 맞춰 자신의 딸을 연구하는 과학자들을 점점 불신하게 되었던 것 같다.

눈 수술을 받고 난 후인 어느 날, 재활 치료를 받은 아이린이 지니, 그리고 리글러와 함께 병원 문을 나설 때였다. 지니의 특징적인 발을 질질 끌며 걷는 걸음걸이에 보조를 맞추기 위해 이들은 천천히 걷고 있었다. 그때를 리글러는 이렇게 회상한다.

"밖으로 나왔는데, 아이린이 딸을 쳐다보고 다시 나를 쳐다보더니 저한테 이렇게 묻는 것이었습니다. '애가 이렇게 걷다니, 도대체 애한테 무슨 짓을 한 거예요?'"

리글러는 완전히 한 방 먹은 것이었다.

"나는 지니의 엄마가 단 한 번이라도 딸의 상태와 자신의 역할에 대해 생각해 본 적이 있는지 의심스럽습니다."

그는 내게 이렇게 말했다. 그러면서 이런 부정적인 태도가 어쩌면 아이린의 치료가 성공적이었음을 보여주는 증거일지도 모른다고 덧붙였다.

"나는 지니의 엄마가 정신과 상담과 재활 치료를 받은 후 자신만의 임무를 갖게 됐다고 생각해요. 이 결심을 마음에 굳히면서 살아가야 할 힘을 얻은 거죠."

그는 계속해서 말했다.

"아이린은 우리의 존재를 자신의 과거를 상기시키는 책망이자 추궁으로 받아들였던 겁니다. 그리고 우리는 우리대로 스스로의 자비로움을 축하하는 데 취해버려서 우리가 그녀를 얼마나 적대적으로 만들었는지 간과한 거죠."

26

훨씬 더 삐딱한 시선으로

어느덧 1972년이 흘러 1973년이, 그리고 어느새 1974년으로 접어들었다. 데이빗 리글러는 수잔 커티스의 학위논문이 점차 완성돼가는 것을 보고 틀림없이 엄청 기뻤을 것이다. 커티스와 빅토리아 프롬킨이 함께 추진했던 언어학과 관련된 작업 말고도 작지만 아주 소중한 결실이 리글러가 책임 연구원으로 있었던 야심찬 실험으로부터 맺어지고 있었다. 리글러의 집에서 한 구성원으로 거주하는 동안 지니는 "20세기의 가장 유망한 연구 사례"에서 (리글러의 표현을 빌리면) "아마도 역사상 가장 많은 테스트를 겪은 아이"로 변해 있었다. 그러나 지니가 그만큼 선지자로 바뀐 것 같지는 않았다.

리글러가 내게 말했다.

"한번은 지니를 돕거나 연구하는 것과 관련하여 전국적으로 흩어져 있는 사람들의 동심원을 그려본 적이 있었어요. 그랬더니 정말 대단한 원이 그려지더군요."

이렇게 말하면서 그는 팔을 있는 대로 펼쳤다. 그동안 지니를 조사 연구한 사람들이 많은 양의 자료를 내놓은 것은 사실이었다. 그러나 분석과 가공을 거치지 않은 방대한 양의 자료는 어떤 의미 있는 결론을 도출하는 데 오히려 걸림돌만 됐다. 논문도 몇 개 나왔지만, 대부분은 지니의 끔찍했던 어린 시절을 되풀이해서 묘사하는 데 그쳤다.

이런 의미에서 데이빗 리글러와 마릴린 리글러가 합작으로 1972년 8월 도쿄의 20세기 국제심리학 총회에 제출한 논문보다 더 영구한 가치를 지닌 것은 없었다. 이 논문의 제목은「역사에 남을 만한 극단적 사회심리적 박탈 사례에서 본 심각한 공포증으로 인한 쇠약」이었다. 이 논문에서 리글러 부부는 유리문을 차단하는 것과 같은 여러 방법을 통하여 지니가 어떻게 강아지에게 익숙해졌는지에 대해 자세하게 묘사해 놓았다.

'국립정신건강연구소'는 이제 별 진전이 없음을 알아냈다. 일련의 현장 감사가 있은 후 기금 감독관들은 리글러에게 우려를 표명했다. 자료가 무계획적으로 쌓이고 있다고 판단한 이들은 간격을 메울 새로운 테스트를 제안했고, 나머지 것들은 재관리를 하라고 요구했다. 1973년 가을, "적절한 연구 계획을 개발"하고 이미 해놓은 연구를 분석한다는 명목 하에 리글러는 1년의 기한 연장과 함께 추가 기금을 받았다. 그리고 다시 일 년 후, 연장 기간이 끝나자 3년간 더 연구를 하겠다며 226,000달러를 추가 지원해 달라고 했으며, '국립정신건강연구소'는 리글러의 요청을 놓고 심사숙고에 들어갔다.

그러나 멀리 떨어진 곳에서 그리고 훨씬 더 삐딱한 시선으로 지니의 성장과정을 지켜본 이가 있었으니, 바로 진 버틀러였다. 지니에 관한 소식과 정보를 구할만한 곳이라면 어디든지 빠지지 않고 쫓아다니며 지니의 건강과 발달 상황에 대해 어렵게 정보를 구한 버틀러는 지니 팀이 선전하고 다니는 것만큼 지니가 나아지지 않고 있다는 것을 확신한 뒤, 자신의 말에 귀기울여줄 과학자라면 누구든지 빠지지 않고 로비를 하고 다니면서 리글러와 한센, 커티스를 공격하기 시작했다.

"왜 리글러는 지니가 사회적 상황에서 적절하게 행동하고 있다고 주장하는가? 분명 그렇지 않은데 말이다."

버틀러는 그녀의 편지 캠페인에서 이렇게 질문했다.

왜 마릴린은 지니가 (한 번 할 때마다 10센트씩 보상하는 방법으로) 식탁을 차리도록 훈련시킨 게 자기 공이라고 주장하는가?

– 이미 지니는 버틀러와 여름에 같이 지낼 때부터, 아니 이미 그 이전부터 식탁 차리는 것을 엄청나게 좋아한 애였는데 말이다.

왜 리글러 부부는 지니가 자신의 집에 처음 왔을 때, 옷 입는 거나 씻는 것도 못했다고 말하는가?

– 재활센터의 간호사들이 이미 훈련을 다 시켰는데 말이다.

왜 리글러와 커티스는 러플린 파크에 거주한 뒤 3년 하고도 끝 무렵이 되어서야 지니가 비로소 세 단어로 된 문장을 말하기 시작했다고 짹짹대는가?

– 1971년 여름에 이미 지니는 플로이드 러흐에게, 예를 들면 애완동물 가게로 데려가 달라고 하면서 "포이(플로이드) 큰, 까만, 차, 가, 운전"이라고 말하고, 새로 산 애완용 금붕어를 마당에 집어던지는 이유를 설명하면서 "나쁜, 오렌지, 물고기, 안먹어, 나쁜, 물고기"라고 똑똑히 말할 수 있었는데 말이다.

진 버틀러는 리글러 부부가 자신들이 돌보는 동안 지니가 사실상 후퇴했다는 사실을 감추기 위하여 지니의 성장 연대기의 바늘을 되돌려 놨다고 주장했다.

"이렇게 말하면 너무 자화자찬처럼 들릴지 모르지만……."

버틀러는 한 과학자에게 보낸 편지에서 이렇게 썼다.

"지니가 우리 곁을 떠난 후 그녀를 만나본 사람들은 한결같이 우리와 함께 있을 때만큼 지니가 그토록 생기발랄하고, 활동적이고, '정상에 가까웠던' 적은 없었다고들 합니다."

그리고 버틀러는 리글러가 '가공의 상담사들'을 만들어 원래의 기금 신청액을 부풀렸다고 주장했다. 지나가다 머리 한 번 들이민 것밖에 없는 저명한 과학자들을 공동 연구자로 올려놓았다는 것이다.

내가 특히 이 혐의에 대하여 리글러에게 질문하자, 지니와 이틀간 같이 지낸 이유로 기금 신청 명단에 올려진 한 심리학자에 대해 "잘 기억이 안난다"고 솔직히 시인했다. 그러나 모든 상담사들을 기금 명단에 올린 것을 두고 사기라고 말할 수도 있겠지만, 그저 낙관적인 자기기만 정도로 볼 수도 있을 것이다.

한편 진 버틀러는 또한 리글러가 아이린에게 아주 냉담하게 굴었다고 비난했다. 그 증거로 리글러 부부가 고집스럽게 자신의 집이 아닌 다른 장소에서 모녀를 만나게 한 사실을 지적했다. 또한 그녀는 모녀가 만날 때 리글러가 어떤 식으로든 경제적 도움을 줘야 했던 것도 거부했다고 비난하면서, 당시 아이린은 물려받은 돈은 이미 다 쓰고 집은 저당 잡힌 상태였으며, 삯바느질과 인형을 만들어 판 돈으로 겨우 입에 풀칠을 하는 정도였다고 주장했다.

"리글러와 그의 일당들은 지니 기금으로 미국 전역과 하와이니 일본이니 우르르 몰려다니면서도, 리글러 부부가 국가로부터 받은 수양부모 보조금이나 식량 할당금의 단 한 푼조차도 어머니인 아이린에게는 돌아간 것이 없었다는 사실은 아이린의 경제적 고충을 잘 알고 있었던 모든 이들에게는 도저히 용서할 수 없는 것입니다."

버틀러는 이렇게 썼다.

그녀는 서류더미 속에서 특히 이 글을 '엄마의 곤경 대 리글러의 탐욕'이라는 제목으로 따로 철해 놓았는데, 서류의 양이 엄청났다. 버틀러에 의하면 육천 페이지에 달했다.

"버틀러는 정보의 자유 조항을 악용해서 '국립정신건강연구소'로부터 내가 연구한 모든 기록을 빼냈어요."

리글러가 내게 말했다.

"그러고는 그녀가 내 서류를 모두 봤다는 통지를 '국립정신건강연구소'에서 내게 보내자 오히려 역정을 냈답니다."

사실, 어떤 경험 없는 직원의 실수로 버틀러에게 가면 안 될 7페이지 가량의 문서가 그녀에게 보내졌다. 3년간 다시 기금을 보조해 달라는 리글러의 신청을 기금 위원회가 평가한 내용이었다.

"정보의 자유 조항에 의하면 이미 승인이 난 프로젝트에 한해서만 문서를 판매할 수 있게 되어 있었어요."

버틀러는 자못 고소하다는 듯이 한 과학자에게 이렇게 말했다 한다. 그리고 그녀는 이 위원회의 평가를 두고 "통렬한 것이었다"고 표현했다.

'국립정신건강연구소' 기금 위원회가 1974년 9월, 추천을 결정하기 위해 소집되었다. 로스앤젤레스에서 이틀간에 걸쳐 벌어진 현장 검증은, "성장이라고 할 만한 것이 거의 없으며 계획된 연구목표가 실현될 가능성은 희박하다"는 결론을 내렸으며, 위원회는 이를 충분히 납득했다. 보고서는 계속된다.

> 위원회는 제안된 연구 계획안이 그 권리에 있어서 자격이 불충분하다고 느끼며, 이 독특한 연구사례의 특별한 필요성과 환경의 적절성에 대해서도 의구심을 갖는 바이다……. 위원회의 권고사항을 실천하라고 기금 지원을 했는데 작년 한 해 동안 이를 못했다는 사실은…… 심각한 문제가 아닐 수

없다. 위원회는 이 기금 신청안이 과학적 가치를 분명히 결여하고 있다고 생각하며, 그러므로 여기에 만장일치로 권고안을 기각한다. 이곳에서 결정된 사항을 리글러 박사에게 전달할 것을 요청한다.

긍정적 측면으로는, 위원회는 이 연구가 "프로젝트의 대상이었던 한 개인에게 어떠한 실질적인 위험도 가하지 않았다"고 의견을 피력하면서, "실험대상이 받은 치유적 이득이 상당한 것이었으며, 앞으로도 그럴 것"이라고 관찰했지만, 그럼에도 불구하고 "실험대상"의 복지가 우려된다고 표명했다.

위원회는 지니의 미래의 복지에 대해, 또한 기각의 결과가 어떻게 지니에게 직접적인 영향을 미칠지 우려하는 바이다. 리글러 부부는 이번 연구 계획에 대한 지원이 이루어지지 않는다면 자신들의 수양부모 관계도 끝나게 될 것이고, 지니의 결국 캘리포니아주의 보호에 맡겨질 것임을 시사하고 있다. 위원회는 지니가 '국립정신건강연구소'가 아니라, 캘리포니아주에서 마땅히 관할해야 한다고 믿는 바이다. 그리고 연구 맥락이 아닌 지니를 관리 유지하는 데 연구 기금이 사용된다면, 이는 지니를 위해서도 최선이 아니요, 연방정부가 의도하는 바도 아니라고 생각한다.

"연구기금을 거절한 데는 납득할 만한 이유도 있었고, 그렇지 않은 것도 있었죠."

데이빗 리글러는 내게 이렇게 말했다.

"그러나 본질적으로 볼 때 그들은 이해하지 못했습니다. 이 연구는 가장 과학적인 연구 같은 그런 것이 아니었습니다. 통제할 수 있는 것이 없었죠. 이 연구는 유일무이한 사례에 관한 것입니다. 이런 일은 참 드물게 일어나죠. 입증되지 않은 일회적인 거죠. 일반 과학에서 하는 것처럼 그렇게 처리될 수는 없어요."

일찍이 리글러는 이례적인 실험대상을 장기적으로 연구할 수 있는 좋은 모델을 찾기 위해 문헌을 샅샅이 뒤진 적이 있었고, 오직 하나를 발견했다.

> "'아베론의 야생아'에 관한 이타르의 보고서를 제외한다면, 합의된 연구 패러다임이 없다는 것이 문제로 남아 있다."

1973년, 자신을 비난하는 '국립정신건강연구소' 내의 사람들에게 보내는 편지에서 리글러는 자신의 작업을 옹호하며 그렇게 썼다. 리글러는 이런 특이한 유일무이한 연구가 일반적인 통계학적 방식에 따라 진행되는 건 불가능하다고 생각했다.

“‘국립정신건강연구소’ 참모진들은 대부분 기금과 관련되어 있어요.”

그가 말했다.

“나도 그들과 함께 일했었기 때문에 그 말이 무슨 뜻인지 압니다. 훨씬 더 과학적으로 접근하라는 압력이 있었지요. 측정. 이게 그들이 원한 것이었죠. 나도 물론 측정을 하고 싶었습니다. 그렇지만 나는 어린아이의 행복을 침해하는 그런 방법을 사용할 수는 없었습니다. 문제는 내가 과학과 어린애를 위해 최선의 방법으로 일을 하고 있다는 것을 절대 위원회에 납득시킬 수 없었다는 거였죠.”

IV

실종

27

쾅하고 문을 닫아버리다

1975년 6월 4일, 데이빗 리글러는 지난 4년 반의 지니의 성장 과정을 요약하는 편지를 아동병원의 행정 담당자에게 보냈다. 지니는 어느 정도의 자립성을 갖게 되었지만, 아직도 실질적인 감독이 필요하다고 그는 말했다. 지니는 자신의 위생 상태를 돌볼 수 있었고, 심지어는 간단한 식사도 차려먹을 수 있었다. 자기 파괴적인 발작도 많이 줄었다.

리글러는 지니의 성과가 "표준화되고 특별히 제작된 수많은 시험을 계속해서 되풀이한 결과"라며 덧붙이기를, "모든 시험의 결과에도 불구하고 여전히 지니는 어떤 의미에선 도저히 파악할 수 없는 수수께끼 같은 존재로 남아 있다"고 말했다. 지니는 여전히 심하게 상처를 받은 아이지만 희망은 있다고 말했다. "18세의 지니는 어느 영역에서건 성장을 멈추지 않고 있으며, 수양엄마와 친엄마 둘 다에게 강력한 정서적 유대감을 확립했음이 확실하다"며 결론을 내리기를, "여러분도 알다시피 지니의 수양부모 역할을 포기할 것을 곰곰이 생각 중이지만, 지니가 새로운 장소로 옮겨갈지라도 계속해서 봉사하기를 바란다"라고 썼다.

이 편지를 보낸 그 달이 채 지나기도 전에 지니는 짐을 싸야 했다. 그녀는 아이린이 있는 집으로 돌아갔다. 고통스런 어린 시절과 지난 6개월간 거의 빠짐없이 매 주말을 보냈던 골든웨스트가의 집으로 돌아간 것이었다. 그러나 지니의 귀향은 그리 오래 가지 않을 운명이었다. 앞서 있었던 모든 방문에도 불구하고 아이린은 딸과 사는 것이 너무 힘들다는 사실을 발견했다. 지니의 자위행위는 그녀를 괴롭혔고, 요구를 들어주지 않으면 시위를 벌이거나 문을 꽝하고 닫는 10대 애들이 흔히 하는 행동도 마찬가지였다. 아이린은 지니의 이런 모든 짜증스런 행동이 리글러의 집에서 습득한 것이라고 생각했다. 아이린은 곧 피곤에 지쳤고 완전히 압도당하고 말았다.

리글러 부부는 이러한 상황이 될까 봐 이미 몹시 우려하고 있었다.

“우리가 지니를 포기한 후에, 친엄마가 어떻게 지니를 돌볼 것인지 걱정했죠.”

리글러가 말했다.

“우린 경제적 여유가 있으니까 베이비시터도 둘 수 있고, 힘들 때 도움을 받을 수도 있습니다. 아이린은 그럴 여유가 없었어요. 그래서 우리는 다가오는 여름에 지니가 계절학교를 다니고, 그게 끝나면 주간캠프를 갈 수 있도록 계획을 짜놨었어요. 그런데 아이린이 지니에게 ‘너 주간캠프에 가고 싶니?’ 하고 묻자, 지니는 ‘아니오’라고 대답했고 결국 가지 않았죠. 지니는 계속 집에만 있었습니다. 그러니 얼마 안 돼서 아이린은 도움을 요청하게 된 거죠. 그것도 우리가 아니라 보호기관에 말입니다.”

아이린은 행동발달 장애인들을 위한 로스앤젤레스 동부지역 센터와 접촉했다. 이곳은 캘리포니아주의 보건국 소속으로 지체 성인을 주로 다루는 기관이었다. 대행업자가 이 사례를 맡았고, 곧 지니를 맡을 수양가정을 물색하기 시작했다. 이들이 찾아낸 가정은 몬트레이 공원 근처에 있었고, 11월 7일, 지니는 그쪽으로 이사했다.

외견상 이 집은 이상적으로 보였다. 이곳을 방문한 사람들은 집의 청결함에 좋은 인상을 받았고, 지니도 깨끗했으며 옷도 잘 입고 있었다. 이곳에는 이미 두 아이들이 위탁 양육 중이었다. 그러나 지니가 도착하면서 즉각 말썽의 조짐이 보이기 시작했다. 한 복지사의 표현을 빌리면, 지니는 이 집에 올 때 "엄청나게 많은 플라스틱 쓰레기통과, 냉장고에 넣는 통, 그 밖의 오만가지 플라스틱 잡동사니"를 들고 나타났다. "일단 수양가정에 도착하자 장난감들은 죄다 벽장에 처넣어지고, 한 번도 갖고 놀 수 없었어요"라고 복지사는 말했다.

이 가정의 청결은 거의 군대식에 가까운 엄격함을 요구했다. 표현이나 자율성에 있어서 숨구멍을 틔워줄 어떤 여유조차 지니에게 허용되지 않았다. 아이린의 방문은 방해로 취급되었고, 실질적으로 금지되었다. 이 체제에 대항하는 지니의 대응은 바로 퇴행이었다. 어쩌면 의도적이었는지도 모른다. 지난 5~6년에 걸쳐 발달시킨 행동거지나 처신하는 것, 그리고 의사소통에 관한 기술을 서서히 저버린 것이다. 지니는 특히 친엄마의 부재에 정신이 나간 듯 못 견뎌 했다.

"지니는 엄마에게 강한 애착을 갖고 있었어요."

마릴린 리글러가 내게 말했다.

"지니는 엄마를 어린 시절의 학대자로 기억하고 있지 않았어요. 자신을 살게 해준 시절의 사람으로 기억을 했죠."

지니에 앞서 예전의 아버지가 당했던 것처럼, 지니 또한 엄마를 뺏긴 것이었다. 아무런 설명도 없이. 그리고 지니의 아버지가 그랬던 것처럼 지니도 은둔자가 됨으로써 보복을 가했다. 그러나 이 경우엔 자신을 가두는 것 외엔 별 방법이 없었다. 그녀는 문을 닫아버렸다. 세상이 자신에게서 원하는 것은 아무리 작은 것이라도 절대 안 하겠다고 다짐하면서…….

지니의 행복을 재는 시금석은 언제나 화장실에 관한 습관이었다. 그녀를 평생 괴롭혀온 배변 문제는 진 버틀러의 집에 있을 때 가라앉았고, 리글러의 집으로 옮기자 되살아났지만 정착하면서 점차 호전되었다. 이제 이 문제가 다시 불거졌다. 그것도 강요에 의해.

그 후의 결과는 그녀가 어떻게 한 바퀴를 돌아 정확히 원점으로 되돌아왔는지 보여주었다.

지니가 감금되어 있던 시절, 만성적 변비는 지니의 신체가 항거하는 방법이었다. 한번은 클락이 지니의 고집을 꺾으려고 강제로 피마자 기름 한 병을 다 삼키게 한 적이 있었고, 지니는 결국 과잉 투여로 인해 병원신세를 지게 됐다. 그때의 전쟁은 결과적으로 전조였던 것 같다.

리글러에 따르면 "그 수양가정을 운영하던 여성은 좀 이상한 사람"이었다고 한다.

그는 그 집을 "때때로" 방문했다면서, 아동병원에 가끔 외래환자로 오는 지니를 만나 상담을 해주곤 했다고 기억을 떠올렸다.

“그 여자는 아주 엄격했어요. 그리고 지니 또한 고집이 대단했습니다. 결국 배변 습관 때문에 충돌이 일어나고 말았죠. 지니의 만성 변비가 심해지면서 너무 고통스러운 지경에 이르자, 이 여자는 아이스크림 막대기를 이용해 지니의 변을 꺼내주려 했어요. 신체적으로 부상은 없었지만, 지니는 심한 충격을 받았죠.”

과학자들의 해석을 빌린다면, 트라우마에 대응하는 지니의 반응은 정도가 더 심해지는 것이었다. 이 세상이 그렇게 지독하게 내 신체를 내 마음대로 할 수도 없게 군다면, 나도 이 세상으로부터 무엇인가를 빼앗아야겠다. 세상이 내가 해주기를 바라고, 또 해냈을때 상을 주던 바로 그것을……. 5개월간 지니는 말을 하지 않았다.

“지니는 자신의 삶에 대해 어느 정도 통제권을 갖게 되기를 바랐죠. 그런데 절대 그렇게 안 됐어요.”

커티스는 이렇게 말했다.

“지니는 평생 자신에게 일어난 일에 대해 한 번도 통제권을 가진 적이 없었어요. 그녀에게 있어서 자신의 삶을 통제하는 유일한 방법은 변을 참거나 말을 안하는 것밖에 없었죠. 그래서 그렇게 한 겁니다. 그녀가 말을 안 하게 된 것은 의사교환을 안 하겠다는 뜻은 아니었습니다. 여기에는 다른 이유가 있었죠. 지니는 정말 끔찍한, 두 세번의 끔찍한 경험을 당했어요. 지니는 토하는 것을 아주 두려워했는데, 왜냐하면 몇 번 토하는 바람에 벌을 받은 적이 있었기 때문이었어요. 그러고 나서…… 이 이야기는 정말 너무나 끔찍해서 도저히 다 말씀드릴 수가 없군요. 그녀가 있었던 수양가정은 학대가 심한 집이었습니다. 만일 한 번만 더 토하면 다시는 엄마를 못볼 줄 알라고 지니를 윽박질렀어요. 지니는 자신이 뭘 잘못했는지도 몰랐지만 입을 다시 열면 토하게 될까 두려웠습니다…….

그러나 이 선택적인 자폐의 기간에도 지니는 몇몇 사람들과는 말을 하고 싶어 했습니다. 그중의 한 명이 저였죠. 오, 하나님! 감사합니다! 지니는 수화를 어느 정도 할 줄 알았거든요. 그녀는 미친듯이 화를 내면서, 자기가 얼마나 엄마를 사랑하고 보고 싶은지, 그리고 그 밖에 모든 것에 대해서 저에게 (수화로) 말해 주었어요. 정말 먹고 싶어하는 게 눈에 빤히 보이는데도 지니는 입을 열기를 거부했습니다. 정말 힘든 식사였지요. 지니는……."

커티스는 얼굴 한쪽을 씰룩거리더니, 물 위에 떠있는 한 조각 미끼를 꼬나보는 물고기처럼 천정을 올려다보았다.

"입을 재빨리 벌리고는 그냥 꿀꺽 삼켜버렸어요. 그렇게 먹지도 못하고 폭력적인 수양가족과 산 결과는 결국 입원이었죠."

첫 번째 수양가정에서 살았던 1년 반 동안, 지니와 예전에 알고 지냈던 사람들 중에 유일하게 찾아온 사람은 커티스뿐이었다. '국립정신건강연구소' 기금이 거절되면서 언어연구에 대한 재정적인 지원도 끊기고 말았지만, 매주 수요일이면 커티스는 어김없이 찾아와 예전의 실험 대상을 관찰하고, 같이 놀아주고, 산책도 데려갔으며, 새로운 수양엄마에게 가장 기초적인 수화를 가르쳐주기도 했다. 지니가 처한 환경이 서서히 악화되자, 커티스는 지니의 목소리를 대변하는 사람으로 변해갔다.

'공공사회복지부'와 지역센터는 커티스가 보낸 편지와 전화 통화를 날짜순으로 보관해놓고 있었다. 지니의 거주지 문제와 선처를 호소하는 내용이었다.

그녀가 말했다.

"지니가 처한 곤경에 관심을 끌려고 사람들을 만나고 전화로 얘기하느라 꽤 많은 시간을 허비했습니다만…… 난 그보다 더 많은 시간을 그녀가 얼마나 폭력적인 가정에 있는지 사람들을 이해시키는 데 사용했죠."

또한 커티스는 리글러와 마이너(그는 여전히 지니의 법적 보호자였다)에게도 간청했고, 마침내 그녀의 경고는 헛되지 않았다. 존 마이너가 사태의 심각성을 처음 깨닫기 시작한 것은 그의 집에서 수영장 바비큐 파티를 열었을 때였다. 그는 지니의 수양부모를 설득해 지니를 파티에 오게 했는데, 지니가 일 년 반 전에 러플린 파크를 떠난 후 처음 보는 것이었다.

"지니를 마지막으로 본 게 지니가 아직 리글러의 집에 살 때였는데, 내 딸과 나는 그녀가 졸업식 때 입을 드레스를 갖다 주었었어요. 지니는 매우 고마워했어요. 처음으로 나를 팔로 끌어안더니 내 뺨에 키스를 해주더군요."

마이너가 말했다.

"잠깐 감정이 격앙돼서…… 미안합니다. 지금까지도 가슴이 아픕니다. 그때까지는 정말 희망이 있었어요. 이 꼬마가 가치 있는 삶을 살게 될 것이라는 진짜 희망 말입니다. 그러나 바비큐 파티에서 본 그녀는 그리고 그녀의 행동은 내가 딴 사람을 잘못 봤나 할 정도였습니다. 지니는 한 마디도 말을 하지 않았습니다. 마치 악어처럼 달려들더니 음식을 그냥 삼켜버리더군요. 화장실에 갈 때도 누군가가 부축해주던 기억이 납니다. 그녀의 퇴행을 보니 정말 기가 막히더군요. 난 정말 충격을 받았습니다. 이 수양가정에 그대로 있는 한 지니가 절대 발전하지 못할 거라고 생각했지만 내게는 방법이 없었거든요. 그저 지니에게 손을 뻗어 그녀를 사랑하고 걱정하는 사람들이 있다는 것을 말해주고 싶었습니다."

커티스에게 자극을 받아, 리글러와 마이너는 1977년 4월 말에 지니를 아동병원에 다시 입원시킬 수 있도록 일을 꾸몄다. 지니는

2주간 이곳에 머물렀고, 위기는 어느 정도 완화됐다.

또 다른 수양가정을 찾아 병원을 떠나게 되었을 때, 지니의 말과 먹는 습관은 부분적으로 나아져 있었다. 그러나 이 조치마저 너무 때늦은 감이 있어, 망가진 것들을 전부 다 회복시키지는 못했다. 바로 커티스가 마이너와 리글러에게 품고 있었던 존경심이었다.

커티스가 말했다.

"마이너와 리글러가 나와 싸운 것은 절대 아니었어요. 그러나 나를 도와주지도 않았어요. 결국은 똑같은 거지요."

그녀는 그들의 오랜 기간에 걸친 무반응을 지니에 대한 포기로 간주했다. 그리고 그것이 그녀를 의아하게 만들었다. 지니를 그렇게 아꼈던 사람들이 어떻게 그럴 수 있는가 말이다. 그녀는 아직도 의구심을 풀지 못하고 있다.

"리글러 부부가 지니를 받아들이면서 어떤 고생을 했는지는 말로 표현하기가 어려울 정도에요."

커티스가 말했다.

"본질적으로, 이들 부부는 가족을 희생했어요. 지금 나도 부모거든요. 그들이 어떤 사랑을 주었는지 나는 다 알아요. 무엇 하나 아까운 것 없이 모두 다 내주었어요. 열린 품으로 지니를 환영했지요. 리글러의 집만한 환경은 눈을 씻고 찾아봐도 없었을 겁니다. 항상 웃음과 풍요가 넘쳐흘렀으니까요. 오로지 유감이라면, 지니가 이런 환경을 떠나 너무나 낙후된 곳으로 떠나야 했다는 거예요. 음악과 예술, 사랑 그리고 문화로 가득한 세상이 있다는 걸 이미 알아버린 지니에게, 그저 앉는 법만 가르쳐대는 사람들과 살아야 하는 열등한 존재로 다시 돌아간다는 것은 너무나 힘든 일이었을 겁니다. 지니는 정말 고생을 많이 했어요. 마릴린 리글러를 다시는 볼 수 없다는 생각에 지니는 너무나 심한 절망에 빠지고 말았어요. 지니에게는 그런 사람들이 절대적으로 필요했는데 말이에요."

지니가 첫 번째 수양가정에서 살던 때에 기록된 커티스의 노트에는 소녀의 동경이 짙게 배어있다.

"나는, 다시, 마릴린, 집, 살고, 싶다."

1975년 11월에 지니가 한 말이다. 1977년 8월에는 이렇게 씌어 있었다,

"생각해, 마마는, 지니를, 사랑해."

아이러니하게도 사실 이 노트는 지니의 감정이 아니라 언어능력을 기록하기 위함이었다. 지니는 다시 한 번 면밀한 과학적 실험의 대상이 되었다.

1977년, 커티스와 프롬킨은 언어연구를 계속할 수 있도록 국립과학재단으로부터 기금지원을 받았다. 이제 그들은 지니와 관련

하여 기금지원을 받는 유일한 과학자들이었다. 커티스가 이렇게 말했듯이 말이다.

"다른 연구들은 모두 중단됐지요."

28

메커니즘

커티스는 두 방향에서 연구를 계속 진행하고 있었다. 테스트를 계속해가면서(기금이 중단됐을 때도 커티스는 지니를 주로 친구로서 만났다) 동시에 학위논문 자료를 계속 모으고 있었는데, 즉 지니가 리글러 집에 살던 시절을 요약하면서 지니가 배운 것과 결국 배우지 못한 것들을 분류해나가는 식이었다.

"어휘는 아주 빨리 배웠어요. 아는 어휘를 줄지어 늘어놓는 방식으로 복잡한 생각도 표현했죠."

커티스가 말했다.

"지니는 자신의 의사를 주고받는 데 아주 뛰어났어요. 그러나 아무리 노력해도 문법규칙만은 마스터하지 못했어요. 작은 것들(예를 들면, 접미사의 변화)을 절대 사용할 수 없었죠. 분명코 의미론에 관한 능력은 있었지만, 구문론은 배울 수가 없었어요. 할 수 있고 없는 게 너무나 뚜렷했죠. 불균형이 너무나 심했어요."

이 불균형은 애초부터 궁금증을 불러일으킨 부분이었는데, 연구가 무르익어가면서 중요성을 띠게 된 것이었다.

"지니의 언어 발달에서 한 가지 흥미로운 사실은 한꺼번에 발달하지 않았다는 거예요."

커티스가 말했다.

"그래서 그녀의 문법은 언어의 비문법적인 측면과 다른 심리적인 기능발달과는 별도로 존재했다고 볼 수 있어요."

커티스는 지니의 독특한 역사를 화학자가 원심분리기를 사용하는 것처럼 그렇게 활용했다. 아동기의 학습이라는 맑고 간단한 용액으로부터 복잡한 요소들을 추출하고자 한 것이었다. 언어능력은 다른 인지력과 별개로 조각난 상태로 되어 있는데, 그 안에는 개별적 구성요소들이 한 덩어리를 이루고 있다는 것이었다.

"보통 어린이들은 한꺼번에 많은 발달을 이루어내죠."

커티스는 말한다.

"일반적인 정상 어린이들을 관찰하는 것으로는 언어습득이 다른 인지력과 별개로 이루어지는 작업이며 별개의 조각들로 가득한 그 무엇이라는 것을 알아내기란 어려울 것입니다. 보통 어린이들에게 있어서 인지력 발달의 고유한 특징은 수많은 다양함 속에 묻혀 있죠. 모든 것이 한꺼번에 진행되니까요. 그러나 우리는 지니한테서 이런 모든 것들이 제각기 다른 메커니즘에 의거해서 독립적으로 싹트는 것을 본 겁니다."

커티스의 "메커니즘"이란 추상적이거나 은유적인 것이 아니다. 심리적인 것일 뿐만 아니라 신체적 메커니즘도 의미한다. 즉, 뇌의 구조를 의미한다. 학위논문이 점점 더 깊이 파고 들어가면서, 커티스는 에릭 린넨버그의 방향으로 향했다. 학위논문의 마지막 장은 신경언어학에 할애되어 있는데, 지니의 언어기능을 설명해 줄 생물학적인 기반을 헤집고 다닌 것이다. (문법에 대한) 지니의 무능력은 최소한 그 조건에 있어서 린넨버그의 이론에 이미 나타나 있었다. 일단 사춘기가 지나면 말하는 환경에 단순히 노출되는 것만으론 말하는 것을 배울 수 없음을 지니의 사례는 보여주었다. 지니의 뚜렷한 불균형적인 발달은 그 사실을 확인시켜주는 것이었다. 어휘와 같은 기능은 "학습"이 가능했지만, 구문론처럼 타고나는 것은 학습이 불가능했다. 촘스키와 린넨버그 둘 다 생물학적으로 결정된다고 예견했던 구문론 능력은 실제로 지니의 생물학적인 메커니즘에 의해 좌절되었다.

얄궂은 폭로였다. 촘스키의 말이 맞음을 확인하면서, 동시에 그를 반박하는 것으로 보일 수도 있었다. 하버드의 캐서린 스노우가 내게 말했듯이 말이다.

"경험론자들의 입장을 편드는 증거로 볼 수도 있거든요."

정말로 언어의 어떤 부분은 타고나고, 또 어떤 부분은 환경에 의해 주어지는 것이라면, 지니의 지옥과도 같았던 어린 시절은 왜 오직 타고난 부분만을 빼앗아 간 것일까?

엄마로부터 격리되는 바람에 말을 못하게 된 어린이가 엄마로부터 언어를 배우는 것이 아니라는 주장의 근거로 어떻게 쓰일 수 있단 말인가? 왜 하필이면 지니는 촘스키가 타고난다고 주장한 바로 그 능력, 구문론만 습득하지 못하는 것일까?

지니의 사례만이 이 문제를 보여준 것은 아니었다. 문제는 구조적인 것으로서 촘스키파 역시 겉으로는 모순으로 보일 수도 있다고 인정했던 측면이었다. 즉, 과연 구문론이 "타고난" 것이라면, 도대체 왜 "습득"되어야 한단 말인가?

여기에 관해 물론 구조적인 답변은 준비되어 있다. 아무리 타고난 특성이라 할지라도 반드시 개발되어야 한다는 것이다. 언어의 형태는 인간의 기관에 유전되어 있지만, 그것이 드러나고 안 드러나고는 특정 중개요인과 사건에 의존한다고 이론은 주장한다. 수염이나 젖가슴, 털의 성장 등이 모두 이미 설계되어 있지만 특정 호르몬이 각각 호출할 때까지 기다려야 하는 것과 마찬가지다. 위의 말이 맞다고 가정한다면 언어를 호출하는 것은 과연 무엇일까?

그 대답은 어쩌면 지니의 머릿속에 있는지도 모른다.

"잘못된 장치를 사용하기 때문에 문법을 파악 못하는 것일지도 모른다는 생각이 문득 떠올랐어요."

커티스는 말한다.

이미 1971년 초가을부터 커티스와 프롬킨 그리고 스티브 크라센은 신경언어학에 관한 시험에 돌입했다. 여태까지 이들이 지니 두뇌의 정확히 어느 부분과 대화를 주고받은 것인지 알고자 하는 의도에서였다. 정확한 장치를 알고자 하는 연구는 예전 같으면 기절초풍할 아이디어로 받아들여졌을 것이다. 왜냐하면 언어처럼 추상적인 어떤 것의 생물학적인 중심을 찾는다는 것은 영혼의 중심을 찾아 헤매는 것과 똑같은, 쓸데없는 잘못된 모험이라고 초기 언어학자들은 생각했기 때문이었다.

"언어를 정신의 한 기관이라고 생각한다는 것은 유용하다"고 촘스키는 내게 말했었다. 그러나 그런 주장은 어리석음으로 향하는 지름길이 아니었던가? 결국에 가서는 데카르트는 (뇌의) 송과선을 몸과 영혼의 괴리를 이어주는 연결부위로 생각하는 것이 유용하며, 여성의 아름다움은 갑상선의 배설물이라고까지 믿지 않았던가? 이성주의자라고 하는 이들의 주장이 오늘날 얼마나 합리적으로 들리는가?

그럼에도 불구하고 현대의 신경학은 다른 무형의 것들(언어는 아니지만)에 대한 구체적인 메커니즘을 발견해냈다. 아니, 최소한 그 메커니즘이 어디에 존재하는지를 밝혀냈다. 야구공이 날아가는 것을 바라보고 정확히 어디에 떨어질 것인지 알아채는 능력은 두뇌의 우반구에 해당한다. 바로 귀 뒤쪽의 윗부분이다. 농담을 이해하고, 은유를 파악하며, 대화 중 어떤 부적절한 부분을 깨닫는 능력도 우반구의 자질이다. 음악을 듣는 것도 오른쪽 뇌가 한다. 양쪽 뇌 모두 단어의 뜻을 이해하나, 수학과 논리 그리고 언어(최소한 문법에 관한 한)는 좌반구가 관할한다.

두뇌 손상이라는 불행을 겪은 사람들을 살펴보면, 언어임무가 좌반구 내에 분산되어 있다는 것은 확실하다. 베르니케 영역이라고 불리는 왼쪽 귀 위를 다친 사람은 여전히 정확하게 말을 하고 심지어는 유창하게도 말하지만, 현란한 단어의 나열 뒤에는 정작 아무 뜻도 없을 때가 많다. 다친 부분이 더 앞쪽으로 가 브로카 영역이라는 곳에 이르면 환자는 자신의 생각을 표현하려 하지만, 도대체 문장도 안 만들어지고 단어도 떠오르지 않아 고통스러워할 것이다. 특히 기능어라고 불리는 단어들이 손에 잡힐 듯 잡히지 않아 더 짜증스러워할 것이다.

"기능어란 순전히 문법적 의미에서만 존재하는 단어들이에요. 아니오, 만일, 그리고, 혹은, 그러나 같은 단어들 말이에요."

캘리포니아 라졸라에 위치한 솔크 연구소에서 근무하는 신경과학자인 헬렌 네빌이 내게 설명해주었다.

"내용어는 명사와 동사, 형용사 및 문장의 내용을 함축하는 단어를 뜻합니다. 내용어와 기능어를 유발하는 두뇌 활동의 위치 사이에는 엄청난 격차가 있어요."

네빌이 신경학을 실습하는 연구실은 솔크연구소 내에서도 너무나 외딴 4층 구석에 숨겨져 있어서 마치 일부러 그런 곳을 고른 것 같은 느낌마저 준다. 연구소 측은 4층을 가리켜, "세포간 공간"이라고 부르고, 연구자들은 "배관실"이라고 부른다. 빌딩 중간에 위치한 일종의 지하공간 같은 곳인데, 어둡고 외풍도 심한 데다가 스산하기까지 하며, 천장도 낮은 이 방은 연구소의 관할이면서 철저한 네빌만의 공간이기도 했다. 테스트를 받으러 이 실험실로 들어서는 어린이들은 쉬쉿 소리를 내는 냉방기 배관과 이제는 사용하지 않는 가압처리기로 가득한 기계 숲에서 벽에 붙여놓은 만화 캐릭터를 쫓아가며 빵 부스러기 줍기 같은 놀이를 한다.

나도 대여섯 번인가 이 꼬불꼬불한 길을 따라 가는 실험을 해봤는데, 첫째는 언어의 신경학적 연구에 관한 네빌의 주요 작업

원칙들을 알고자 함이었고, 두 번째는 지니가 겪었던 것과 똑같은 실험이 어떻게 진행되는지 지켜보고 싶어서였다. 이곳이 바로 신경학에 있어서 지니가 지니고 있는 과학적 중요성이 절정에 달했던 곳이었다. 이곳은 헬렌 네빌의 영토였다.

29

“그래, 네 작은 뇌파는 지극히 정상이란다.”

네빌의 실험실 안은 안락해 보인다. 바닥에는 카펫이 깔려 있고 창문 밖으로는 라호야 비치La jolla beach의 절벽이 태양 아래 눈부시게 펼쳐져 있다. 그러나 기발함과 근면성 간의 경쟁은 계속된다. 플라스틱 정맥이 툭 불거져나온 인간의 뇌 모델과 함께 다른 비슷한 것들이 나란히 놓여져 있으며, 한켠에는 『베른스타인 곰가족 학교에 가다』라는 책도 놓여 있다. 여기저기 흩어진 장난감들과 깜빡거리는 컴퓨터가 서로 자리를 차지하려는 듯 놓여 있고, 화면에는 동화 속에 나오는 사람들이 띄워져 있다. 이 전자기기들은 제이 셜리가 지니의 수면을 모니터하기 위해 트럭으로

날랐던 육중한 것들과는 한참이나 멀어 보인다.

"솔크연구소에는 언어에 관해서 엄청나게 많은 작업들이 이루어지고 있지요. 그러나 내 실험실의 초점은 경험이 두뇌의 발달과 행동에 미치는 영향을 조사하는 것입니다."

네빌이 말했다.

"예전에는 유전자가 두뇌의 발달을 좌우한다고 생각했었어요. 그러나 지금은 환경이 두뇌의 조직화와 뇌의 다양한 부분이 전문화될 수 있도록 모종의 역할을 한다는 것이 밝혀지고 있습니다. 두뇌의 전문화는 타고난 것일까요? 아니면 투입된 것일까요? 바로 그것이 우리가 알고자 하는 거죠."

네빌이 나와 말하고 있는 저편으로는 우울한 당나귀 이요르와 아기곰 푸우가 서로 말싸움을 벌이고 있었다. 네빌의 조수인 샤론 코피가 테스트를 준비하는 중에 열 살 난 아이의 주의를 분산시키기 위해 '푸우' 비디오를 틀어놓았던 것이다. 이 남자 아이의 이름은 조셉이었다. 조셉은 과자 한 개를 반쯤 먹고 있었다. 천으로 만든 헬멧을 쓰고 있었는데, 헬멧에는 귀마개와 턱끈이 달려 있었다. 보안경이 없다는 것만 빼면 스누피가 제1차 세계대전 때 썼던 거라고 뽐낼 법도 한 그런 헬멧이었지만, 사실은 여러 개의 쇠고리가 달린 밝은 색깔의 폴리에스테르로 만든 구멍이 숭숭 난 그물망이었다.

코피는 크고 뭉툭한 피하주사 바늘을 사용해 쇠고리마다 전도성 젤리를 쭉쭉 발랐다. 조셉의 두뇌에 마치 바셀린 주사를 놓는 것처럼 보였다. 코피는 조셉이 얼굴을 찡그릴 때마다 "자, 착하지. 이게 아프지 않다는 건 너도 많이 해봐서 잘 알잖아"하고 말했다.

조셉은 시선을 '푸우'에 고정시켰고 과장된 몸짓으로 계속해서 몸을 움찔거렸다. 아기들은 바늘을 너무나 무서워해서 손가락에 끼우는 인형을 이용해 바르기도 한다고 코피가 말해 주었다. 그녀는 조셉의 헬멧에 부착된 쇠고리를 통해 17개의 전극을 조셉의 머리에 부착했다. 마침내 조셉의 머리가 메두사 가발을 뒤집어 쓴 것처럼 되자 코피는 조셉을 다른 방으로 데리고 갔는데, 조셉이 앉았던 의자는 과자 부스러기 천지였고, 꿀단지에 머리를 처박은 '푸우'만이 남아 있었다.

바로 잇달아 붙은 그 작은 방에서 조셉은 또 다른 TV 화면을 마주한 채 속을 빵빵하게 채운 얼룩덜룩한 안락의자에 앉아 있었다. 그의 머리에 부착된 전극들은 더 큰 플러그에 연결되었고, 함부로 움직이지 않도록 가슴엔 벨트가 채워졌다.

이 방의 벽은 소음을 막기 위해 올이 굵은 삼베로 덧대어져 있고, 거기에다 다시 납으로 둘러싸여 있었는데, 이것은 전자장비가 조셉의 뇌파를 제외한 어떤 것(연안을 순찰하는 잠수함 간의 교신 따위)도 감지하지 못하도록 하기 위한 것이었다.

플러그가 확실하게 연결되고 조셉이 움직이지 못하게 된 것을 확인하자, 코피는 조셉이 가지고 놀 종이 한 장을 주었다. 동전 크기만한 색색깔의 동물 모양 스티커였다. 조셉은 코피가 방을 나가기도 전에 분홍색 아파토사우루스 한 마리를 벌써 자신의 뺨에다 붙였다.

코피는 철통같은 덮개가 씌워진 문을 닫고 비좁고 답답한 옆방으로 들어가 컴퓨터 앞에 앉았다. 이곳에서 그녀는 조셉이 보게 될 TV 화면의 이미지와 헤드폰을 통해 듣게 될 문장을 조정하며, 조셉의 머리를 뒤덮고 있는 빳빳한 전극들이 전해올 두뇌 활동에 관한 보고서(네빌은 이를 "엿듣기"라고 했다)를 접하게 될 것이었다.

컴퓨터가 작동할 수 있을만큼 충분히 달궈지자, 코피는 첫 번째 테스트를 시작했다. 조셉의 귀를 통해 들려온 단어와 화면에 떠오른 그림을 연결시키는 단어 알아보기 테스트였다. 두 개가 일치할 때도 있었지만(열쇠, 열쇠) 일치하지 않을 때도 있었고(열쇠, 칼), 알아본다 하더라도 그 인식은 마치 어항 주위를 맴도는 금붕어처럼 순식간에 그의 머리를 스치고 지나갈 때도 있었다. 컴퓨터는 방 밖에서 헤엄치듯 신호가 지나간 자리를 추적했다. 상하좌우로 움직이는 17개의 펜들이 철커덕거리면서 두루마리처럼 돌아가는 종이 위를 불안한 듯이 긁어대자, 17개의 잡다한 색깔의 선들이 일제히 쏟아져 나왔다. 한 차례 펜들이 경련을 일으키듯 크게 움직이자, 코피는 마이크에 대고 조셉에게 말했다.

"조셉, 느긋하게 해봐. 알았니? 얼굴을 펴라. 입을 그렇게 꽉 다물지 말고 그냥 편안하게 있어."

그리고 또 한 번은 "조셉, 너무 좋아하면 안 된다"라고 말했다. 그녀는 한 번은 종이를 쳐다보고, 그 다음에는 그 위에 달린 모니터를 번갈아가며 쳐다봤는데, 모니터에는 작은 방에서 의자에 꽁꽁 묶인 채 집중하려고 안간힘을 쓰고 있는 조셉의 작은 형태가 거친 입자의 흑백 바탕 위에 나타나 있었다. 조셉이 이를 악물기 시작하자 코피는 네빌과 나에게 "물러서세요"라고 말했다. 펜들이 날아가면서 잉크가 종이 위로 번지고, 빨강과 파랑 그리고 녹색물감을 토해냈다.

정상아인 조셉은 네빌이 가장 소중하게 생각하는 실험대상 어린이들 중 한 명이다. 왜냐하면 조셉은 다른 많은 아이들(뇌손상 어린이와 맹아, 박약아, 들리지 않지만 수화를 사용하는 어린이와 사용하지 않는 아이들, 비정상적인 양육과정을 겪은 아이들, 기이한 질병을 겪은 아이들)을 위한 비교자료를 제공해주기 때문이다. 당시 네빌의 시험대상자들 가운데에는 100여 명의 정상적인 아이들이 포함되어 있었는데, 이들을 발견하기란 정말 쉬운 일이 아니었다.

"2개 국어를 쓰거나 알콜 중독자의 자녀들은 실험대상이 될 수 없답니다."

그녀가 말했다.

"이들의 뇌구조는 다릅니다. 또한 사회경제적 위치도 항상 고려되어야 합니다. 태어날 때 많은 아기들이 풍을 경험합니다. 흔히 있는 일이에요. 그렇지만 사회경제적 위치에 따라 결과는 달라집니다. 환경이 좋으면 후유증으로부터 회복되지만, 가난할 때는 그렇지 못하다는 것을 통계가 보여줍니다."

네빌이 '실험대상자군'과 한 작업은 지니를 두고 한 실험과 유사한 것이었다. 사실상 거의 같다고 볼 수 있다. 코피가 조셉에게 행한 '순환 테스트'는 1970년대에 수잔 커티스가 고안해냈고 지니에게 실험한 그것과 아주 유사하다. 당시 네빌은 코넬 대학에서 박사과정을 밟고 있었는데, 그녀의 스승이 바로 에릭 린넨버그였다. 그녀는 동물을 가지고 연구 경험을 쌓기 시작했는데, 결정적 시기에 관한 어떤 이상한 힘이 있다는 것을 발견했다.

고양이의 두뇌는 3주에서 12주 사이에 수직선을 감지하기 시작하는데, 이 사이에 새끼 고양이에게 수직에 대한 어떤 모델도 제공해주지 않으면 나중에 실제 세계에서 수직선들에 부딪힐 때 마치 그것이 없는 것처럼 행동한다는 것이다. 마찬가지로 결정적 시기에 수평선에 관한 것들을 모두 빼앗기면 그 뒤로 영원히 똑같은 문제에 봉착한다.

네빌이 말했다.

"또한 고양이의 경우에 깊이를 감지하는 결정적 시기는 6주부터 16주 사이입니다. 이 시기를 넘기면 깊이를 감지하는 데 필요한 두뇌의 조직을 절대 발달시키지 못합니다. 이와 마찬가지로 눈 조절이 안되는 아이들이 있어요. 눈의 초점이 모아지지 않으면 두 살 정도에 교정이 되어야 합니다. 그 시기를 넘기면 깊이를 절대 파악하지 못하게 됩니다. 그러므로 인간에게 깊이를 감지하는 결정적 시기는 태어나면서부터 두 살까지입니다."

19세기의 한 풍자가가 "정신의 소모는 자갈 못지 않게 윤기와 광택을 낸다"고 갈파한 적이 있었다. 이 사회 비평은 오늘날 신경학계에서는 정설로 받아들여진다.

"두뇌의 성숙이란 자란다는 의미가 아닙니다."

캐서린 스노우가 내게 말한 적이 있었다.

"어떻게 보면 죽는 거죠. 나이를 먹으면 신경세포는 사라지거든요."

두뇌가 신경세포를 떨궈내면 가소성*은 없어지고 빈 공간은 잠재성으로 남지만, 동시에 두뇌의 특성과 기능이 모습을 드러내게

* 마음대로 형태를 변화시킬 수 있는 성질

된다. 즉, 돌을 어떻게 쪼느냐에 따라 조각의 모습도 달라지는 것이다. 이 과정을 흔히 '안정화'라고 부른다.

"어린아이의 두뇌는 신경세포도 많고 연결도 활발합니다."

네빌은 말했다.

"성인이 되면, 일차 청각 피질과 일차 시각 피질 간의 연결은 없어집니다. 갓난아이들은 그렇지 않죠. 또한 눈의 망막과 청각 시상視床 간에도 일시적인 연결이 있습니다. 많은 예가 그것을 말해주고 있죠. 이런 것들은 곧 없어지고 마는데, 그게 정상입니다. 그렇다면 어떤 것은 굳어지고 어떤 것들은 사라지고 마는 이 현상을 결정짓는 것은 무엇일까요? 사용을 많이 하는 연결부위는 안정화에 들어가고, 그렇지 않은 것들은 사라집니다. (혈액부족으로 인한 신체 부위의) 위축현상이죠. 어떤 기능이 언제 안정화에 들어가는지는 저마다 다릅니다. 감각기관은 일찌감치 안정화에 들어가고, 언어능력은 늦게 안정화가 이루어집니다. 따라서 결정적 시기도 각 기능마다 다릅니다."

사춘기가 발동할 무렵, 모든 결정적 시기들은 제 소임을 다하고 안정화는 이제 막을 내린다.

"사춘기가 갖는 결정적 시기의 중요성에 대해선 우리는 아직 잘 모릅니다."

네빌은 말했다.

"테스토스테론과 에스트로겐 호르몬은 신경 전달 물질이기 때문에 어찌됐건 두뇌 조직의 안정에 필수적이라 하겠습니다."

이 마감시한까지는 두뇌가 가소성이 있기 때문에 문제 복구에도 유연하게 대처할 수 있다는 것이다.

"예를 들면 두뇌가 손상될 경우 어릴 때의 언어습득을 방해할 수 있습니다. 그러나 결정적 시기 동안에 사고가 일어나는 경우 두뇌의 다른 부분이 이 기능을 채울 수 있답니다."

네빌의 실험 대상들은 아직 안정화에 이르지 않은 두뇌가 얼마나 천재적으로 기발함을 발휘하는가를 잘 가르쳐 주었다.

"수화를 사용하는 청각 장애인들에게서 얼마나 많은 것을 배우는지 모릅니다."

네빌이 말했다.

"얼굴 표정을 감지하는 것은 주로 우반구의 임무입니다. 슬프거나 화난 표정을 알아차리는 것은 우반구의 두뇌에서 일어나죠. 이것만 제외한다면 얼굴 표정은 수화의 문법에서도 아주 중요한 부분입니다. 그런데 문법은 왼쪽 뇌가 좌우하거든요. 청각장애인들은 문법에 관해 얼굴 표정을 읽을 때는 좌뇌를 사용하지만, 정서적 표정을 읽을 때는 우뇌를 사용한답니다."

또한 청각장애인들은 언어중추의 위치가 정해져 있는 것이 아니라 이용에 편리한 쪽으로 왔다 갔다 하는 것은 아닌가 하는 네빌의 생각이 틀렸음을 보여주었다. 인간은 말소리를 가려내는 데 극도로 능숙하다. 이러한 능력 때문에 경주마처럼 빠른 속도로 움직이는 음소를 잡아낸다. "파" 와 "바" 의 차이는 대화 중 이만분의 일초라는 순간에 벌어지지만 우리는 그것을 구별해낸다. 그것도 거의 실수 없이 말이다. 언어의 많은 부분이 사실은 이 비범한 청각능력에 편승하고 있다는 것을 학자들은 일찌감치 알아차렸다. 즉, 대부분의 들려오는 소리는 왼쪽 뇌에 자리잡는다. 왜냐하면 바로 그곳이 언어의 감지를 총괄하는 자리이기 때문이다.

문제는 다시 영역에 관한 것이다. 언어에 관한 프사메티코스 1세의 의문이 지정학적인 것이었다면, 네빌의 실험실을 둘러싼 의문들도 결코 뒤지지 않는다. 오직 지형의 이름만이 다를 뿐이다. 네빌의 주도권 쟁탈전은 고대의 세계보다 더 오래된 것들이다. 그녀의 경계선은 서로 인접한 마음 상태들이다. 그녀는 알고 싶어한다. 우리의 기능 중 어느 것이 기성세력이고, 어떤 것이 떠돌이인가? 뇌의 영역을 지배하는 것은 감각인가, 인지력인가? 언어는 정신의 지도 위를 떠돌아다니다가 최고의 동맹군을 만나면 어디든 안주해버리는 집시 같은 존재인가?

네빌은 심상치 않은 곳에서 증거들을 발견했다. 수화로 말하는 사람들의 시각적 영역이라는 한참 구석진 곳에서였다. 보통 사람들이 말하는 것을 들을 때 주의를 집중해서 듣는 것과 같은 세련된 감지력을 필요로 하는 것처럼, 이와는 다르지만 청각 장애인들에게도 요구되는 사항이 있다. 이들은 상대방 얼굴을 똑바로 쳐다보면서 빠르게 움직이는 문법을 감지해야 함과 동시에 정교하면서도 우아한 손가락의 움직임도 놓치지 않아야 하기 때문에, 양쪽으로 일정한 시선을 유지해야 한다. 결과적으로 수화자들은 훨씬 더 넓은 시야를 발달시킨다. 그렇다면 시야를 관장하는 두뇌 우반구에 다가가기 위해 언어 센터가 왼쪽에서 오른쪽으로 건너간 것은 아닐까?

네빌은 다음번 실험이 어떤 것인지 내게 설명해 주었다. 실험대상자의 시야 주변으로 영사기 불빛의 작은 사각형들의 위치가 이리저리 바뀌면서 뇌파를 측정하는 것이었다. 복잡한 전자장비로 꽉 찬 곁방은 새로운 실험 준비로 인한 요란스런 움직임 때문에 더욱 비좁아 보였다. 그녀 뒤의 실험실에서도 "순환 테스트"가 드디어 끝났다. 코피가 조셉에게 점점 더 복잡해지는 문장과 이해력 테스트를 하고 난 후였다. 몸을 옥죄었던 의자가 놓인 취조실에서 풀려난 조셉은 피곤하지만 들떠 보였다.

"드러난 사실은……."

네빌은 계속해서 말했다.

"일반인들과 달리 수화를 사용하는 사람들은 좌반구를 사용해 넓은 시야에서 벌어지는 동작을 바라본다는 것이었습니다. 언어 임무는 절대 시력 쪽으로 옮겨가지 않아요. 시력이 언어센터 쪽으로 당겨지는 겁니다. 어떤 강력한 생물학적인 저항이 언어능력이 좌반구에 머물도록 힘을 행사하고 있습니다. 언어는 절대 끌려다니지 않아요!"

조셉과 코피는 네빌을 밀어젖히고 납으로 둘러싸인 두른 작은 방을 빠져나갔다.

"내가 잘 했나요?"

코피를 올려다보면서 묻는 조셉의 코에는, 파란색의 해마 스티커가 붙어 있었다.

"물론이지. 완벽했단다. 조셉."

코피가 말했다.

"네 작은 뇌파는 지극히 정상이란다."

30

커티스, 드디어 매듭을 발견하다

지니에 관한 최초의 관찰 기록을 살펴보면 지니의 두뇌 기능은 분명 불균형 상태에 있었다. 심각하게 우현으로 기울어져 있었다. 그녀가 잘해낸 기능은 모두 오른쪽 뇌가 관장하는 것들이었고, 실패한 것은 모두 왼쪽과 관련된 것이었다. 양반구 사이에서 평등한 협력을 요하는 임무에 대한 지니의 반응은 짜증과 망설임이었다. "옳다"고 생각할 때 주저없이 보여주었던 그녀의 재빠른 자신감은 온데간데없었다.

어떤 임무를 수행하든 한쪽 반구가 완전히 지배하지는 않는다. 모든 업무에 양쪽이 다 참여하긴 하지만, 어느 쪽이 더 많고 적은 가는 있다. 업무가 어떻게 분배되는가는 개인마다 다르다. 남성과 여성의 뇌 조직은 서로 다르다. 일부 연구자들은 여성이 남성보다 양쪽이 더 균형 잡혀 있거나, 더 연결되어 있다고 믿는다. 또한 왼손잡이들 중에는 두뇌의 지도가 완전히 뒤바뀌어져서 언어가 오른쪽으로 오고 시력이 왼쪽으로 간 사람들도 있다. 두뇌라는 지도를 쫙 펼쳐서 세밀한 지점들을 살펴보면 우리는 모두 다 다른 것이다.

그러나 지니의 경우는 극단적이었다. 커티스는 그 이유를 알고 싶어했다.

두뇌 생리학의 또 다른 측면이 커티스에게 기회를 제공해 주었다. 양쪽 뇌는 각각 신체의 반대쪽을 조정한다. 예를 들면, 오른쪽 뇌는 왼쪽 손을 움직인다. 그러나 신경언어학자에게는 안된 일이지만 예외는 있다. 오른쪽 귀에 대고 아무리 속삭여봤자 왼쪽 뇌만 움직이게 할 수는 없다. 오른쪽 두뇌도 같이 듣기 때문이다. 즉, 각각의 귀는 두뇌의 양쪽 모두에 연결되어 있다. 그러나 반대쪽 연결이 더 강하다. 그리고 한 가지 상황에서만 거의 독점을 이룬다. 양쪽 귀에 대고 서로 다른 소리를 동시에 들려주면, 각 귀에 들린 소리는 거의 정확히 각각 반대편 두뇌로만 전달된다. 이런 예외가 소위 양분兩分청취력 테스트를 가능케 한다.

지니의 양쪽 귀에 제각기 다른 소리를 동시에 들려줌으로써 커티스는 지니의 각 뇌에 직접 말을 걸 수 있었고, 반응을 관찰할 수 있었던 것이다.

"중요한 것은 귀에 대고 어떤 내용을 들려줄 것인가입니다."

커티스가 말했다.

"언어를 잘 다루는 것은 오른쪽 귀이고, 주위 환경에서 나는 소리와 음악을 잘 듣는 것은 왼쪽 귀입니다. 주위에서 나는 소음을 지니에게 들려주고 반응을 살폈죠. 각각의 귀는 다 완벽했어요. 양쪽 귀 모두 같은 소리를 들을 수 있었죠. 그러나 두 귀에 경합을 붙이자 왼쪽 귀가 더 잘 들었습니다. 그건 흔히 있는 일이에요. 그러나 대칭의 정도가 문제인 거죠. 그러고 나서 똑같은 식으로 이번엔 지니에게 말을 들려주었어요."

결과는 오랫동안 수상쩍어 했던 것을 그대로 보여주었다. 지니의 두뇌는 소음을 처리하는 방식과 똑같이 언어도 처리하고 있었다. 오른쪽 두뇌였다! 일반적인 경우, 그 반대편에서 처리할 일을 오른쪽 뇌가 처리하고 있었다. 정말 놀라운 것은 불균형의 정도였다. 정상적인 경우, 양분 청취력 테스트에서 나타나는 어느 한쪽이 얼마나 더 우세한가는 아주 미묘할 정도의 편향에 그친다. 두드러진 차이란 사실상 없는 것이다. 그러나 지니의 경우, 두드러지는 정도가 아니었다. 그것은 절대적인 차이였다.

제2의 의견을 듣기 위해, 커티스는 UCLA 캠퍼스 안에 있는 뇌연구소에 지니를 데리고 갔다.

"머리에 전극을 부착시킨 다음, 그림을 보여주거나 문장을 들려주면서 뇌파를 측정했어요."

커티스는 내게 말했다.

"한 번씩 자극이 끝날 때마다 파도 형태의 대응 결과표가 나오거든요. 그녀가 눈으로 그림을 찍으면서 시각 자극이 주어지면, 삼십만분의 일초 후에 인식 결과가 나옵니다. 먼저 지니에게 지니의 얼굴 모습들을 보여줬습니다. 지니의 응답 패턴은 소음 테스트 때와 똑같았어요. 즉, 오른쪽 뇌가 왼쪽 뇌보다 훨씬 크게 반응했어요. 정상입니다. 그 다음엔 문장을 들려줬습니다."

결과는 전과 마찬가지로 극단적이었다. 마치 왼쪽 뇌를 수술로 도려낸 것처럼 지니의 수행 능력은 오른쪽으로 편향되어 있었다. 언어에 관한 한 지니는 왼쪽 뇌를 거의 사용하지 않고 있었다. 왼쪽 뇌가 언어의 중심이라 한다면, 그녀의 왼쪽 뇌는 기능적으로 죽어 있었다.

"어떻게 이런 일이 가능할까?"

커티스는 1981년, 언어와 인지력에 관한 한 논문에서 이런 질문을 던졌다. 이 논문은 인지언어학에 관한 연구논문지에 실렸는데 나중에 다른 학술지에도 게재되었다. 그녀는 논문을 통해 계속 말한다.

"지니의 사례는 두뇌의 정상적인 조직화는 적절한 시기에 발생하는 언어 발달에 의존한다는 것을 시사해준다."

"타고난 것을 왜 습득해야 하는가?"에 관한 질문에도 지니의 사례는 시사해주는 점이 있다. 이를 캐서린 스노우는 이렇게 표현했다.

"린넨버그는 두뇌가 언어학습을 조직화한다고 주장했어요. 하지만 이제 두뇌 조직화에는 어떤 자극이 필요하다는 게 확실해졌죠."

스노우와 일부 다른 언어학자들은 어떤 것이든 논리적인 체계는 모두 자극이 될 수 있다고 주장한다. 예를 들면, 음악이나 논리적인 사회적 상호작용 같은 것 말이다. 그러나 커티스의 생각은 달랐다. 그녀는 자신의 연구 자료를 다르게 해석한다. 오직 언어만이 자극이 될 수 있다.

커티스는 손에 잡힐 듯 잡히지 않는 전설의 매듭(언어와 인간성 간의 고리)이 만져질 때까지 지니의 경험이라는 실타래를 다시 하나씩 짚어 나갔다. 그리고 그 매듭은 이타르나 시카르, 콩디악이 생각했던 것보다 훨씬 더 구체적임을 발견했다.

지니가 시사하는 바가 맞다면, 우리는 언어의 영향권 하에 신체적으로 형성된다. 우리의 개인적이고 신체적 발달을 이루는 필수적인 부분은 타인에 의해 우리에게 전달되며 귀를 통해서 온다. 우리 두뇌의 조직화는 숨 쉬는 것처럼 이미 유전자에 각인되어 있고 자동적인 것이지만, 산파가 살짝 때려야 비로소 갓난아기가 숨을 내쉬는 것처럼, 조직화의 발동에도 산파가 필요하다. 그것은 바로 "문법"이다. 살짝 때리는 것이야말로 필요한 전부다.

"이 특별한 과정의 시동을 거는 데 필요한 양은 극도의 아주 작은 양입니다."

네빌이 말했다.

지니에 대한 자신의 관찰을 뒷받침하기 위해 커티스는 네빌이 솔크연구소에서 실험한 것을 인용했는데, 오히려 이게 화근이 되었다. 네빌의 작업은 귀를 통해서는 아무것도 들어오는 것이 없는, 즉 수화로 말하는 청각 장애인들을 대상으로 한 것이기 때문이었다. 표면적으로 서로 너무나 다른 영어와 '수화'가 어떻게 같은 언어로 간주될 수 있는지 납득시키기가 어려웠다. 그러나 다행스럽게도 이미 이 문제를 해결해 놓은 사람이 있었으니, 바로 네빌이 속한 4층 바로 밑의 층에서 근무하는 또 다른 연구자였다.

31

인간적이란 게 어떤 의미죠?

어슐라 벨루치는 1960년대 후반부터 솔크연구소에서 일해왔다. 1971년 당시 그녀는 지니의 운명을 논의하는 자리에 참석하기 위해 로스앤젤레스로 불려가 지니를 만난 적도 있었다. 그녀는 정면 대응 외의 다른 대처 방법은 모르는 당근 빛깔의 머리를 가진 열정의 화신이며 불도저같은 전사였다.

내가 처음 만날 날 아침, 그녀는 감청색 드레스에 표범 무늬가 찍힌 파란 스카프를 어깨에 두르고 있었는데, 장식으로는 커다란 조개가 달린 끈 목걸이를 하고 있었다. 벨루치가 대화 도중 시퍼런 폭풍우를 내뿜을 때마다 조개가 흔들리곤 했는데, 예전에 바닷가에 있었을 때에도 저렇게 파도에 휩쓸리진 않았을 것이라는 생각이 들었다. 그리고 조수가 한가득 밀려올 때면 그녀는 거의 이해 불가능한 한계의 문턱까지 올라갔는데, 그때마다 책상에서 일어나 스스로에게 마치 애원이라도 하듯이, "참아라, 얼시! 참아!" 하면서 좀 더 느릿느릿한, 마치 담배 경매인이 말하는 것 같은 목소리로 간신히 내려오는 것이었다.

"언어연구에 생물학적인 방법을 적용하는 실험실을 만드는 데 좀 도와달라고 요나 솔크가 부탁해왔어요."

그녀가 말했다.

"나는 곧 전반적인 언어습득을 연구하는 하나의 방편으로 수화를 발견하고 이에 매달렸지요. 그런데 의문이 떠올랐어요. 과연 수화가 언어일까? 아니면 그냥 세계적인 판토마임이거나 손으로 하는 엉터리 영어에 불과할까? 이들이 의사전달을 할 때 취하는 행동 속에 구조라고 불릴만한 그 어떤 것이 있기는 한 것인가? 우리는 이 의문점을 해결해야 했죠. 어떤 것을 언어라고 부를 때, 그것은 과연 무엇을 뜻하는 것일까? 이것이 발견으로 항하는 위대한 항해의 출발점이었어요. 우리가 언어라고 부르는 이것의 의미는 도대체 뭐지? 나는 밤마다 이 질문을 던졌고, 밤마다 정말 사랑했죠."

다른 정의가 어떤 것들이 있는지는 잘 모르지만 수화는 절대로 손으로 하는 영어는 아니다. 말하는 것과 관련해 억지로라도 수화와 제일 가까운 친척을 꼽는다면, 그것은 아마 불어일 것이다. 왜냐하면 수화의 뿌리는 '아베론의 야생아'가 살았던 파리 시절의 국립청각농아시설로 거슬러 올라가기 때문이다. 농아교육의 아버지라 불리는 아베 드 레페가 만들었고, 비세트 정신병원행을 면한 청각장애인들에게 시카르가 가르쳤던 손짓을 이용한 언어가 바로 수화의 뿌리이다.

1810년, 이 시설로부터 미국의 코네티컷으로 수화를 직수입한 사람은 미국인 교육가였던 토마스 홉킨스 갤러데트였다. 이 존경할만한 역사에도 불구하고 수화에 대해 면밀히 조사한 사람은 단 한 사람도 없었다. 벨루치식의 정확함과 부딪치기 전까지 말이다.

그녀는 솔크연구소에 앉아 수화의 기지와 은유에 대해 조사했다. 청각장애를 지닌 한 여류시인을 만나 수화 시에 대해 연구했고, 손동작의 미묘한 변조에 담긴 억양을 발견해냈다. 중국의 수화 액센트가 섞인 미국 수화를 사용하는 한 동양인으로부터 손가락이 굴절하는 모습과 손이 미끄러지는 모습을 세분화하여 일일이 카탈로그를 만들었다. 그리고 현재 로체스터 대학에서 언어학자로 일하는 청각장애인인 테드 수팔라와 협력하여 수화에 숨겨져 있는 구조를 해부한 끝에, 통사론과 의미론, 음운론 같은 필수적인 특질이 다 수화에 들어있음을 증명해냈다.

"수화는 구어와 똑같습니다."

벨루치는 결론을 내렸다. 그리고 이와 못지않게 중요한 것은 수화가 유기체라는 것이다. 진정한 모든 언어가 그러하듯이, 수화 역시 지역별 형태들이 끊임없이 이동하면서 변화를 거듭한다. 언어학자들은 형태에 대해 예민하게 반응하는 자신들을 스스로 조롱하기도 하는데, 내가 엘리사 뉴포트를 인터뷰할 때 이러한 조크를 발견했다.

리라 글레이트만과 동문수학했었고 현재는 로체스터 대학에서 교편을 잡고 있는 뉴포트는 테드 수팔라의 아내이기도 하다. 그녀와 내가 앉아 얘기를 나누기 시작한 지 채 10분도 안됐는데, 뉴포트는 대학원생인 제니 싱글레톤에게 고개를 돌리더니 이렇게 묻는 것이었다.

"어떠니?"

"조지아요."

싱글레톤이 대답했다.

"그렇지만 그곳에서 오래 안살고 버지니아로 갔어요. 해안 어디인데요. 그리고 네 살이 되기 전까지 뉴저지에서 살다가 조지아로 다시 돌아왔어요."

그러더니 싱글레톤은 거의 도망자에 가까운 나의 어린 시절의 나머지 기간에 대해서도 정확히 그려내는 것이었다.

만일 내가 수화 사용자였더라면 나의 어린 시절의 여행일정표는 더 샅샅이 드러났을 것이다. 왜냐하면 수화의 지역 방언은 이상할 정도로 뚜렷하기 때문이다. 수화사용자들은 대개 청각장애인들을 위한 학교를 중심으로 하여 근처에 소규모로 모여 사는데, 워싱턴 DC에 있는 갤러데트, 프리몬트에 있는 캘리포니아 청각장애인 학교 등이 그런 곳으로, 이들은 대개 고립돼 있고 구석구석 파고드는 라디오나 텔레비전도 없이 살기 때문에, 음습한 국가적 일체감으로부터도 자유롭다.

미시간 청각장애인 학교의 캠퍼스 바깥에는 한 세대의 기간 동안 학생들에게 인기가 있었던 한 상점이 있었다. 이 가게의 바로 앞에서 한 인디언이 담배를 팔고 있었다. 그래서 "인디언에서 만나"라는 말이 그 지역의 방언이 되었다. 그러므로 세계의 어디를 가서 누구와 대화를 나누든 만일 그 사람이 "인디언"이라는 부호를 "가게"와 동의어로 사용하는 것을 발견하게 된다면, '아하, 이 사람은 미시간 출신이군!' 하고 확신을 해도 좋을 것이다.

이와 똑같은 종류의 진화가 모든 공식화된 언어에 일어나는데, 고등교육을 받은 사람들은 대개 이런 혁신을 모국어의 타락으로 간주한다. 어떤 언어가 진짜라는 증거로 위에서 말한 타락을 근거로 든다면 이상하다고 생각할 것이다. 프랑스 학술원이 은어에 대해 열광할 리는 없지 않은가? 빈민가의 속어가 영어의 생명력을 입증하는 것인가? 캐서린 스노우는 그렇다고 대답한다.

"마크 트웨인이 뭐라고 말했는지 아세요?"

한번은 나를 깜짝 놀라게 하는 말을 그녀가 했다.

"'언어란 많은 사람들이 쓰는 방언이다'라고 말했죠. 빈민가에서 쓰는 말을 분석하는 건 약간의 정치적인 부담이 따릅니다. 어떤 사람들이 말을 잘 못하는 것인지, 아니면 언어로 인정할 만큼 많은 사람들이 아직 쓰지 않는 건지 어떻게 알겠냐고요."

벨루치는 수화의 변화성이야말로 수화의 진짜 생명력을 드러내는 것이라고 생각했다. 수화는 학술원이 아닌 거리에서 존재하며, 전문가에 의해 구술되는 것이 아니라 말하는 사람이 소유하며, 최초의 발명을 벗어나 매일매일 자생해 나간다. 벨루치와 수팔라는 수화의 용맹한 전사였다. 수화야말로 진실된 언어로서 그 어떤 언어보다도 더 튼튼하고 복잡한 유기체로 성장하고 있다고 이들은 주장했다.

수화의 입증은 현대 언어학으로선 형언할 수 없을 만큼 커다란 무기를 선물 받은 것이었다. 이보다 더 위대한 것은 없었다. 빅토르가 살았던 시대의 시카르나, 시카르 이전의 아베 드 레페는 모두 인간과 언어의 관계에 대한 의문을 유산으로 남겨주었던 사람들이었다. 수화의 뿌리를 고안해낸 이들은 어슐라 벨루치와 공모하여 이 수수께끼를 푸는 한 가지 열쇠를 제공해준 것이다.

이 열쇠의 유효성은 부분적으로 청각장애인들의 역사에 힘입은 바가 컸다. 아베 드 레페에 의한 상징적인 해방에도 불구하고 청각장애인들은 오늘날에도 여전히 오해가 만연한 세계에서 살고 있다. 이들은 종종 정신지체자로 오진되며, 오도된 프로그램으로 인해 심신의 피폐함을 겪는다. 심지어 청각장애아동들의 처지를 잘 아는 가족조차 외계인처럼 보이는 낯선 수화보다는 세상 사람들의 입술 읽기를 배우는 것이 낫지 않을까 하고 생각한다.

그리하여 청각 장애인들은 두 살, 혹은 다섯 살, 혹은 열다섯 살이 되어서야 자신들의 진정한 언어에 처음으로 접한다. 이들의 이러한 말 못할 곤경 때문에 최근 언어학자들은 백여 명에 달하는 지니 같은 아이들을 연구할 수 있었다. 그나마 다행인 것은 이 아이들이 지니처럼 심리적인 학대를 당한 것은 아니고, 다만 언어의 박탈만 당했다는 것뿐이다.

언어의 박탈은 때로는 놀라운 창의력의 축복을 가져오기도 한다. 마치 어둠의 빛을 밝히는 독창성과 같다. 일리노이 대학에 있을 때, 제니 싱글레톤은 피진과 크리올 현상이라고 불리는 것을 연구한 적이 있었다. 그녀의 연구 대상은 정상인들과 떨어져 사는 한 청각장애인 가족이었다. 부모는 수화를 구사했지만 늦게 시작했기 때문에 문법이 빈약했다. 이 부부의 청각장애 아들은 태어날 때부터 부모의 피진* 수화에 노출됐다. 이 아들에겐 피진 수화만이 유일한 언어적 입력이었다. 그러나 부모와 아들의 말을 분석한 결과, 싱글레톤은 이 소년이 결함투성이의 모델로부터 온전한 수화를 이루어냈다는 사실을 발견했다. 소년은 자신이 들은 그 어떤 사람보다도 말을 잘했다. 그의 놀라운 기교는 문법 능력은 부모에 의해서가 아니라 생물학적으로 주어진다는 촘스키의 주장이 옳음을 뒷받침한다.

많은 청각장애인들이 1977년과 1978년, 솔크의 네빌 실험실을 거쳐갔고, 대뇌의 좌우기능분화 테스트에 관한 네빌의 연구결과도 쌓여갔다. 다음은 그녀가 이들로부터 발견한 것들이다. 어린 시절에 수화를 배운 청각장애인들은 언어뿐만 아니라 다른 기능 면에서도 좌우 어느 한쪽으로 지나치게 치우치지 않은 상태의 대뇌를 갖고 있었다. 그러나 어릴 때 수화를 빼앗긴 사람들은 두뇌가 충분히 형성되지 않은 상태로 남아 있었다. 산파가 아기의 볼기를 때리지 못했던 것이다.

---

* 해당 언어를 잘 못하는 사람이 말하거나 언어를 잘 못하는 사람에게 말을 할 때 사용하는 단순화된 형태의 영어, 프랑스어, 일본어 등.

"네빌의 연구 결과를 지니에게 대입해볼 때, 언어 발달이 두뇌 반구의 전문화에 결정적인 영향을 미치는 것 같다."

커티스는 그녀의 1981년 논문에서 이렇게 썼다.

"언어의 발달이 이루어지면 그 외의 어떤 것이든 나머지 기능에 대해서도 이 언어 반구에 의해 전문화가 결정된다. 언어의 발달이 전제되지 않는다면, 그 어떤 고도의 대뇌 피질의 기능에 의해서도 전문화될 수 없다."

이런 통찰은 실타래처럼 얽힌 어떤 기본적인 사상에 대한 개념을 재정립하도록 약속해주었다. 어떤 것을 언어라고 부를 때, 과연 그것은 어떤 의미를 지니는가?

언어란 인간 두뇌의 메커니즘에 유기체적으로 조준된 어떤 논리적인 시스템으로, 실제적으로 두뇌의 성장을 촉발한다. 그렇다면 인간이란 무엇인가? 적절한 시기에 한 줌도 안되는 언어가 접수될 때, 두뇌의 발달이 이에 독특하게 반응하고 의존하는 존재인 것이다.

이런 모든 것에 비추어볼 때, 그럼 지니는 어떤 존재였던가?

32

치졸한 분쟁들, 외교적 실패들

이 문제를 해결하고자 했던 수잔 커티스의 최고의 시도가 그녀의 박사 학위논문에 담겨 있다.

이 논문은 지니에 관한 모든 연구 중에서 가장 중요한 의미를 지닌 출판물이었다. 어느 정도로 중요한가 하면, 기초언어학과 사회학, 심리학에 관한 오늘날의 모든 미국 교과서에서 실제로 인용할 정도다. 게다가 그녀의 논문은 책으로까지 발간되었는데, 이는 과학에 관한 논문으로선 보기 드문 경우였다. 『지니 : 현대판 야생아에 관한 심리언어학적 연구*Genie : A psycholinguistic study of a Modern-Day 'Wild Child'*』라는 제목으로 1977년 중반 경에 출간되었다. 화려한 양장본이라는 것 외에 논문과 또 하나 다른 점은 "지니에게"라는 제목으로 이 책이 지니에게 헌정되었다는 것이다. 그리고 첫 장에는 연필로 그린 그림이 있는데, 곱슬머리와 커다란 귀를 가진 어떤 사람이 왼쪽 팔에 작은 인물을 안고 웃고 있는 모습이다. 이 그림에 설명을 붙인 커티스의 글을 일부 인용한다.

> 1977년 초, 외로움과 갈망으로 가득 차 있던 지니는 이 그림을 그렸다. 처음에는 엄마만 그렸는데 "엄마가 보고 싶어"라는 제목을 붙였다. 그러더니 갑자기 더 그리기 시작했다. 그림을 끝내자마자 내 손을 잡고 금방 끝낸 그림 옆에 갖다놓으며 쓰라는 시늉을 하면서 "아가, 지니"라고 말했다. 그러고는 그림의 밑 부분을 가리키며 "엄마, 손" 하고 말했다. 나는 그녀가 쓰라는 데로 모두 썼다. 지니는 아주 만족스럽게 뒤로 물러앉더니 그림을 한참 쳐다보았다. 그곳에 지니가 있었다. 엄마 품에 안긴 아기의 모습으로 자기 고유의 존재성을 창조해낸 것이었다.

1977년 말과 1978년 초, 논문 「지니」가 책 『지니』로 계승되는 동안, 개인으로서의 지니 또한 시련을 계속해나갔다. 아동병원에서 2주간 머문 후 옮긴 수양가정은 처음에는 그럭저럭 괜찮아 보였으나 갑자기 무너지고 말았는데, 수양엄마의 가족 문제에 희생양이 된 것이었다.

크리스마스 휴가동안 임시로 딴 곳으로 옮겨졌다가 또 다시 새로운 수양가정으로 옮겨졌는데, 이번만큼은 진짜 영원히 머무르게 될 집이라고 여겨졌다.

커티스는 계속해서 친구의 복지문제를 탄원하고 다녔다.

"빈번한 거주지 이동으로 지니는 몹시 혼란스러워하고 있으며 마음의 상처를 받고 있습니다."

1978년 1월 6일, 마이너에게 보내는 편지에서 커티스는 이렇게 썼다.

"이동할 때마다 불안함을 느끼고 재적응을 해야 하는 문제 외에도 계속해서 거부당하는 느낌, 즉 자기가 '나쁜 애'이기 때문에 쫓겨난다는 느낌을 받는다는 것입니다."

커티스가 특히 참을 수 없었던 것은 지니가 가장 최근에 옮긴 수양가정이 지니가 리글러의 집에서 행복하게 지내던 시절에 그녀의 삶에서 커다란 부분을 차지했던 사람들의 출입을 철저하게 막는다는 것이었다. 그런데 커티스는 항상 으뜸가는 방문객이었다. 이 편지를 쓸 당시만 하더라도 커티스는 그 사실을 몰랐지만, 이 편지를 쓰기 3일 전 지니를 만난 것이 결과적으로 마지막 만남이 되고 말았다.

그러나 새로운 수양가정의 방문 불허는 예전의 지니 팀과 새로운 관리인들 간에 벌어진, 그리고 앞으로 계속 진행될 수많은 치졸한 싸움과 외교적 실패 중 하나일 뿐이었다. 지니가 리글러의 집을 떠난 후 지니의 "유기"를 조바심내며 걱정했던 사람은 커티스뿐만이 아니었다. '공공사회복지부'에서 지니를 담당했던 사회복지사들과 지역센터는 모두 지니의 법적 보호자인 마이너의 싸인이 필요할 때 그와 연락이 안 된다고 불평했다. 그의 사무실로 편지를 보내건 전화를 걸건 묵묵부답일 때가 많았다는 것이다. 그 결과 중요한 승인 사항들이 지연되면서 지니의 복지도 위태로워졌다고 이들은 말했다.

리글러의 집을 떠난 지 일 년이 되었을 때, 지니의 재정 상태는 몹시 어려워졌다.

골든웨스트가 집의 삼분의 일에 해당하는 지니의 재산을 발견한 사회보장국은 지니의 자격을 해지해버렸고, 수양가정에 지불되는 보조금을 중단하면서 지니에게 들어간 1,230달러를 반환하라고 요구했다. 지니의 담당 사회복지사는 마이너에게 도움을 요청했지만, 돌아온 대답은 지니의 신탁기금으로 예치되어 있는 4,000달러는 지니의 돈이 아니므로 지니를 돌보는 비용으로나 빚을 갚는 용도로 쓸 수 없다는 것이었다.

마이너는 또한 그 돈은 전부 리글러에게 진 빚을 갚는 데 쓰일 돈이라며, 지니가 그의 집에 있는 동안 지니를 위해 그가 수행한 서비스의 대가라고 말했다. 몹시 화가 난 사회복지사 토마스 그리난은 리글러를 방문했지만, 리글러 역시 그 돈을 자기 것으로 생각한다고 말했다. 그리난은 자신이 느낀 불쾌감을 공식화했다. 1976년 10월, 그리난은 공공보호자 관청의 유언공증 수사과에 민원을 제출했다. 그는 마이너가 지니의 복지를 부적절하게 다루고 있다며, 법적 보호자의 권한을 로스앤젤레스 동부 지역센터로 이전시켜 달라고 요청했다.

한편 마이너는 그리난과 다른 사회복지사들을 관료주의적 방해자로 간주하고, 사법적으로 누가 우월한가를 겨루는 게임을 하고 있다고 생각했다. 그는 지역센터에서 일하는 사람들을 "가장 형편없고 쓸모없는 자식들", 공무원들을 "멍텅구리들"이라고 불렀다. 그는 이들이 악의적이고 비협조적으로 자신이 지니를 대신해 기울여온 노력을 비하하고, 심지어 더 복잡하게 만들고 있다고 느꼈다. 마이너는 사회보장국의 결정에 이의를 제기해 결국에는 이를 번복시켰다. 수혜자의 자격을 박탈할 수 있는 근거는 수혜자의 자산을 당장 처분할 수 있는 경우인데, 지니의 자산은 유동자산이 아니므로 이에 해당되지 않는다는 것이었다.

한편, '공공사회복지부'의 직원들과 지역센터는 돈 문제에 대처하는 마이너의 무성의가 지니가 처음 머물렀던 수양가정에서 신경쇠약에 걸리는 데 촉진제 역할을 했고, 비록 간접적이긴 하나 지니의 퇴행과 아동병원 재입원 사태에 일조했으며, 그 이후의 수양가정에서도 먹구름을 드리우게 했다고 강하게 느끼고 있었다. 이들은 마이너가 더 이상 법적 보호자 노릇을 못하도록 끈질기게 밀어붙였다. 이들은 변호사까지 고용했는데, 제니스 스톤 변호사는 사태를 조사한 후 다음과 같이 보고했다. 마이너가 보호자 역할에 얼마나 무심했던지, 스스로 지니의 법적 보호자 자격까지도 위험에 빠뜨렸다는 것이었다. 지니가 1975년에 18세가 되면서 법적 보호자의 권한도 아동에서 무능력 성인으로 변경했어야 했는데 이를 하지 않았다는 것이었다. 그러므로 그의 법적 보호자로서의 자격은 공식적으로 소멸된 것이었다. 지역센터는 마이너와 의논 없이 지니의 보호자를 친엄마로 바꿔버렸다.

1978년 3월 20일, 아이린은 마침내 딸에 대한 친권을 되찾았다.

33

그 재산이 얼마나 되든 간에

그러나 아직 아이린에겐 지니의 재산에 대한 권한이 없었다. 마이너가 막무가내로 소유권을 쥐고 내놓지 않고 있었던 것이다. 스톤 변호사는 법원에 계속해서 진정서를 올렸고, 법원이 마이너에게 왜 돈을 안 내놓는지 직접 출두해서 이유를 대라고 요구하자, 마이너는 달랑 오래된 청구서 한 장을 들이밀었다. 지니의 재산에 대한 권리를 주장하는 리글러의 서류였다.

거의 4년 전인 1975년, 상반기 6개월 동안 지니에게 심리치료를 제공했었는데, 이미 1971년 여름에 리글러와 마이너가 대화를 나누는 도중 시간당 50달러씩 지불하기로 합의를 봤다는 것이었다. 마이너는 1971년 당시 자신이 벌써 지니의 법적 보호자였다고 주장했지만, 사실은 그 다음 해에야 보호자로 지정됐음이 법정에서 밝혀졌다.

1978년 11월과 12월, 법정 청문회에서 리글러는 자신이 제공한 심리치료에 대해 묘사했다.

"자연스런 환경에서 제공된 것이었습니다. 치료실에서 전형적으로 행해지는 심리치료의 맥락에서 보면 절대 안 됩니다."

리글러가 증언했다.

스톤은 리글러에게 "자연스런 환경"이 무엇을 뜻하는지 설명해 달라고 요구했다.

그는 다음과 같이 답변했다.

"지니가 우리 집에서 살고 있었다는 말은 맞습니다. 지니를 학교에 데려다 주었죠. 가끔 버스를 탈 때도 있었지만 가끔은 학교에 데려다 주었습니다. 쇼핑갈 때도 데려다 주었어요. 우리가 산책갈 때 일부러 데리고 나가기도 했죠. 뒷마당에도 데리고 가서 자연스런 생활환경에서 놀도록 해줬죠. 이런 종류의 수많은 치료가 자연스런 맥락에서 제공되었습니다."

그러나 리글러는 이 치료 기간에 관한 어떤 서류나 기록도 보관한 것이 없었고 항목별로 적은 어떤 영수증도 제출하지 못했다. 그럼에도 불구하고 그는 마이너에게 자신의 이런 노력을 모두 합치면 7,800달러 정도가 된다고 말했다는 것이었다. 법정은 리글러에게 지니가 그의 집에 머물렀던 기간에 다른 보상액으로 얼마를 받았는지 제출하라고 요구했고, 법정은 다음과 같은 진술을 들었다.

> 마릴린 리글러는 연구기금에서 매월 500달러에서 1,000달러를 급여로 받았음. 데이빗 리글러는 지니 연구로 인해 아동병원의 일을 면제받았지만 월급은 그대로 받았음. 수양가정으로 지정되면서 보조금도 받았음. 이 액수는 점점 커져서 1975년쯤에는 월 552달러에 달했지만, 친엄마와 지낸 삼분의 일의 기간에 대해서 친엄마에겐 한 푼도 비례배분된 적이 없음. 게다가 리글러 부부는 둘 다 강연료와 원고 수익금도 챙겼음.

"리글러 부부는 정말 몇백 배의 보상을 받았습니다."

아이린의 변호사들은 입을 모아 주장했다. 이들은 또한 실제적인 문제점을 제기했다. 리글러의 청구서를 충족시킬만한 돈이 지니에게 없다는 것이었다. 이 사실을 어떻게 알았는지 청구인들은 4,500달러만 청구해왔다. 이를 마이너는 이렇게 해명했다,

"(리글러는) 그냥 이렇게 말했어요, '글쎄요, 그 재산이 얼마든 그

것으로 나는 만족합니다' 라고요."

"그가 4,500달러라고 말했다는 말입니까?"

아이린의 변호사 중 한 명인 사무엘 페즈가 물었다.

"글쎄요."

마이너가 대답했다.

"그게 재산의 전부잖아요. 그러니 재산이 얼마든 간에 있는 것만 기꺼이 받겠다는 거죠."

마지막에 리글러와 마이너가 지니가 리글러의 집에 머무름으로써 "지니가 얻은 실질적인 이득"에 대해 증언하자 판사의 마음은 흔들렸다. 어휘력이 늘은 것, 화장실 훈련을 시킨 것, 세상과의 소통능력을 향상시킨 것을 보란 말이다. 얼마나 피땀나는 노력을 했는지 아는가 말이다. 마이너는 법정에서 이렇게 말했다.

"제가 직접 관찰한 바에 의하면 지니는 정말 리글러 가족에게 유례없는 골칫덩어리였습니다. 정말 유례없는 사례였으니까요. 4년간 매일 24시간을 매달려야 했습니다. 교정해야 할 문제점들이 있었고, 지니를 훈련시키고 연구하는 과정에서 지니의 심한 스트레스와 짜증과 발작, 그리고 극도의 통제 불가능한 것들을 감수해야 했습니다. 게다가…… 지니를 겪어보지 않은 사람들은 지니 때문에 이 가족이 휘둘리고 겪어야 했던 스트레스를 절대 이해 못할 것입니다. 이렇게 지니를 성장케 한 것에 존경심을 표하면서 한마디 덧붙인다면……."

마이너는 계속해서 말했다.

"지니로 인해 리글러 식구들이 겪은 고통은 정말이지 위대한 사랑과 동정심이 아니었더라면 그 누구도 자진해서는 겪지 않을 그런 종류의 것입니다. 이것이 지니에게 이 부부가 베푼 것이었습니다."

리글러 덕분에 지니는 많이 나아서 1975년에 친엄마에게 돌아갈 수 있었는데, 러플린 파크를 떠난 후로 "악화일로"를 걷기 시작했다고 리글러와 마이너는 주장했다.

판결을 내리면서, 판사는 리글러의 보살핌에 경의를 표했다.

"그의 헌신으로 인해 아이는 아무것도 아닌 존재, 혹은 동물과도 같았던 삶에서 벗어나 부분적으로나마 사회에서 기능할 수 있게 됐지만, 기능의 폭은 그다지 커 보이지 않는다. 아직도 아이는 정신적으로 심한 제약 상태에 놓여 있고 앞으로도 어느 한계 이상으로는 발전할 수 있을 것 같지 않아 보인다. 그러나 어찌 됐건 그는 아이를 원래의 위치, 아무것도 아니었던 어둠 속에서 멀리 떨어뜨려 놓았다고 말하고 싶다. 그러나……."

판사는 계속했다.

"우리는 지금 아주 작은 재산에 대해서 의논하고 있다"며, 이에 비춰볼 때 원래의 청구금액을 낮춰서 3,100달러를 지불하라고 명령했다. 그 돈에는 리글러와 마이너의 부담금인 법정 수수료 600달러가 포함되어 있었다.

"돈 때문에 그런 짓을 한 건 아닙니다. 지니를 처음 맡았을 때 지니의 신탁기금 같은 건 안중에도 없었습니다."

리글러를 만난 자리에서 지니의 재산을 청구했던 그의 소송에 대해 묻자 그는 이렇게 답했다. 가죽으로 만든 사무실 소파의자에 털썩 주저앉으면서 몸을 파묻은 그는 불편하고 약간 허망해 보였다. 소송에 관한 그의 기억은 단편적이고 요지부동이었다.

그건 마이너가 생각해낸 거지 자신이 한 것이 아니라는 것이었다. 자신은 돈을 한 푼도 만져보지 못했으며 마이너가 돈을 받았는지 여부도 알지 못 한다고 말했다. 그리고 어찌됐건 그 돈을 받으면 지니를 위해 신탁기금에 예치할 생각이었다고 말했다.

그 후에 이어진 대화에서 보충 설명을 덧붙이기를, 만약에 그 돈을 내놓으면 그 돈이 지니에게 안 가고 국고에 귀속될 것이라고 마이너가 우려했다는 것이다. 나중에 법적 보호자 자격을 되찾게 되면 지니를 위해 쓸 목적으로 따로 보관하기 위해 마이너가 돈을 격리시키려 했다는 것이다. 마이너 자신이 기금에 대해 아무도 공격하지 못할만한 소송거리를 제기할 수는 없었기 때문에 리글러를 앞세워 청구 소송을 제기하게 했다는 것이다.

나중에 그 돈을 받으면 마이너가 지니를 위해 기금 통장을 만든다는 조건 하에 협조했다고 리글러는 내게 말했다.

"그때 내가 말했던 것들을 나 스스로도 전부 다 믿은 것은 아닙니다."

당시 법정에서의 증언에 대해 리글러가 말했다.

"내가 그렇게 말하는 것을 나도 듣긴 들었지요. 그렇지만 진짜 믿은 건 아니에요."

코웃음을 치는 그는 후회하는 것 같기도 했고 안도의 한숨을 쉬는 것 같기도 했다.

"누구한테도 이런 말을 한 적이 없었는데……."

그가 나직하게 말했다.

존 마이너는 리글러의 말을 그대로 확인해 주었다. 사건에 대해서 묻는 내 편지에 그는 사무실을 옮기는 와중에 지니에 관한 서류를 모두 분실했다며, 자신의 기억 또한 분명하지 않다는 답장을 보내왔다. 리글러의 주장에 대해선, "그것은 내 생각이었소. 그의 생각이 아니라……"라고 답했고, 계속해서 "데이빗 리글러가 지니에게 베푼 헌신이 금전적 동기에서 비롯됐다는 생각은 야비하기 이를 데 없소. 지니 사례가 학문적으로 독특한 기회였음은 틀림없는 사실이지만, 리글러 박사가 지니를 돕기 위해 자신의 가족을, 빌어먹을 그 희생의 제단에 거의 바쳤다는 것을 잊어선 안 된단 말이오"라고 말했다.

두 사람 모두 법원에서 승인한 돈을 결코 받지 못했으며, 지니의 신탁기금에서 리글러나 마이너에게 빠져나간 돈은 한 푼도 없다고 주장했다. 마이너는 내게 설명하기를 자신은 어차피 리글러가 청구한 금액을 지불하지 못했을 텐데, 그 이유는 "리글러 박사에게 지불할 미성년자의 신탁기금을 절대 보관한 적이 없었기 때문"이라고 말했다.

재판정이 리글러의 청구소송에 대한 결정을 내린 후에도 사실상 마이너가 오랫동안 지니의 자산을 쥐고 있었음을 보여주는 서류를 그에게 보여주자 그는 믿기지 않는다고 말했다. 그가 서명을 하고 1979년 7월 상급 법원에 올라간 그 서류는 아이린이 법적 보호자로서 부적합하다며 경질을 요청하는 진정서였다.

마이너는 그 문서에서 전에 했던 것처럼 자발적으로 어떤 금전적 혜택도 안받고 봉사하겠다며, 자신은 아직도 지니의 기금 2,126.02달러를 갖고 있는데 이 돈은 6개월 전 법원의 명령이 있은 후 리글러의 돈을 갚고 남은 것이라고 말하고 있다.

그의 진정서는 기각되었고 아이린은 법적 보호자로 그대로 남게 되었지만, 존 마이너로부터 지니의 재산을 쥐어짜내는 것이 얼마나 힘들었던지 아이린은 그 뒤에도 일 년 반이라는 세월과 대여섯 번의 재판 과정을 겪은 후에야 간신히 그 돈을 받을 수 있었다. 1981년 2월, 마침내 아이린 손에 들어온 수표 금액은 더 줄어 있었다. 추측건대, 리글러에게 상환되고 남은 돈인 것 같았다. 리글러와 마이너 둘 다 여기에 대해서는 모르쇠로 일관하고 있다.

34

법정 소송

장기적으로 볼 때, 지니의 보호자 자격을 둘러싼 살바싸움의 진정한 대가는 금전적인 것을 훨씬 넘어선 것이었다. 나는 한번은 리글러에게 과학자들에 대한 아이린의 적개심이 당신이 지니의 재산을 두고 소송하는 바람에 악화됐다고 생각지 않냐고 물어본 적이 있었다.

그는 "그럴 수 있죠"라고 인정하고는, "난 그 생각은 미처 못했는데……" 하며 고개를 끄덕였다.

그러나 뭐니 뭐니 해도 아이린의 심기를 가장 크게 건드린 것은 1978년 초에 그녀가 받은 수잔 커티스의 책 한 권이었다. 아이린의 반응은 거의 반사적이었던 것 같다. 책을 펴보기기도 전에 이미 그녀는 그 책을 싫어했다.

"나는 책의 제목에서부터 벌써 상처를 받았다."

아이린은 그렇게 썼다.

"내 딸이…… '야생아'라니……."

바인더용의 줄 쳐진 종이에 아이린이 직접 써내려 간 이 반박문은, "샘에게" 보낸 것이었는데, 그의 이름은 사무엘 페즈였고, 루이스 모나코라는 다른 변호사와 함께 곧 이어지는 기나긴 법정싸움에서 아이린을 대변하게 될 인물이었다. 이 공방전에서 학위논문에 항의하는 아이린의 편지는 증거물 B로, 논문 자체는 증거물 A로 불려졌다.

아이린은 서장序章에서 클락과의 삶을 묘사한 부분과 이 부부의 아이들이 겪어야 했던 끔찍한 고난을 묘사한 부분에 대해 특히 격분했다. 그 뒤 5~6년의 세월이 흐른 후, 선서를 하고 난 뒤 녹음된 한 기록물에서 아이린은 그 자료를 본 느낌을 다음과 같이 표현했다.

"구역질이 났어요. 정말이지, 속에서 올라올 것 같았어요. 활자로 된 그것들을 보는 순간 정말 역겨웠어요."

페즈에게 보낸 편지에서(아이린은 편지에서 딸을 본래의 이름으로 부르는데 이것들을 지니로 교체했음) 아이린은 커티스가 묘사한 것 중 많은 부분에서 트집을 잡았다. 아이린은 이렇게 썼다.

- 나는 빈번하게 맞지 않았다. 마지막 해에 두 번 정도 맞았을 뿐이다. 첫 번째는 나를 죽이려고 그는…….
- 지니는 절대 잊혀진 적이 없다. 그리고 나는 그 애를 돌보는 데 할 수 있는 한 최선을 다했다…….
- 유아용 변기에 앉아있을 때 지니가 입었던 옷은 날씨에 따라 그때마다 달랐다. 그리고 팔과 다리를 움직일 수 있었으며, 앞으로 혹은 옆으로도 구부릴 수 있었다.
- (커티스는) 마치 지니가 오로지 변기에만 앉아 있었던 것처럼 썼다.
- 지니는 결코 잊혀지지 않았다.
- 침낭을 뒤집어쓰고 있을 때에도 지니는 팔을 움직일 수 있었다. 그건 구속복이 아니었다. 그리고 아기 침대는 단지 철망으로 사방을 두른 커다란 요람이었을 뿐이다. 윗부분을 덮는 철로 만든 뚜껑이 있긴 했지만 한 번도 사용하지 않았다…….
- 지니는 말하는 것을 들었다.
- 우리 집은 아주 작은…….
- 지니는 밖에서 나는 차 소리를 들을 수 있었다.

• 지니는 이웃집에서 왔다갔다하는 소리를 들을 수 있었다…….

• 지니는 비행기 소리와 새소리, 이웃집에서 나는 소리, 자동차 소음을 들었다.

• 지니를 잊었던 사람은 없었다.

• 지니 아버지는 지니를 때리지 않았다.

• 노 젓는 막대기 같은 것이 지니의 방에 놓였던 적은 한 번도 없었다.

• 지니의 아버지는 지니에게 말을 했다.

• 이따금 그는 지니가 소음을 낼 때 그 애의 주의를 딴 데로 돌리려고 방문 밖에서 개 흉내를 내며 짖은 적이 있었다. 지니의 얼굴에 대고 정면에서 짖은 적은 절대 없었다.

• 그는 지니에게 말을 했다.

• 그는 지니를 할퀸 적이 없다……. 그는 지니를 때리지 않았다.

• 그는 문밖에 서서 지니를 향하여 으르렁대거나 짖지 않았다…….

• 지니의 방에는 서랍장과 의자, 접이용 침대, 두 개의 큰 트렁크 가방, 창문 가리개 그리고 커튼이 있었고, 커다란 아기 침대와 유아용 변기가 있었다.

아이린이 정식으로 항의한 이유는 논문의 부정확성 때문이 아니라 오히려 그 반대였다. 커티스와 다른 과학자들이 여러 논문과 강연에서 묘사한 상세한 부분들이 아이린과 그녀의 심리치료사였던 브린다 냅, 그리고 냅의 상사였던 하워드 한센과의 단독 대화로부터 빼돌린 것이라는 것이었다.

1979년 10월, 아이린은 한센, 냅, 데이빗 리글러, 제임스 켄트, 수잔 커티스 그리고 아동병원을 상대로 상급 법원에 소송을 제기했다. 이유는 이들이 환자와 치료사, 그리고 환자와 의사 간의 비밀 보장을 중첩적으로 위반했다는 것이었다. 고소장에 의하면, 피고인들은 아이린과 지니가 겪은 "감금과 고통과 고립, 학대와 고문으로 점철된 시절의 개인적이고, 은밀하고, 지극히 사적인 것까지 아주 자세하게 대중 앞에 드러내고, 폭로하고, 출간"했다.

이게 전부가 아니었고 최악의 것도 아니었다. 고소장에 적힌 다섯 개 항 중 네 번째 항에서 원고는 이들 과학자들이 지니를 "압박과 노예 상태"에서 "극단의 비이성적이고, 폭력적이고, 집중적인 테스트와 실험과 관찰"을 자행했다고 비난했다. 한마디로 말해서 비윤리적 인간실험을 자행했다는 것이었다. 고소장의 나머지 항목은 존 마이너에 관한 것으로, 보호자로 있으면서 해악으로부터 지니를 보호하지 못했다고 비난했다. 아이린은 보상과 처벌 모두를 원했다.

사무엘 페즈는 법적인 면뿐만 아니라 과학적인 면에 대해서도 이런 소송에 관해서 경험과 준비가 많은 변호사였다. UCLA 대학에서 심리학을 전공한 그는 빅토리아 프롬킨과 수잔 커티스와 일부 같은 과정을 밟았다.

"한번은 커티스가 쓴 책을 읽다가 그녀가 행한 모든 실험의 총계를 낸 적이 있었어요."

그가 말했다.

"빈도수와 강도가 센 것으로 나왔습니다. 다른 연구 논문들도 많았죠. 그것들을 모두 조사해보면 지니가 견뎌야 했던 것이 어떤 것들이었는지 충분히 그림이 떠오릅니다. 어떤 때는 일주일에 60~70시간씩 테스트를 하기도 했어요. 그 사람들에게 이것에 대해서 물어보면 돌아오는 대답은 그저 재미로 했다는 겁니다. 대부분을 지니가 게임처럼 즐겼다는 거예요."

수잔 커티스는 자신의 테스트가 강압적이었다는 주장을 강하게 부인한다.

"테스트 시간은 하루에 45분을 절대 넘기지 않았어요."

그녀가 내게 말했다.

"나머지는 그냥 놀고 산책하는 거였어요. 그저 친구처럼요."

선서를 한 뒤에 행한 증언 녹취록에서 커티스는 지니가 작업을 즐기는 인상을 받았다면서 "지니가 맞든 틀리든 나는 지니가 반응을 보이기만 해도 늘 칭찬과 보상을 해주었는데, 지니는 그것을 정말 좋아했다"고 증언했다.

"테스트를 하면서 지니와 내가 함께 보낸 시간은 서로를 친밀하게 느낀 시간이었다. 우리는 아주 가까이 있었다. 서로 눈과 눈을 마주 보며, 아주 많이 서로 안아주며, 용기를 불어넣으며 함께 일했다. 아무도 그렇게⋯⋯ 그러니까 내 말은, 낯선 사람들과 함께 있었더라면 그렇게 못했을 것이다. 동시에 그들을 견뎌야 했을 테니까. 그러므로 우리가 함께 한 시간들이 그녀로선 아주 뜻 깊은 시간이었을 것이라고 나는 생각한다. 그리고 끝날 무렵에는 항상 손에 만져지는 보상을 해주었다. 혹은 어떤 특별한 대접 같은 보상, 예를 들면 함께 어디를 가거나 쇼핑하는 것, 함께 무엇을 하는 것들이었고, 지니는 정말 이런 것들을 좋아했다."

커티스는 또한 지니의 고집에 못 이겨 테스트를 한 적도 있었다고 말했다. 1977년, 지니에 관한 실험은 완전히 끝이 났는데, 이 무렵 커티스는 국립과학재단의 기금 지원하에 지니로부터 알아낸 교훈을 더욱더 밝혀줄 그런 조건을 지닌 아이들에게로 연구 초점을 돌리고 있었다. 커티스 역시 다른 과학자들과 마찬가지로 아이린이 소송을 제기했다는 소식에 충격을 받았다.

"청천벽력같은 소식이었습니다."

리글러는 내게 그렇게 말했다.

"일요일 아침이었는데, 한 친구가 전화를 해서는 '자네 이름이 신문에 났는데 알고 있나?' 라고 말했어요. 그래서 LA 타임스를 봤죠. 고소당했다는 것을 그제서야 알았습니다. 거기엔 지니의 진짜 이름이 거명되어 있었어요. 그렇게 우리가 오랫동안 안 알려지게 하려고 애를 썼던 실명이 말입니다."

인간 실험이라는 주장에 리글러와 한센의 머리에 가장 먼저 떠오른 것은 초기에 제이 셜리가 행했던 수면실험이었다. 그런 연구 방법이 어떤 면에선 신체적으로 가장 공격적일 수도 있기 때문이었다. 하지만 이들은 틀렸다. 사실 제이 셜리는 이미 아이린의 변호사들과 접촉을 해왔었고 전 동료들을 기소하는 데 증언까지 하겠다고 제의했던 것이다.

소송의 열망이 얼마나 컸던 간에 아이린의 변호사들조차 "그저 수줍은 사람"이라고 표현했던 한 여인이 제기한 것이라고 보기에는 이 소송은 대단히 모험적인 요소가 많았다. 리글러는 이 미스터리가 마침내 풀렸던 순간을 아직도 기억하고 있다. 뒤에 숨겨진 바로 그 그림자 말이다.

"내가 증언 녹취록을 했을 때인데, 아이린의 변호사가 커티스의 논문 한 권을 들고 있었어요. 아이린을 경악하게 만든 구절에 밑줄을 그은 게 보였거든요."

그가 내게 말했다.

"내가 좀 보자고 했더니 건네주더군요. 그때 첫 장이 열렸어요. 안에 진 버틀러라는 이름이 씌어져 있었죠."

지난 8년간, 버틀러는 과학계에서 리글러의 지칠 줄 모르는 적대자로 남아 있었다. 리글러는 버틀러와 아이린이 점차 돈독한 관계가 되었음을 전혀 모르고 있었다. 버틀러의 설명에 따르면 이 관계가 4년이나 중단되는 곤경에 처한 적이 있었는데, 어느 날 오후 아이린이 전화를 걸어와 이미 방문하기로 했던 약속을 취소하면서, 당신을 만나면 다시는 딸과 못 만날 줄 알라고 리글러가 그랬다는 것이었다. 리글러 부부가 더 이상 지니의 문지기 역할을 못하게 되자 엄마와 학교 교사는 동맹이라는 깃발 아래 공통의 적을 향해 뭉치게 된 것이었다.

"버틀러는 그늘 속에 숨어 있었죠. 그녀는 그렇게 자신의 모습을 숨긴 채 끊임없이 아이린을 볶아대면서 과학자들이 지나친 수작을 하고 있다고 부추겼죠."

페즈가 내게 말했다.

"그녀가 맡은 역할은 촉매제 같은 거였어요. 내 판단으로는 아이린은 매우 수동적인 사람이었어요. 그녀 혼자서는 절대로 이런 일을 할 수 없었을 겁니다. 아이린이 내게 전화했을 때, 아이린이 아니라 마치 버틀러하고 통화하는 것 같은 느낌을 받았어요. 아이린의 원래 모습처럼 들리지 않았죠. 아주 강하게 말을 했어요.

'나는 이걸 원해요!' 혹은 '무슨 일이 벌어지고 있는지 난 잘 알아요!' 하는 식이었죠. 아이린만 상대하는 게 아니라는 느낌을 받았습니다."

"버틀러는 아이린에게 일종의 스벵갈리*였어요."

루이즈 모나코는 내게 그렇게 말했다.

"그녀야말로 재판이 진행되는 동안 가장 중요한 조종자였죠. 모든 권력 투쟁의 한가운데서 리글러가 자신을 젖히고 이겼을 때 버틀러는 분노했어요. 커티스의 책이 아이린의 사생활을 폭로했다는 생각은 모두 그녀에게서 나온 겁니다."

* 다른 사람의 마음을 조종하여 나쁜 짓을 하게 할 힘을 지니고 있는 사람.

35

새 주소

증오뿐만 아니라 분량 면에서도 재판은 신기록을 세웠다. 맨 처음의 것과 개정된 고소장, 강제동의, 발견, 이의제기, 녹취록, 그리고 판결이 지루하게 이어지면서 재판은 무려 6년을 끌었다. 그 과정에서 아이린과 버틀러의 분노에 불을 지른 적도 여러 번 있었는데, 초기에 있었던 한 녹취록에서 하워드 한센은 너무나 예민한 내용 때문에 정신과 병동을 절대 빠져나가면 안 되게 되어 있던 아이린의 심리치료 기록이 완전히 실종됐다며 흔적도 없이 사라져버렸다고 증언했다.

그러나 대체로 시간이 흘러가면서 고소장의 날카로움은 점차 무더져갔다.

재판이 장기화되면서 아이린의 변호사 측의 의심도 점점 커갔다. 자신들이 진흙탕에서 뒹굴고 있다는 의심 때문이었다. 인간실험이라는 비난을 불러일으킨 계기가 되었던 커티스의 책에 나온 실험절차와 결과에 대해 지루하고도 똑같은 인용이 계속 되풀이 되면서, 커티스의 논문이 돈벌이를 위한 것이며 수익을 올리려는 목적으로 지니의 슬픈 과거를 이용했다는 주장은 웃음거리가 되었다. 커티스는 애초부터 자신의 논문이 벌어들이는 수익이 얼마든 모든 수익이 지니에게 돌아가기를 원했었고, 지니 이름으로 이미 신탁계좌까지 만들어 수익금을 예치해왔음이 드러났기 때문이었다.

만족과 논란이 번갈아가며 재판이 지루하게 이어졌지만, 커티스는 아무도 자신의 계획에 관심이 없다고 생각했다. 그러나 바로 이때, 커티스의 관대함을 이용하면 누이 좋고 매부 좋은 식으로 교착상태에 빠진 재판을 일거에 해결 할 수 있음을 알아챈 아이린의 두 변호사는 아이린에게 그 돈을 받아들이라고 권고했다.

"지니에게 이익만 된다면 그렇게 사태를 해결하는 것이 옳다고 생각하기에 이르렀습니다."

페즈가 말했다.

"그런데 진 버틀러가 아이린을 부추겨 수잔 커티스의 제안을 거절하게 했어요. 버틀러의 생각으론 그것만으론 불충분했던 거죠. 아이린이 더 많은 돈을 받아야 한다고 생각했습니다. 그러나 아이린과 관련한 사생활보호 건은 그렇게 강력한 이슈가 못되었죠. 그녀는 이미 공적인 인물이 되어있었으니까요."

아이린의 비타협적인 태도에 넌더리가 난 두 변호사는 사건에서 빠져버렸다. 사건은 판사가 결정하도록 되어 있었고, 아이린은 이제 혼자서 자신을 대변해야 했다.

시간은 흘러 1984년이 되었고, 주요 등장인물들한테도 약간의 (혹은 더 많은) 변화가 생겼다. 1982년, 플로이드 러흐가 골수암으로 사망하면서 버틀러는 과부가 되었다. 이제 박사가 된 커티스는 그동안 결혼을 해서 첫 아기를 낳았다. 페즈는 미국 민권총연맹 로스앤젤레스 지부의 회장이 되었다.

"경제적 긴급사태" 때문에 바짝 살림을 줄여야 했던 아동병원은 사실상 정신과를 폐지시켜 버렸다. 제임스 켄트는 국제 아동연구소 소속의 아동학대치료센터로 옮겼고, 리글러는 북부 캘리포니아에 작은 개인병원을 차렸다. 얼마 뒤 그는 사건 해결 서류에 서명을 하기 위해 차를 몰고 로스앤젤레스로 돌아와야 했다.

아이린의 고소장은 본질적으로 기각됐다. 혹은 약간의 법학적 톰 소여 스타일로 타협했다는 표현이 더 맞을지도 모른다. 법원은 커티스가 지니를 위해 하고 싶어했던 방식을 이제 그렇게 하라고 정식으로 명령했다. 커티스는 또한 지니를 위해 언어학, 신경언어학, 신경심리학 평가에 관련된 프로그램을 개발해 지도할 것에 동의했고, 언어지도도 수락했다. 아동병원 역시 매년 지니를 위해 심리와 신체 평가를 해 주겠다고 약속했다. 이런 의무의 완수를 위해 커티스를 포함한 모든 피고인들에게 지니의 기록에 대한 완벽한 접근과 사용권이 허용되고, 아울러 지니의 가족사도 과학에 관한 출판물과 강연에서 언급할 수 있도록 허용됐는데, 다만 적정한 수준을 지키고 여기에서 얻어지는 모든 수익금은 지니의 기금에 기부한다는 조건에서였다. 이에 호응하는 첫 번째 단계로 커티스는 지니를 위해 따로 모아뒀던 기금에 쌓인 돈 8,383.79달러를 내 주었다. 박사 학위논문과 책으로 그때까지 받은 인세였다. 그 외에 다른 재정적 벌금은 부과되지 않았다.

1984년 9월, 데이빗 리글러는 아이린 앞으로 편지 한 장을 부쳤다.

"영원히 지속될 것 같았던 재판은 끝났고, 당신에게 편지를 쓰면 안 된다고 말하는 변호사는 이제 없습니다. 오랫동안 저는 당신에게 말을 걸거나, 편지를 쓰고 싶다는 생각을 해왔습니다."

그는 이렇게 썼다.

"제가 말하고 싶었던 것들은 정말 많습니다……. 제 편지를 읽고 어떻게 느끼실지 저는 잘 모릅니다. 심지어 읽을 거라는 확신도 없습니다. 우리가 얘기를 나눈 지도 5년이 넘었고 그동안에 벌어진 모든 사태의 결과로 당신은 제 감정이 진실된 것이 아니라고 생각하실 수도 있습니다."

리글러는 자신이 겪은 법정에서의 곤경에 대하여 아이린에게 어떤 악감정도 갖고 있지 않다면서("당신에게 화가 난 적은 결코 없었습니다."), 지난 10년하고도 반이라는 세월 동안 자신이 연주한 선율을 다시 한 번 고려해달라고 요청했다. 온갖 선서와 증언들 그리고 시시콜콜한 녹취록들로 얼룩진 기나긴 시간 뒤에 찾아 온 재수정을 요구하는 음악 선율은 어쩌면 만트라의 주문 같은 것인지도 몰랐다. 한 번만 더 그 소절을 연주하게 해준다면 어쩌면 해결의 화음이 나올지도 모른다는…….

"1970년 12월, 지니가 아동병원에 처음 입원했을 때 이런 모든 일이 벌어질 것을 예측한 사람은 아무도 없었습니다."

리글러의 편지는 계속됐다.

"우리 모두는 그저 최선을 다한다는 생각밖에 없었습니다. 1971년 7월에 지니가 '휴가차' 버틀러 부인 집에서 지내는 동안 지니가 병원 밖에서 해낸 성과를 보고, 우리 모두는 지니가 병원 밖에서 지내게 되기를 원했습니다. 버틀러 부인과 제 의견이 맞지 않았던 부분은 당시 지니에게 어떤 것이 최선인가에 관해서였고(이 부분에 대해선 우리 의견을 매우 달리했죠), 그럼에도 불구하고 우리 모두는(진 버틀러를 포함하여) 지니에게 최고의 것을 주기를 원했습니다. 버틀러 부인의 집이 수양가정으로 선택되지 않은 것에 저는 아무런 관련이 없으며 단지 다른 좋은 수양가정이 없었기 때문에 우리 부부가 지니를 데려온 것뿐이라는 사실을 버틀러 부인이 행여라도 믿어줄 거라고는 생각지 않습니다. 그러나 지니를 우리 집에 묶어 둘 의도는 전혀 없었으며, 우리와 같이 살았던 4년 동안 지니가 당신을 사랑한다는 것을 알고는 당신과 협력도 마다하지 않았다는 사실을 기억하실 것입니다. 그러므로 당신을 돕고, 지니가 당신과 다시 함께 지낼 수 있도록 한 것은 모두 우리의 생각이었습니다. 물론 당신이 지니를 수양가정으로 보내야만 했을 때 우리가 실망했던 것은 사실입니다. 그러나 지니 돌보기가 결코 만만치 않다는 것은 누구보다도 우리는 잘 알고 있었습니다. 우리도, 당신도, 그 누구에게도 힘든 일이었을 겁니다……. 처음에는 병원에서 지니를 환자로 만나 연구를 시작했지만, 그것이 끝나기도 전에 우리는 지니와 함께 살아야 했습니다. 그리고 지니를 사랑하게 됐습니다. 단지 제가 후회하는 것이 있다면, 최선을 다했음에도 불구하고 우리가 바랐던(지금도 마찬가지지만) 그런 온전한 인간으로 지니를 되돌리기에는 역부족이었다는 사실입니다. 저희 아닌 다른 누군가가 지니를 돌봤더라면 다른 결과를 가져올 수 있었으리라는 상상도 가능하지만, 저희도 누구 못지않게 저희의 몫을 훌륭히 해냈다고 자부합니다. 진 버틀러와 플로이드 러흐는 틀림없이 저희가 했던 모든 것이 다 잘못됐고 자신들이 했더라면 훨씬 더 좋은 결과를 가져왔을 것이라고 생각한다는 것을 잘 알고 있습니다. 하지만 저희보다 조금이라도 낫게 해낸 사람을 저는 본 적이 없습니다. 버틀러는 또한 지니가 우리와 함께 살면서 행복하지 않았다고 느낄지 모르지만, 만일 그렇게 생각한다면 그것은 잘못 알고 계신 것입니다. 지니는 우리와 함께 사는 동안 행복했고, 우리 부부와 우리 식구들을 사랑했습니다……. (우리와 함께 사는 동안 지니가 버틀러와 연락을 못하고 지냈습니다. 물론 버틀러도 지니를 매우 사랑했다고 생각해요. 우리 집에서 지내는 동안 지니가 버틀러와 연락을 하고 지내게 했더라면 지니에게 더 좋았을 거라는 생각이 드는군요. 그렇지만 그런 것을 허용하면 안 된다는 사람들의 충고 때문에 달리 선택의 여지가 없었습니다.)"

편지에서 가장 핵심적인 부분은 한탄 섞인 부탁이었다.

"요즘 들어 한 가지 안타까운 것은 당신이나 지니 그 누구한테서도 아무런 소식을 들을 수 없다는 것입니다. 저희 부부는 당신이 어떻게 지내는지, 지니는 어디에서 사는지, 그리고 두 사람이 어떻게 지내는지 궁금할 때가 무척 많습니다. 저희는 또한 지니가 한 번이라도 우리 부부에 대해 묻거나 얘기하는지 알고 싶습니다. 가능하다면 저희가 로스앤젤레스를 방문할 때 지니를 만날 수 있는지 알고 싶습니다."

그러나 리글러 부부의 희망사항은 동정을 사지 못했다.

"친애하는 리글러 박사님께."

아이린의 답장에는 다음과 같이 씌어 있었다.

"매우 바쁜 탓에 짧은 글밖에 못 보냅니다. 저는 지니의 보호자입니다. 저는 당신을 만나고 싶지 않습니다. 제 허락없이 지니나 저 그리고 저의 가족에 대해 쓸 권한이 당신에게겐 없습니다."

편지에는 아이린의 서명이 들어 있었다.

법정의 손아귀에 떨어져 겪어야 했던 모욕감은 아이린의 분노가 조금이라도 누그러지는 것을 허락하지 않았다. 그래서 그녀는 그녀 자신에게 과학자들이 딸에게 접근하지 못하도록 막을 권한이 없다는 타협안의 조건을 깡그리 무시하고, 지니를 멀리 숨겨 버렸다.

지니는 현재 정신지체성인들을 위한 시설에 살면서, 한 달에 한 번, 주말에 아이린을 방문하고 있다. 제이 셜리를 빼고는 그녀를 만난 과학자들은 아무도 없다. 그들은 그녀가 어디 사는지 그리고 어떻게 지내는지 전혀 모른다. 그저 소문만 들을 뿐이다.

1987년, 아이린은 골든웨스트가의 집을 팔고 떠났버렸다. 다른 사람들은 몰라도 최소한 과학자들 앞으로는 새 주소를 남기지 않은 채…….

V

세상은 결코 이해 못할 것이다

36

복수

얼마 전, 나는 데이빗과 마릴린 리글러 부부의 새로운 집을 방문했다. 캘리포니아 북쪽 해안에 위치한 작고 예쁜 목조 이층집이었다. 예전에 살던 집보다 작았지만, 이제는 러플린 파크에서 누렸던 삶을 영위할 필요는 없었다. 자녀들은 모두 성장했고, 슈타인 피아노는 팔아버렸고, 토리도 이미 죽고 없었다. 토리의 재는 길 건너 벌판에 바람막이로 서 있는 유칼립투스나무 숲 너머에 뿌려졌다. 지니만이 홀로 두툼한 양으로 남아 있었는데, 각종 보고서와 필름, 그림, 사진 더미가 집 뒤편에 있는 리글러의 차고에 몰래 숨겨져 있었다.

우리는 그의 사무실에 자리를 잡고 앉았다. 사무실은 아래층에 있었는데, 논문과 책, 오래된 녹음기, 영사기가 이리저리 널려 있어서 더 이상 현재진행형이 아닌 전성기 때의 경력을 보여주는 유물 보관소 같은 느낌을 주었다. 방에는 가죽 소파와 색바랜 회색빛의 철제 책상이 있었다. 그리고 벽에 걸린 졸업장과 면허장, 표창장들 한가운데에 종이가 한 장 붙여져 있었는데, 의사 집무실의 고상한 분위기와는 좀 안어울린다는 느낌을 주는 것이었다. 그것은 바로 모리츠 에셔의 나선으로 돌돌 말려 올라가는 계단 그림으로, 착시현상을 이용해 마치 한없이 올라가는 듯한 느낌을 주는 작품이었다.

리글러는 이제 60대 후반이었다. 백발의 노신사다운 부드러운 분위기와 성실하고 친절한 표정을 지었지만, 어딘지 모르게 산만해 보였다. 지니의 이야기를 해야 하는 것에 "불편함"을 느낀다면서 나중에는 "두렵다"라고까지 표현했지만, 하고 싶은 말이 넘칠 때면 마치 고해성사를 하는 듯한 분위기를 내기도 했다. 자신이 조심스럽게 관리해 온 자료들의 은닉처를 너무나 사랑한 나머지 절대 보여주려고 하진 않았지만, 그럼에도 불구하고 번번히 그 비밀스런 차고로 내려가 처음엔 서류를, 그 다음엔 비디오를, 또 다시 그림을 계속해서 가져와 보여주는 것이었다.

아이러니하게도 리글러가 내게 꼭 만나봐야 한다고 고집을 부린 사람들은 사실은 내게 데이빗 리글러를 가장 심하게 비난했던 사람들이었다.

“제이 셜리에 대해서 말한 사람이 있었나요?”

그가 물었다.

“아이린의 소송 사건이 터졌을 때, 그는 이미 아이린과 아주 좋은 관계에 있었고, 곧 그녀 편으로 갔지요. 난 그가 나에 대해 반대되는 내용의 녹취록을 제시했는지 안했는지 잘 모릅니다.”

또 한번은,

“샘 페즈하고도 꼭 얘기를 해야 합니다. 난 항상 생각했어요. 그가 나를 고소하지만 않았더라면 정말 좋아했을 사람이라고 말입니다.”

“이해합니다.”

내가 대답했다.

그의 양녀에게 행해진 조사연구의 수석책임자 시절로 화제를 옮기자, 리글러는 이렇게 말했다.

“아무도 내게 와서, ‘데이브, 자네는 이런 식으로 해야 하네. A, B, C 이런 순서로 말이야’ 라고 충고하지 않았습니다. 딱 한 사람, 제이 셜리만 빼고요. 그는 내게 철학적 견지에서 본 견해를 말해 주었죠. 고립에 관한 여러 연구사례에서 이런 교훈을 얻었다고 했어요. ‘압력을 서서히 제거해야 합니다. 깊이 잠수한 뒤 감압을 하는 것처럼 아주 천천히 물 위로 올라오게 해야 합니다. 한 번에 아주 조금씩만 (그녀가) 하게 하세요.' 이 말은 내게 강한 충격을 주었습니다. 아주 유용한 생각이었죠. 내가 그의 아이디어를 얼마나 열심히 적용하려고 했는지 그는 절대 모를 겁니다."

리글러는 한참 동안이나 자신의 손을 빤히 쳐다보더니 이렇게 말했다.

"그렇지만 그건 이론이고, 현실은 오늘 아침에 당장 무엇을 해야 하나 하는 문제가 있었습니다. 어떤 이들은 조사연구가 요구하는 문제를 처리해야 했고, 또 어떤 이들은 지니의 치료적 요구를 감당해야 했어요. 그런데 나는 둘 다를 다 해야 했죠. 내가 뼈저리게 느낀 것은 두 개가 뒤섞여서 참 힘들다는 것이었습니다. 그 문제에 대해 상반된 감정이 함께 한다는 것을 느낄 때가 많았습니다. 하지만 치료라는 측면에서 볼 때, 저는 그 누구보다도 우리가 더 훌륭하게 해냈다고 자부합니다. 사태가 복잡해진 것에 대해선, 물론 그런 일이 벌어지지 않았더라면 좋았겠지요. 희망에만 부풀어 저는 일이 복잡해질 가능성에 대해선 생각도 못했었습니다. 희망 때문에 일을 제대로 못 한 거죠. 지금은 당연시되고 있지만, 당시만 하더라도 인간에 관한 연구를 할 때 충분한 사전정보를 실험대상에게 제공한 뒤 동의를 받는 경우는 없었습니다. 지니의 모습을 비디오에 담거나 다른 활동을 하게 할 때 지니가 부담스러워 한다거나 힘들어 한다는 신호를 받은 적은 전혀 없었어요. 만약 그랬더라면 당장 그만두었을 겁니다. 이따금 테스트를 할 때 지니가 짜증을 낼 때는 있었죠. 그러나 그건 늘상 있는 일이잖습니까. 애들이 학교에 처음 갈 때 불안해 하듯이 말입니다. 그렇지만 집에 돌아올 때쯤이면 애들은 아주 자랑스러움에 들떠 있죠. 지니는 생전 처음으로 이런 것들을 많이 해내면서 일종의 승리감 같은 것을 느꼈어요. 포대기 안에 싸여 있으면 성장이란 없습니다. 나가서 세상과 부닥칠 때 인간은 자라나는 겁니다. 이 사례를 부정적으로만 해석하는 것은 너무 단순화해서 보기 때문입니다. 제 견해로는 그렇습니다. 나 자신을 정신분석해 볼 때, 저 자신의 입장은 예상이 아니라 욕망이었습니다. 욕망에 관한 한 하늘 높은 줄 몰랐지만, 예상은 이미 저 땅 끝에 가 있었죠. 초기에 깊이 관여 안 하겠다고 말했더라면 저로선 그게 손쉬운 방법이었을 겁니다. 결과가 이렇게 될 줄 알았더라면 정말 건드리지도 않았을 겁니다. 지금 벌어진 결과와 저 자신을 돌아보면 말입니다."

지니 팀의 다른 멤버들 역시 리글러만큼 상처 받았기는 마찬가지여서 모두들 스스로에게 함구령을 내렸는지 사건에 대해 말하기를 꺼렸다. 그 결과, 과학적 업적의 찬란한 한 조각이 어둠 속으로 사라졌다. 과학자들 대부분이 서로 연락을 끊었다. 아이린의 소송이 있기 훨씬 전에, 일찍이 어느 초겨울, 희망에 차서 출범했던 아동병원에서의 위대한 연대 의식은 이미 무너져 내리고 없었다. 지니 주위로 사람들을 끌어 모았던 야망과 동정심, 들끓는 호기심의 뒤섞임은 알고 보니 몹시 위험한 것이었다.

"모든 사람이 서로의 적이 되었죠."

제이 셜리가 내게 말했다.

"수많은 비난과 그 비난에 반대하는 비난이 쏟아졌습니다. 잘 진행되는 과학적 연구 계획의 경우 그런 일은 일어나지 않습니다. 보통 연구자들은 작업을 통해 서로에게 가까워지지요. 그런데 이건 마치 원심력처럼 중심에서 점점 멀어져 갔어요."

물론 어떤 연구자들은 처음부터 중심적인 위치에 있지 않았다. 셜리처럼 말이다. 그는 처음부터 주변부에 속했던 사람이었다. 데이빗 엘킨드는 잘하면 연구의 핵심 파트에서 일할 수도 있었던 사람이었다. 그는 1960년대부터 리글러 부부를 알고 지냈다. 당시 그는 덴버대학의 아동발달센터를 운영하고 있었는데, 병원에서 운영하는 유치원에서 마릴린이 일했던 것이다. 리글러 부부는 1971년 5월, 엘킨드를 회의에 초청했는데 나중에 엘킨드는 자진해서 일찍 떠났다.

"이 연구에 관계하고 싶지 않다고 말했습니다."

그는 내게 말했다.

"그건 마치 전쟁 같았거든요. 어린 아이를 둘러싸고 치열한 기금 경쟁과 직업적 욕심이 사납게 날뛰었어요. 서로 자기 것을 해 보겠다고 임상적 테스트를 들이미는데, 이것들을 다루느라 무척 힘이 들었습니다. 이 애한테 필요한 것은 실험이 아니라 시간이라는 생각이 강하게 엄습했죠. 그러나 너무나 많은 이기주의가 개입되는 바람에 아이는 정작 길을 잃고 있었죠. 난 정말 기분이 안 좋았습니다. 그래서 탈퇴한 겁니다."

초기 몇 달간 지니를 만나 즐거운 시간을 가졌던 과학자들 중에는 지니가 나중에 겪은 불운에 관한 소문에 몹시 분개한 이들도 있었다. 그 소문의 진원지는 종종 진 버틀러였다.

"지니의 비극적인 삶과 소위 '돕는 직업을 가진' 멤버들이 저지른 믿겨지지 않는 행동에 대해 다양한 문서와 설명을 보내주신 것에 깊이 감사드립니다."

1984년, 버틀러가 받은 한 답장이다.

이 편지를 보낸 이는 에릭 린넨버그의 동료로, '국립정신건강연구소'의 최초 기금 명단에 컨설턴트로 리글러가 이름을 올렸던 과학자였다.

"자신들의 지위 확대와 권력 강화를 위해 한 불쌍한 여자 아이의 뼛조각까지 주워 모으는 이런 파렴치하고 사기적인 행위에 관한 폭로는 윤리적 관점에서 보면 분명 중요한 것입니다. 비록 귀하 때문에 그들이 행동을 멈추리라곤 생각진 않지만 말입니다."

이렇게 말하면서 그는 그 과학자들이 출간한 "허튼 소리"를 공개적으로 반박하는 글을 쓰라고 부추겼다.

"아마도 이런 식으로 그들의 거짓말이 한 교과서에서 다른 교과서로 이어지는 것을 중단시킬 수 있을 것입니다. 그러나 그 가능성 역시 저는 희박하다고 생각합니다."

그들의 거짓이란 물론 주로 커티스의 논문에서 드러난 사실들을 가리키는 것이었다. 버틀러가 집요하게 목표로 했던 것이 리글러의 실패였다면, 커티스의 성공 또한 그녀가 절대 희망하지 않는 것이었다. 관료제적인 적개심으로 인해 지니와 커티스가 영원히 못 만나게 된 이후에도 버틀러는 커티스를 계속 따라다니며 괴롭혔는데, 집으로 끊임없이 전화를 걸어댄다거나, 학술강연에 참석해서 적대적인 질문을 해대는 식이었다. "야생아"에 관한 학위논문은 법정에서 무혐의로 처리되었고 수많은 강의실에서 찬사를 받았지만, 이 논문과 그녀의 다른 논문들은 버틀러의 편지 속에서 계속 저주를 받아야 했다. 과학계의 집단적 무의식 어딘가에는 버틀러의 비난이 뿌리 깊이 박혀 있어서, 지금까지도 과학계 인사들 가운데에는 커티스의 연구를 수용하는 것은 버틀러의 경멸과 함께 명예를 손상시키는 행위라고 생각하는 이들이 있을 정도다.

남편이 죽은 후에도 진 버틀러는 계속해서 산타모니카의 해변에 위치한 집에서 살았다. 이 집은 그들이 전에 사놓았던 것이었다. 엄마와 함께 이 집을 방문할 때마다 지니는 전체가 커다란 통유리로 만들어진 미닫이 문 안쪽에 두 팔을 올리고 바짝 붙어 서서 고집스레 절대 포기하지 않는 그녀만의 토끼 자세를 취하고는 한때 그토록 큰 두려움과 즐거움을 안겨주었던 파도를 하염없이 바라보곤 했다.

버틀러의 편지 캠페인은 계속되었고, 이것은 제이 셜리와 공동으로 책을 내기로 한 계획에서 절정을 이루었다. 잘못된 기록을 바로 잡자는 것이었다.

"나는 폭로에 몰두했어요."

셜리는 말한다.

"그녀는 복수에 몰두했고요."

두 사람 간의 협조는 논문을 낳았고, 1985년, 스탠퍼드 대학에서 열린 한 회의에서 공동으로 발표하기에 이르렀다. 이곳에서 셜리는 자신의 파트너인 버틀러가 예전에 지니를 돌봤던 사람들에 대해 인신공격을 해대는 걸 보고는 너무나 화가 나서 더 이상 그녀의 일에 협조하기 않기로 결심했다. 이 배신으로 그는 원수들을 적어놓은 버틀러의 긴 인명록에 마지막으로 이름을 올리는 영광을 누렸다.

버틀러의 복수전은 1986년, 그녀가 심장 발작을 일으키면서 갑자기 막을 내려야 했다. 어린 시절 이후 내내 그녀를 괴롭혀 왔던 맥관염 때문이었다. 실어증까지 찾아오면서 버틀러는 제대로 말도 못하게 됐다. 공정한 운명이나 신이 있다고 믿는 사람들은 그녀가 마지막으로 겪은 고통이 그냥 흘려버리기에는 너무나 시사하는 바가 많다고 생각했을지도 모른다. 쇳소리로 연신 맹공을 퍼부었던 입은 더이상 소리를 내지 못했고, 동정심에 찬 촉구는 동정심을 배웠던 바로 그곳인 어린 시절의 질병에 의해 꺾이고 말았으니 말이다. 1988년, 한 번 더 심장발작이 있은 후 버틀러는 사망했다.

37

그리고 드러난 것들

버틀러의 주장과는 반대로 지니에 관한 커티스의 연구는 그 유용성이 계속해서 입증되어 왔다. 지니의 사례를 주춧돌로 하여 그 위에 관찰이 추가로 이어지면서 지니의 사례가 공고하게 된 것이었다.

"일반적인 사례를 이해하기 위해 특수한 경우의 아동이 이용된 첫 번째 예였죠."

커티스가 말했다.

"지니에 관한 연구가 진행되는 동안에 이와 비슷한 종류의 다른 연구들이 꼬리를 이었어요."

지니 연구의 직계로 간주될 수 있는 한 연구 계획이 '마르타'라는 한 작은 소녀에게 집중되었다. 마르타를 연구한 사람은 제니 야마다라는 언어학자로 커티스를 도와 지니에 관한 자료를 모으고, 1970년대 후반 지니의 복지 문제 때도 같이 로비 활동을 벌였던 대학원생이었다. 마르타는 부모의 관심과 사랑 아래 양육됐지만, 기이한 심리적 질병의 희생자가 되었다. 마르타의 경우 지니와는 정반대로 인지적 기능은 훼손되었지만 언어능력에는 아무 문제가 없었다. 아이큐가 40에 불과한 마르타의 구문 능력은 상당했다.

지니가 할 수 없었던 것을 그녀는 해냈다. 바로 흠 없는 문장 만들기였다. 그러나 마르타는 의미에 관한 능력이 결여되어 있었다. 즉, 어떤 생각을 적절히 표현할 수 없었다. 이는 거꾸로 지니의 경우 거의 자제가 안 될 정도로 아주 활발했던 부분이었다.

"마르타가 말하는 걸 보면 마치 미친 사람 같아요."

야마다가 말했다.

"구문론으로 보면 완벽한데 내용이 없어요. 아무 의미 없는 문장을 완벽하게 구축합니다. 어떤 것들은 아주 기괴하지요. 그렇지만 문장 자체는 완벽하죠."

야마다가 10대 후반이었던 마르타를 처음 만났을 때, 그녀는 색깔이름이나 숫자, 혹은 심지어는 말의 일부에도 집착증상을 보이곤 했는데, 하루 종일 되풀이해서 이 단어들을 사용하면서도 정작 그 색깔과 숫자가 무엇을 의미하는지는 알지 못했다. 예를 들면, 사랑에 빠진 단어가 "후에(after)"라고 한다면, 이런 식으로 계속 떠벌릴 것이었다. "쉐이브 로션(aftershave)을 사용했던 삼촌이 테니스를 치고 난 후(after), 심장마비를 겪은 후(after)에 죽었어요, 그 후(afterwards)에……."

실제 삼촌은 살아 있고 어떤 스포츠도 즐기지 않는다고 하더라도 말이다. 마르타는 실제 느끼지도 않는 감정을 표현했다.

"부모님이 돌아가셨을 때, 혹은 존 레논이 죽었을 때 슬펐다고 말했지만 아무런 설득력도 느껴지지 않았어요. 부모님이 집으로 들어오면 모르는 척 했죠."

"난 마르타가 우리 관계를 좋아했다고 믿지만, 마르타 얼굴을 아무리 쳐다봐도 그런 것을 알 수는 없어요. 감정을 말로 표현하는 데는 능숙하지만, 진짜 느끼는 것 같지는 않았거든요. 지니는 거꾸로 자신의 존재를 온몸으로 느끼고 표현할 줄 알았죠. 그녀는 정말 사랑스러웠어요. '나를 만나서 이렇게 행복해하는구나' 하는 것이 바로 느껴지죠. 지니와 수잔이 서로 사랑한다는 것을 누구나 바로 알 수 있었어요."

마르타의 대조적인 약점은 지니의 약점이 시사하는 바를 확인시켜 주었다. 인지력과 언어는 별개라는 것이었다.

"사회적 상호작용 같은 비언어적 능력에 의해 언어를 설명하는 이론들은 마르타의 도전을 받고 있습니다."

야마다는 이렇게 말했다.

"사회적 상호작용이나 인지력 같은 것들은 분명 비언어적 능력에 해당되지만, 언어를 설명해주지는 않습니다. 언어 기능에는 특별한 그 무엇이 있습니다. 아주 독특한 그 무엇이요."

커티스는 아직도 독특한 그 무엇을 열심히 스토킹하고 있다.

지니가 보여주었던 특징인 명료하게 생각하는 능력과 놀라운 비언어적 의사교환 능력에도 불구하고, 언어의 가장 기초적인 부분조차 결국 마스터하지 못했던 지니에 관한 기억은 커티스로 하여금 "선택적 결손"을 지녔거나, 마르타의 경우처럼 "섬처럼 고립된 능력"을 지닌 사람들을 찾아 헤매게 했다. 이들이 어쩌면 마음에서 문법이 차지하는 독립성에 새로운 빛을 던져줄지도 모르기 때문이었다.

"지니로 인해 저는 언어와 인지력의 관계에 대한 한 측면을 파악했죠."

커티스가 말했다.

"나는 지니가 가진 결손의 이면을 보여주는 사례를 발견하고자 했죠."

커티스는 치매에 걸린 노인 환자들을 연구했다. 노쇠로 점차 의사교환 능력을 상실해가는 사람들이었다.

"어휘 능력이 점차 부정확해졌어요."

커티스가 말했다.

"그저 '그것' 이라든가 '저것' 하는 식으로 말을 하지요. 멜로디 같은 측면이 대화에서 사라지지만, 문법 구조는 여전히 완벽했습니다."

커티스는 정신지체아들과도 작업을 했다. 그녀는 최근 몇 년간 정신지체로 간주됐던 한 여성을 카운슬링해왔는데, 그녀의 이름은 첼시로 청각장애가 정신지체로 오인된 전형적인 케이스였다.

"지니보다는 훨씬 나은 상태였어요."

하버드 대학의 캐서린 스노우가 내게 말했다.

"신경학적으로 손상을 입은 곳은 없었어요. 다만 태어날 때부터 청각장애였고, 벽지에서 성장한 탓에 가족들의 사랑에도 불구하고 30대가 될 때까지도 언어의 혜택을 못 받은 거였어요."

마침내 신경학자인 피터 글루스크로부터 정확한 진단을 받으면서 그의 지휘 하에 치료를 받게 됐고, 일 년에 한 번씩 솔크연구소와 UCLA에서 네빌과 커티스의 테스트를 받았다. 정서적 충격으로 인한 손상이 전혀 없었음에도 불구하고, 첼시의 뇌는 지니와 비슷한 반응을 보였다. 즉, 왼쪽 뇌가 전혀 세분화되어 있지 않았던 것이다. 그녀도 의미 파악은 잘 하지만, 문법은 마스터하지 못하고 있었다.

이 보강 증거에도 커티스는 전혀 놀라워하지 않는다.

"언어는 정서나 동기와 하등 상관이 없습니다."

그녀가 내게 말했다.

"언어 능력은 성장합니다. 그건 그렇게 되어 있기 때문이에요. 언어능력이 어떻게 습득되는가를 연구하는 것이 훨씬 흥미로운 주제에요. 언어는 유기체처럼 성장합니다. 신체적 성장에 대해서는 사람들은 '왜?'라고 묻지 않아요. '왜 팔이 자랄까?'하고 묻는 사람은 없잖아요. 언어를 배운다는 것은 걷는 것을 배운다는 의미와 똑같은 것입니다. 언어는 특정 시점에 발달되도록 시간이 맞춰져 있는 생물학적인 명령체계이지 정서적 과정이 절대 아닙니다."

커티스가 가장 최근에 연구하고 있는 대상은 손상이나 질병으로 인해 한쪽 뇌를 수술적으로 제거한 대뇌반구절제시술 아동들이다. 지니가 기능적으로 고생했던 무능력을 이들도 문자 그대로 겪고 있는 것이다.

"한쪽 뇌가 절제된 어린이들이 문법을 배울 수 있는가가 제 관심사입니다."

커티스가 말했다.

"완벽한 문법을 터득하는 데 왼쪽 뇌는 필수적인가? 왼쪽 뇌가 제거되면, 오른쪽 뇌는 어느 정도로 문법기능을 보충해 줄까? 그것이 제가 알고 싶은 겁니다."

이 의문을 풀기 위해 그녀는 아이들이 수술을 받기 전날 먼저 아이들을 평가한 뒤 수술이 끝난 후의 회복 과정을 추적한다. 외과 의사들은 이 수술을 "끔찍한 사건"이라고 부르는데, 커티스가 수술 전에 행하는 도입 인터뷰는 "끔찍한 예비문서"라고 불린다. 이 말을 듣자, 나는 젊은 시절 절대 병원을 좋아하지 않았다고 말하던 커티스의 모습이 떠올랐다.

어느 여름날 저녁, 나는 커티스의 집 부엌에 앉아 있었다. 그녀의 최근 작업에 대해서 얘기를 나누는 동안 그녀의 남편 존은 저녁을 준비하고 있었다. 산타모니카의 고속도로에서 몇 블록 떨어진 광대한 로스앤젤레스 평야지대에 있는 그녀의 집은 참나무 판자로 만든 소박한 방갈로였는데, 바깥에 있는 아주 작은 마당에서 배구를 하기는 어려울 것 같았다. 식탁에 앉은 커티스는 우리가 그날 일찍 방문했던 SM에 대해 얘기하고 있었다. 대뇌반구절제 수술을 받은 이 소년은 지니가 살았던 템플시에서 얼마 떨어지지 않은 가난한 변두리 지역에 살고 있었다.

"이 소년은 우리가 예상했던 것과 다른 모습을 보여줬어요."

커티스가 말했다.

"그의 이해력은 완벽합니다. 문법도 잘 알고 있고요. SM이 시사하는 것은 오른쪽 뇌의 잠재력은 아주 뛰어나서 조기에 잘만 사용되면 문법을 마스터하는 데 충분히 기능한다는 것입니다. 놀라운 것은 이것뿐만이 아닙니다."

커티스는 계속했다.

"언어는 우리가 하나의 종種으로서 성공을 거둘 수 있게끔 허용하는 가장 핵심적 능력 중 하나입니다. 이 기능을 보호하기 위해서 우리의 뇌는 어떤 식으로든 가변적으로 적응한다는 사실입니다."

외부적 요인에 의한 영향력에 대항하는 이 소년의 탄력적인 적응력은 야성적 생물학보다는 개인적인 덕택에 힘입은 바가 크다고 그녀는 말한다.

"그애 엄마가 영감의 원천이죠. 소년의 집을 방문할 때마다 우리는 큰 감명을 받곤 합니다. 자원도, 돈도 없지만, 그 애의 엄마는 이 세상에 맞서고 있죠. 그녀는 불굴의 전사입니다. 그 애가 그만한 발전을 이룩한 것은 다 엄마 덕이에요. 스스로 극복하도록 엄마가 밀어붙인 거죠."

SM의 엄마는 심지어 수술 뒤에 흔히 따르는 신체의 마비도 극복하게 만들었다. 운동신경계의 경우 두뇌의 언어나 인지력 시스템보다 더 다루기 힘든데도 말이다.

"운동신경계는 절대 변화에 휘둘리지 않아요."

커티스가 말했다.

"그런데 SM은 아무런 마비 증상이 없어요. 이겨낸 거죠."

그런 회복이 고된 훈련의 산물이라니, 놀랍지 않은가? 내가 그녀에게 물었다.

두뇌가 자가 수리를 한 것이 아닐까? 강압에 고분고분할 두뇌가 아닌 것 같은데 말이다. 심지어 소년이 문법을 배운 것도 정서에 의해 통제된 과정이 아니라 돌봐주는 손길의 영향력에 놀랍도록 순응한 것이 아닌가?

커티스가 갑자기 벌떡 일어나더니 네 살 먹은 딸을 안아 들었다. 어린아이는 싱크대에서 닭을 손질하고 있던 아빠를 도우려고 곁에서 안달을 하고 있었지만 결국 엄마의 무릎 위에서 포로가 되고 말았다. 엄마 품에서 몸부림을 치는 딸을 안고 다시 의자에 앉은 커티스는 이렇게 말했다.

"특수한 경우죠. 그 말이 맞아요. 그렇지만 세상에는 의학적으론 설명할 수 없는 이상한 일들이 아주 많이 있답니다."

38

마지막 눈길

"의학적 설명이 불가능하다"는 그녀의 말은 (이제 곧 드러나지만) 그녀의 집과 유사한 방에 앉아 있었던 어떤 과학자로부터 들은 적이 있는 소리였다. 데이빗 리글러의 충고를 따라 제이 셜리를 보러 갔던 바로 그날이었다.

셜리의 서재는 오클라호마에 있는 그의 집 뒤편에 덧대어 만든 것으로, 알루미늄을 두른 일광욕실 같은 방이었다. 처음에는 이 방의 별다른 특징이 눈에 띄지 않았는데, 한참 앉아 있다 보니 유빙 위에 서 있는 펭귄들이 이 방에 함께 살고 있음을 알게 되었다. 도자기로 만든 작은 펭귄들은 창문 밑에 달린 선반을 가로 질러 행진하고 있고, 책상에도 펭귄들이 보초병처럼 서 있다. 셜리가 입은 골프 셔츠에도 펭귄이 그려져 있고, 그가 내온 커피 잔에도 펭귄 그림이 그려져 있었다.

벽에는 텍사스 지도 옆에 남극 대륙의 지도가 걸려 있었는데, 고립에 관한 그의 위대한 두 만남을 보여주는 듯 했다. 한 곳은 그가 과학자 자격으로 연구한 곳이었고 다른 하나는 그가 어린아이였을 때 견뎌낸 바로 그 장소였다. 뒤뜰로 향하는 입구에는 바람에 찰랑거리는 풍경 소리와 근처 단풍나무 숲에서 되새들이 끊임없이 재잘대는 소리가 들려왔다.

커피를 다 마시자 그가 나가더니 두껍고 누런 봉투가 빼곡히 들어 있는 커다란 상자 두 개를 들고 나타났다. 상자에는 펩시콜라 마크가 새겨져 있었다. 그는 책상에 놓인 펭귄들을 치우고 박스를 그곳에 놓았다. 지니에 관해 그가 보관하고 있는 모든 서류였다.

그 뒤 5~6일에 걸쳐 얘기를 나누는 동안(보통 아침 식사 후에 만나 점심은 건너뛰고 함께 저녁을 먹는 식이었다) 그는 박스에서 거의 20여 년 전의 편지와 심포지엄 논문과 리글러, 버틀러, 켄트 그리고 한센과 나눈 전화 내용을 휘갈겨 쓴 기록들을 계속해서 꺼냈다. 박스 한 군데에 "수면방추"라고 씌어진 서류가 있긴 했지만, 그의 방대한 보고는 지니에 관한 과학적 기록물이 아니라 대부분 그의 경험에 관한 것이었다. 그를 괴롭혔던 의문은 이 자료 너머 저 멀리 어딘가에 잠들어 있었다.

"여기……."

박스로 손을 뻗으면서 셜리가 말했다. 봉투마다 "지니 출현하다"와 "버틀러의 입력자료", "지니의 책"(지니의 생애는 다시 "창세기"와 "출애굽기"로 나뉘어져 있었다.) 등의 제목이 붙여져 있었는데, 그는 "사진"이라고 표시된 봉투 한 개를 꺼냈다.

그가 건넨 첫 번째 사진은 아무런 특징이 없는 집을 찍은 것으로 '대왕야자수'라는 팻말이 걸린 길 건너편에서 찍은 것이었다. 회색의 차가운 그늘을 드리우고 있는 레몬나무 사이로 마당에는 신문지가 바람에 펄럭거리고 있었다. 두 번째 사진 역시 같은 집을 찍은 것이었는데, 이번에는 찻길 쪽에서 찍은 것으로 거기에 아이린이 서 있었다. 체크무늬의 치마에 매끄러워 보이는 노란색의 가디건 위로 헝겊으로 만든 지갑을 손에 바짝 쥐고 있었는데, 갑자기 한기라도 느낀 것 같았다. 아동학대와 유기 혐의로 기소된 후 무죄로 풀려난 지 얼마 되지도 않아, 호기심에 찬 이방인들에게 집이 처음으로 공개됐던 바로 그날의 사진이었다.

"아이린은 내가 보기에는 모성애적 본능이 아주 강한 사람이었어요."

셜리가 말했다.

"그렇지만 너무나 기가 꺾이고 병약한 상태에 있었지요. 오랜 시간을 진 버틀러가 친구가 되어준 뒤에야 아이린은 과감히 일어나서 자신을 주장할 수 있었어요. 몇 년 전인가, 기억나는 게 하나 있어요. 아이린이 정말 찢어지게 가난하게 살 때였는데, 대형 방송사가, 제 기억에는 해외 방송국 같은데, 만 달러를 줄테니 지니 이야기를 팔라고 했어요. 그러면서 그녀 앞에 온갖 서류를 늘어놓았죠. 아이린은 단호하게 거절했어요. 몹시 두려워하면서도 신념 또한 얼마나 강한지 깊은 인상을 받았습니다. 나도 그때 그 자리에 있었거든요. 적어도 나는 로스앤젤레스에 있었고 그녀와 얘기를 나누었어요. "

셜리는 집을 찍은 사진을 치우더니, 이번에는 노트 한 장에 사각형을 그렸다. 그리고 다시 그 안을 작은 사각형들로 나눴다.

"여기가 바로 사람들이 말하던 클락이 엄마를 모신 성소였던 방입니다."

그가 말했다.

"이게 제일 큰 방인데 침대 하나로 꽉 차죠. 그러니 사실 큰 방이랄 것도 없죠. 이게 거실인데, 여기 의자 하나가 있었고, 여기 고장난 텔레비전이 한 대 있었죠. 클락은 거의 이 의자에서 잠을 잤어요. 여기 바닥의 작은 침상 하나가 아들이 잤던 곳입니다."

그는 한 쪽 구석에다가 지니 방으로 보이는 작은 사각형을 그려 넣었다.

"이쪽에 창문이 하나 있었고, 구석 쪽인 이곳에 한 개가 더 있었습니다. 창문 사이인 이곳에 서랍장이 놓여 있었고 그리고 여기가 바로 지니가 잠을 잤던 곳이에요."

작은 사각형을 그려 넣으면서 그는 그 안에다 "작은 침대"라고 썼다.

"그리고 여기가 유아용 변기 의자가 있던 곳입니다."

그가 말했다.

"이따금 이쪽으로 옮겨지기도 했어요."

그는 그림을 한참 쳐다보다가 다시 지니의 집 둘레에 마당을 그려 넣었다. 찻길도 표시하고 레몬나무도 그려 넣었다. 위에서 내려다 본 나무는 마치 작은 점들이 뭉쳐서 만들어진 구름처럼 보였다.

그다음에 보여준 대여섯 장의 사진은 같은 해 겨울에 찍은 것이었는데 지니의 방을 찍은 것이었다. 방은 어두침침했다. 철제 여닫이 손잡이가 달린 합판으로 만든 3쪽짜리 벽장이 보였다. 4단 서랍장은 소나무로 만든 거였다.

그리고 여기 그 창문이 있었다. 양쪽 창문 모두 윗부분에는 차양이 드리워져 있었고, 나머지 아래 부분은 노란색 커튼이 쳐져 있었다. 빨간 꽃무늬가 그려진 얇은 천이었다. 한쪽 커튼은 벽 쪽으로 젖혀져 짐을 쌀 때 쓰는 테이프로 고정되어 있었다.

"지니의 방은 감각의 박탈이라기보다는 감각의 단조로움에 가까웠어요."

셜리가 말했다.

"단조로움 말이에요. 무슨 말인지 아시겠어요? 다양함은 결코 인생의 양념이 아닙니다. 그건 삶에서 가장 본질적인 부분이에요. 자신을 방어하고 유연하게 적응하는 자아를 발전시키는 데 있어서 단조로움이란 죽음과 같은 뜻입니다. 이렇게 작은 방에 갇히면, 인간은 밖의 이미지를 흡수하는 게 아니라 오히려 자신의 내면의 이미지를 투사하게 됩니다. 그리고 무엇이 자신이 만든 이미지이고 무엇이 바깥 세상에 진짜 존재하는 것인지 점점 헷갈리게 됩니다. 꿈과 실제를 구별하는 능력을 잃어버리게 되는 거죠. 사회적으로 고립된 어린이들은 대개 이 아이들을 동물 다루듯 하는 정신병적 부모들을 두고 있습니다. 인간적 친밀함을 고취시키는 건 눈을 씻고 봐도 없죠. 벽장 속에 애를 가두는 건 전형적인 예에요. 결코 드물지 않죠. 최근 여기 오클라호마에서 일어난 일인데, 네 살 먹은 남자 어린애를 그 애 부모가 뒷마당의 축사에다 개들과 함께 넣고 키운 사건이 있었습니다. 이 애는 네발로 걸어 다녔어요. 그런데 지니는 이런 사례들 가운데 단연 으뜸이죠. 단연 기록적입니다. 그런 기록을 부러워할 사람은 아무도 없겠지만 말이에요."

다음 사진은 그 후 6개월이 지나서 찍은 거였다. 여름이었는데 마루에 앉아 웃고 있는 지니의 모습이 또릿또릿해 보였다. 사진 뒤에는 "이 사진은 지니가 나와 함께 지내고 3일 후에 찍은 것임(그녀는 병원에서 준 파자마를 입고 있음)"이란 설명이 붙어 있었다.

진 버틀러의 글씨란 것을 알 수 있었다.

"관찰자로부터 감정을 끌어내는 이 작은 소녀의 능력은 정말 대단했어요."

셜리가 말했다.

"그걸 당신도 봤어야 했는데요. 백문이 불여일견이잖아요. 진과 플로이드 러흐는 이 애한테 거의 홀렸었어요. 처음 만날 때부터 진은 지니에게 찰거머리처럼 달라붙었어요. 그리고 거기에 지니는 화답했죠. 물론 진은 자기 아이를 가진 적이 없었어요. 리글러 부부는 애가 3명이나 있었으니 자신들이 경험적으로 더 낫다고 생각했겠죠. 그러나 진을 알게 된 이후로 진이 좋은 수양부모로서 자격이 없다고 느끼게 해주는 점을 나는 단 한 번도 발견한 적이 없었어요. 그녀는 교사였고, 지니를 만나고 단 1~2주만에 아주 긍정적인 관계로 발전시켰죠. 나는 리글러 부부가 지니와 그런 따뜻하고 감정이입적인 관계를 나누는 걸 한 번도 본 적이 없어요. 이들 부부의 집에 있었을 때 지니는 따뜻한 집이 아니라 차가운 틀 속에 갇혀 관찰당하는 존재에 불과했습니다."

"나는 리글러가 진에게 느끼는 감정을 어느 정도는 이해해요. 진는 아주 희한한 이중적인 면모를 지니고 있는 사람입니다. 그녀는 장애가 심하고 병약한 어린애들에게는 비범하리만큼 친절하고 세심한 교사였지만, 어린애가 아닌 어른들, 특히 아이들을 어떻게 다뤄야 하는지에 대해 자신과 의견을 달리하는 어른들에겐 말도 못하게 악의적이고 가학적인 면이 있었죠. 그러나 우리 몇몇 사람이 느끼기에 지니가 진 같은 사람과 함께 있지 못하게 된 것은 정말 유감이었습니다. 진은 과학적 연구 대상으로서가 아니라 한 인간으로서 지니에게 애착을 가졌으니까요. 게다가 나는 아이에게 동조합니다. 만일 아이가 '난 이 사람이 좋아요' 라고 말한다면, 아이가 달라 붙을만한 진실된 그 무엇이 거기에 있는 거라고 생각합니다. 어른이 보기에 옳지 않은 것 같고 우려할 만한 것이 있다 할지라도 아이의 본능은 가장 중요한 문제에 관한 한 대부분 옳은 판단을 합니다."

1971년 여름에 찍은 사진들도 몇 장 있었다. 화랑에 있는 지니의 모습이었다. 하얀 카라에 커다랗고 하얀 주머니가 달린 멋진 고동색 드레스를 입고, 한 움큼의 밝은 햇빛 속으로 성큼 내딛고 있었다. 다른 하나는 해변에서 수영복을 입고 있는 모습이었다.

발을 감싸면서 씻겨 내려가는 파도를 즐거움이 가득한 눈길로 바라보면서 한 손을 치켜들어 오케이 사인을 보내고 있었는데, 집게손가락의 끝 부분이 엄지손가락 끝과 맞닿아 있었다.

마지막으로 본 사진 두 장은 다른 사람을 찍은 것이었다. 아니, 그렇게 생각했다. 소처럼 멀뚱멀뚱하고 이해 불가능한 표정을 짓고 있는 덩치가 크고 불안해 보이는 한 여인이었다. 그녀는 운전하는 시늉을 하며 차 안에 앉아 있었는데, 눈은 반쯤 감겨 있고 앞니는 돌출되어 있었으며 찡그리듯 웃고 있었다. 바람막이 창에 어른거리는 야자수의 상단이 마치 별 모양의 광채를 반사시키고 있었다.

두 번째 사진은 실내였다. 하얀 설탕을 입힌 생일 케이크를 막 자르려 하고 있었다.

눈의 초점을 케이크에 맞추려 하지만 잘 안 되고 있었다. 앞이마의 검은 머리는 불규칙하고 거칠게 싹둑 잘려져 있어서 마치 수용소에 갇힌 사람 같았다. 그녀가 입은 드레스의 무엇인가가 슬퍼 보였고, 무언가를 상기시켰다. 아무 모양새도 없는 빨간 꽃들이 그려진 저 옷, 저것을 대체 어디서 봤단 말인가? 그녀의 오른손은 케이크를 자르는 칼을 쥐고 있고, 왼손은 위를 향해 들려져 있는데 집게손가락이 엄지에 닿아 있었다.

비통한 표정으로 셜리가 사진을 바라보는 동안 나는 차츰 생각이 나기 시작했다.

"27번째 생일 파티였죠."

그가 말했다.

"저도 거기에 있었어요. 그리고 29번째 생일 때, 그녀를 한 번 더 보았습니다. 여전히 비참해 보였습니다. 제 생각에 지니는 보호시설에 만성이 되어 있었어요. 가슴이 찢어지는 광경이었죠."

사진 뒤에 셜리는 이렇게 써놓았다.

"지니는 등이 몹시 굽어 있고 거의 눈을 맞추지 못한다. 이 사진은 그녀가 가장 행복해 하던 순간을 찍은 것이다(한 시간 전에 나와 엄마를 맞이할 때 잠깐 반가와 하던 표정을 제외하고는)."

사진을 돌려 다시 앞을 보자 드레스와 관련된 연상이 갑자기 떠올랐다.

"아이린이 직접 만든 거예요."

셜리가 말했다.

"시력이 사라지기 전에 아이린은 수석 재봉사로 일했답니다."

얇고 꽃무늬가 있는 그 옷이 지니의 작은 방에 걸려 있었던 커튼을 연상케 한 것이었다.

"그녀 표정이 어떻게 보입니까?"

내가 셜리에게 물었다.

"어떻게 보이냐고요?"

그가 대답했다.

"그녀는 실성한 것처럼 보여요."

잠깐 숨을 멈추더니 마치 핵심을 말하려는 듯 그가 강한 어조로 다시 말했다.

"내가 생각하는 지니는 이 세상으로부터 고립된 사람이었습니다. 오랜 세월 동안 감금돼 있었죠. 그러다가 세상으로 나왔고 잠깐 동안 좀 더 이성적인 세계에서 살면서 그 세상에 응답하고는, 다시 문이 닫히자 가라앉았습니다. 그리고 그녀의 영혼은 병이 든 거죠."

내 얼굴에 시선을 그대로 꽂은 채 그는 차안에 앉아 있는 여인을 가리켰다.

"이건 영혼의 병입니다."

그가 말했다.

"유기적이고 생물학적인 치매 상태에 빠진 그녀의 퇴락을 의학적으로 설명하는 건 불가능합니다."

39

비통함만 남다

한참 동안 셜리는 할 말을 잊은 듯 했다. 마당에서 되새들이 재잘거리는 소리만 계속 들려왔다. 그가 다시 말을 꺼냈다.

"지니가 세상에 처음 나왔을 무렵 저는 거꾸로 세상으로부터 등을 지고 어떤 것이든 방향을 찾고자 헤맸습니다. '회오리바람이 불 때는 이렇게, 지진이 날 때는 이렇게, 자연 속에서 실험 할 때는 이렇게' 등, 안내를 찾아 헤맸지만 어느 곳에서도 발견하지 못했습니다. 그러나 내 경험에서 볼 때 지니의 실험은 그렇게 나쁜 결과로 끝나지 않을 수도 있었습니다. 하지만 계획 첫날부터 과정은 선로를 이탈하기 시작했죠. 그리고 약간 더 진행되자 방향은 완전히 180도 선회했습니다. 바로 여기에 아무도 파악하지 못했던 근본적인 문제가 있었어요. 핵심적인 문제는 고립으로 인한 혹독한 충격에 있는 게 아닙니다. 정말 중요한 것은 고립된 환경에서 벗어나 재진입하는 과정입니다. 고립은 반응하는 데 필요한 사람의 준비성을, 이를테면 차가운 냉동창고 같은 곳에 오랫동안 묶어놓는 것과 같습니다. 깁스나 부목 때문에 오랫동안 굳어 있었던 근육을 다시 사용한다고 한번 가정해보세요. 일단 부목을 벗어던지면, 근육은 다시 훈련을 받아야 합니다. 오랫동안 사용하지 않았기 때문에 근육이 위축되어 있거든요. 그래서 재활계획에는 근육의 파손 없이 어떻게 하면 힘을 되살릴 수 있는지 그런 것들이 다 계산되어 있죠."

"우리는 모두 무력한 존재로 이 세상에 태어납니다. 자기와 타인 간에 어떤 경계도 없이 이 세상에 들어오죠. 태어나서 처음 20여 년을 이 경계선을 구축하는 데 사용합니다. 학대와 착취를 당하는 아이들은 서너 살 때 이 전쟁에서 이미 지고 맙니다. 나는 지니가 이런 아이들 중의 한 아이라고 생각했죠. 아무도 침범할 수 없는 개별적인 총체라는 느낌을 한 번도 가져보지 못한 어린 소녀. 나는 지니가 믿음과 불신을 구별하는 능력을 지닌 핵심적 자아로 이 세상에 진입하기를 원했습니다. 제대로 재진입하도록 도와주는 것, 바로 이것이야말로 지니를 치료하건 연구실험을 하건 간에 핵심적 요소로 취급됐어야 했단 말입니다. 미쳐 날뛰었던 과학적 착취로 인해 적절한 재진입 시도가 한켠으로 밀려나서는 절대 안됐던 겁니다."

"어린이에겐 승인 이상의 것이 필요합니다. 안전과 안정의 욕구가 채워져야 하고 자신이 가치 있는 존재라는 절대적인 확신이 느껴져야 합니다. 글쎄요. 지니가 자란 곳은 아버지, 엄마가 다 자기 스스로를 좋아하지 않았고, 또한 아무도 지니를 좋아해 주지 않은 그런 가정이었죠. 그리고 나중에 지니는 유명인사가 되어버렸죠. 모든 사람들이 이 극도의 원시적인 아이, 곧 애벌레 같은 아이를 쳐다보았죠. 신체발달은 6세에 불과한 13세의 한 소녀. 모두들 이 기괴한 아이에 대해서 이야기합니다. 지니는 기이한 아이였어요. 모든 사람들이 그 애를 그렇게 취급했어요. 기이한 아이. '이렇게 불쌍하고 기이한 이 아이에게 무엇을 할 수 있을까?' 하고요. 이들은 배설물을 바라보는 애들과 똑같이 행동했죠. 애들은 처음에는 자신의 배설물을 보물처럼 여기다가 나중에는 앵글로색슨족 표현을 빌리면, 그저 똥(shit)으로 보잖아요. 그리고 사실대로 말해서 아주 어릴 때의 특이한 발달 말고 지니가 세상에 제공할 수 있는 게 뭐가 있습니까? 없습니다. 없다구요."

"지니의 문제는 너무나 지나칠 정도로 교육적 측면에서 접근했다는 것이었습니다. 정서적인 면을 완전히 도외시 했어요. 우린 지니에게 말을 가르치려고 애를 썼죠. 글쎄요, 난 잘 모르겠습니다. 그렇지만 문제가 있죠. 린네의 분류에 따르면 호모 사피엔스는 언어적 존재가 아니라 문화적 존재입니다. 우리는 관계 속에서 성장해 나갑니다. '아베론의 야생아' 였던 빅토르 얘기로 되돌아가는데, 어린애가 무언가를 배우기 위해선 뻗어나가는 데 필요한 영양분을 어린애가 충분히 제공받을 수 있는 관계가 먼저 형성되어야 합니다. 애정 어린 애착 관계가 가장 중요합니다. 그건 절대 지적인 과정이 아닙니다. 지적인 성장은 애정에 찬 유대 관계의 등 위에 올라탈 뿐입니다. 그리고 사랑이란 그렇게 쉽게 오지 않습니다. 인간은 잔인함뿐만 아니라 무관심에도 독특한 재능을 가지고 있죠. 계몽주의 철학자들은 인류를 규정하는 필수적인 특성의 하나로 동정심을 거론하지 않았습니다. 그것이 우리의 천성이 꼭 배워야 할 부분인데도요."

셜리는 부정이라도 하듯이 손사래를 쳤다.

"이런 건 해묵은 얘기예요."

그가 말했다.

"내가 오래 산다면, 이런 사례에 어떻게 접근해야 하는지에 관한 연구를 꼭 해볼 생각이에요. 이런 사례들은 계속해서 발생하거든요. 내가 알기론 1800년에 빅토르가, 1820년대엔 카스파 하우저가 그리고 1970년에 지니가 있었습니다. 이 중에 단 한 건도 잘 다뤄진 예가 없었습니다. 모두 지니처럼 다뤄졌죠. 지니만큼은 잘 다뤄질 수도 있었는데요. 어떤 면에서는 실망스러울 수도 있었겠지만, 결과만큼은 틀림없이 훨씬 더 행복하게 끝날 수 있었을 겁니다. 지니는 병원에 도착한 뒤 처음 한 두 달 만에 몹시 허기가 졌어요. 그다지 우호적이라고 할 순 없지만 어쨌든 지니는 일관된 환경에 있다가 그곳에서 빠져나왔습니다. 자, 이제 그녀는 완전히 새로운 환경에 놓이게 되었어요. 몹시 시끄럽고 다른 애들도 많이 있습니다. 사실 병원이란 지나치게 자극이 많은 장소죠. 문제는 어떻게 하면 지니를 이곳에서 빼내 가정에 안착시키느냐 하는 거였습니다. 그러나 지니는 계속해서 여러 가정을 전전했습니다. 점점 더 시끄러워졌죠. 처음의 배고픔은 잔치로 변했죠. 그녀의 대응은 잔치에 손을 대지 않는 것이었어요. 진수성찬에 너무나 기가 죽은 거죠. 이게 수면으로 떠오를 때의 과정입니다. 엄청나게 배가 고팠지만 기아상태는 워낙 만성적이고 오랫동안 지속된 것이었기 때문에 이제 그녀가 원하는 것을 갑자기 내주는 세상을 신뢰할 수 없었던 거죠. 세상이 건네주는 것이 어쩌면 독일지도 모른다고 두려워했던 거죠. 결과적으로 말하면 그녀가 옳았습니다."

"그들이 나쁜 사람들은 아니었죠. 이들은 단지 지니가 정상적인 궤도를 따라 발전하도록 허용하지 않았다는 죄밖에 없죠. 연구 과정이 치유를 먼저 때려눕혔고, 치유가 연구를 때려눕혔습니다. 인간적 측면을 먼저 고려했더라면 과학도 훨씬 더 좋은 결과를 얻을 수 있었을 것입니다. 그랬더라면 우리는 십중팔구 더 많은 것을 배울 수 있었을 것이고 배운 것을 다른 사례에 물려줄 수 있었을 겁니다. 우리가 지니로부터 배운 유일한 지식은 나쁜 예들뿐입니다. 해서는 안될 그런 것들 말입니다."

"내가 지니 사례에서 목격한 것은 지독히도 무신경한 착취였습니다. 나 역시 그것의 일부임을 깨달아야 했고, 빠져나가기로 맹세했죠. 그토록 무참하게 학대를 당했던 지니가 결과적으로 그 무서운 착취를 다시 한 번 겪은 거죠. 전에는 가족 내에서 착취를 당했다면, 이번에는 가족 밖에서 당했습니다. 등장인물만 바꾼 채로요. 나도 그중의 한 명이었으니 미안할 따름입니다. 지니의 개인적 측면에서 본다면 운명으로 돌릴 수밖에요. 그게 만일 연극이라면 보통 두 번째 기회가 주어지잖아요? 죽어 가는 애를 살릴 수 있는 기회 말이에요. 그러나 세 번째 기회란 없죠. 지금이 그런 상황입니다. 실험을 다시 다 할 수는 없죠. 우리는 돌아갈 수 없습니다. 그게 너무나 가슴이 아픕니다."

40

그러나 나는 고민한다. 무슨 말을 해야 할까?

오클라호마에서 며칠을 지내면서 제이 셜리로부터 지니에 관한 얘기를 들었을 때, 그리고 오륙 년이라는 기간 동안 다른 사람들로부터 얘기를 듣고 났을 때, 나는 이 이야기가 초월성에 관한 것이라고 생각했다.

좀 더 정확히 말하면 이 이야기는 두 개로 나눠진다. 어린 시절을 옥죄었던 공포를 초월하기 위해 필사적으로 그리고 영웅적으로 몸부림치지만 결과적으로는 실패로 끝나고 마는 한 젊은 여성에 관한 것이고, 다른 하나는 제한된 과학적 진실성 안에서 자신들의 지식의 한계를 초월하고자 하는 연구자들에 관한 것이다.

과학자들이 발견하고자 한 것, 그리고 지니가 되찾고자 한 것은 바로 우리가 갖고 있으며 영원히 변치 않는 인간 본성의 핵심적인 요소인 생득권Birth Rights이었다. 이를 서로 추구하는 과정에서 과학자와 실험대상의 성공과 실패는 비난과 미덕, 희망과 헛수고로 서로 뗄래야 뗄 수 없을 정도로 연결되어서, 그 시절을 살았던 사람들의 마음속에 아직도 남아 있다.

오클라호마에 머물 때 나는 이미 알고 있었다. 제이 셜리의 견해가 다른 모든 사람들의 견해를 대변하는 것은 아니며, 그리고 그 사실이 계속해서 상기될 것임을……. 즉, 리글러의 집이 더 따뜻했다거나 과학자들의 실험이 그렇게 지나친 것도 아니었고, 혹은 지니의 퇴락에는 진 버틀러나 사회복지사들의 책임이 더 크다고 말하는 사람들도 있었던 것이다. 이 사례를 둘러싸고 온갖 의견들이 난무했지만, 나는 지니의 관찰자 중에 의견이 완전히 일치하는 경우를 단 한 번도 발견하지 못했다. 정도만 다를 뿐 셜리의 비난에 동참하는 사람들도 일부 있었다. 나와 얘기를 나눈 많은 사람들이 유일하게 의견의 일치를 본 것은(셜리까지도), 셜리가 말할 때 그의 표정을 스치고 지나갔던 것, 리글러의 눈에서 보았던 것, 그리고 커티스에게서 여러 번 느꼈고 그녀의 집에서 마지막으로 가졌던 저녁 인터뷰에서도 그녀의 눈을 통해 느꼈던 바로 그것, 즉 분노와 회한이었다.

지니로 인해 경력을 쌓은 사람이건, 지니로 인해 경력을 망가뜨린 사람이건 가릴 것 없이, 지니와 함께 한 시간이 이들에게 그녀만의 족적을 뚜렷하게 남긴 것 같았다.

이는 그들의 경력과는 아무 상관이 없는 것이었다. 이들의 삶에서 지니란, 마치 첫사랑이나 아기의 탄생처럼 결코 평가를 허락하지 않는 중심적이며 본질적인 커다란 사건이었던 것이다.

지니는 작은 방을 벗어나 그들 앞에 나타났다. 그리고 그들은 언제나 그렇듯이 과학자들이 흔히 하는 식으로 질문을 하면 그것에 응답해 줄 어떤 사람이 여기 있다고 생각했다. 그들은 또 과학자들이 흔히 그러듯이, 감정적으로 얽히지 않고 공명정대하게 이런 질문들을 실험 대상에게 던질 수 있다고 믿었다.

안전하게 떨어진 거리에서 과학자들은 이 다른 종種들(아이린과 클락 그리고 지니)과 더불어 이들의 슬프고 도저히 믿겨지지 않는 역사를 탐험하기 시작했다.

그러나 관찰하는 자와 관찰 받는 자들의 역사가 서로 얽히면서 더 이상 안전한 거리두기는 없게 됐다. 결과적으로 과학자들이 지니를 작은 방에서 해방시킨 것이 아니라 지니가 그들을 작은 방으로 안내한 것이 됐다. 안으로 안내하고는 이들을 버렸다.

지니는 혹독하게 꾸짖는 선지자처럼 이들의 삶을 관통하고 지나갔으며, 이제 사무실 칸막이에 걸어놓은 사진이나 단단한 상자

속의 유물, 혹은 가만히 내버려두기만 했다면 어쩌면 그렇게 두려운 것이 아니었을지도 모를 고립과 포로상태에 관한 의문점으로 남겨졌다.

커티스 집에서의 저녁 식사가 끝났다. 커티스와 내가 얘기할 수 있도록 존이 어린 두 딸을 달래서 데리고 나갔다. 여름날 텔레비전에서 흘러나오는 단조로우면서도 낮은 소리와 이따금 한바탕씩 키득거리는 웃음소리가 방에서 새어나왔다. 커티스가 딸들과 함께 노는 모습을 지켜보면서, 또한 그녀가 그날 낮에 SM과 함께 노는 모습을 지켜보면서, 나는 아이들이 얼마나 쉽고 장난스럽게 그녀로부터 친절을 이끌어내는가를 알아차렸다.

어떤 경우에서건 그녀는 예상치 못한 부드러움을 자아냈다.

맨 처음 그녀를 만났을 때, 그녀는 단호하게 자신은 과학에 대해서만 말할 것이라고 했었다. 그것은 곧 지니와의 개인적인 역사는 경계선 밖이라는 뜻이었다. 그러나 첫 번째 인터뷰가 끝나갈 무렵 그리고 그 후 매번 묻지도 않았는데 자진해서 자신이 그어놓은 선을 뭉개고는 예전에 연구했던 아이에 대한 감정을 가슴 뭉클하게 털어놓는 것이었다.

"그녀는 나에게 점점 필요한 존재가 됐어요."

커티스는 이렇게 말하곤 했다.

“지니가 이제 더 이상 내 삶에 존재하지 않게 됐을 때 나는 그녀가 정말 그리웠어요.”

저녁식사와 디저트까지 모두 끝나고 이제 다 먹은 접시들을 앞에 놓고 커티스와 나는 구문론과 의미론, 결정적 시기에 관한 가설과 대뇌반구 절제시술에 관한 마지막 시간에 드디어 종지부를 찍었다.

내가 노트북을 덮고 연필을 옆으로 치우자 그녀는 확신에 찬 연구영역에서 다시 한 번 방향을 비틀어 금지된 사적인 영역으로 들어갔다. 그녀의 목소리에는 적막함마저 묻어났다.

“지니를 다시 만날 수만 있다면 난 얼마라도 지불할 용의가 있어요.”

그녀가 말했다.

“무엇이든 다 할 거예요. 오랫동안 지니로부터 아무 소식도 못 들었어요. 겨우 두 번 소문을 들었을 뿐이에요. 마지막으로 들은 소문에 의하면 지니가 거의 말을 못한다는 것과 침체에 빠졌다는 것 그리고 우울증이라는 것이었어요. 지니는 정말 사랑스럽고 아름다운 사람이었습니다. 존과 내가 처음 만났을 때 나는 그에게 지니에 대해 얘기하곤 했죠. 그러면 그는 ‘그만 해, 그만. 너는 그 사람을 너무 이상화하고 있어. 만일 내가 정말 지니를 만난다면 환상은 깨져버리고 말 거야. 세상에 그렇게 완벽한 사람은 없어' 라고 말했어요. 그러다 실제 지니를 만났는데 그가 떠날 때 이러는 것이었어요. '오! 하나님! 왜 진작 말 안했어?'"

커티스의 큰딸이 재빠르게 부엌으로 들어오더니 우리에게 선글라스를 보여주었다. 아이는 안경다리는 온데간데없는 하트 모양의 안경을 코에 걸치고 있었다. 아이는 엄마한테 몸을 기댔고, 엄마는 팔을 둘러 아이의 어깨를 감싸 안아주었다. 그러나 엄마의 마음은 딴 데 가 있었다. 작은 소녀는 잽싸게 몸을 비틀어 자신이 있던 곳으로 돌아갔다.

"언어가 사람에게 하는 역할은 무엇일까요?"

커티스는 질문을 던졌다.

"언어로 인해 우리는 인지하고 생각하죠. 저한테는 그런 것이 중요합니다. 왜냐하면 저는 그런 종류의 사람이니까요. 또한 언어는 우리 자신을 타인들과 공유하게 하죠. 우리의 생각과 사상도요. 그리고 내 존재에 있어서 인간적이라고 간주하는 엄청나게 커다란 부분을 제공합니다. 지니는 단어를 통해 개념을 어떻게 부호화 할 수 있는지 배웠어요. 도구로서 언어를 이용하는 것을 배웠지요. 사물과, 생각과, 감정에 이름을 붙이게 된 거죠. 언어는 지니에게 세상과 소통하는 완벽하고 새로운 방법을 제공해줬어요. 나를 인간적으로 만드는 데 가장 크게 기여한 언어의 한 부분을 고르라고 한다면 그것은 지니가 소유했던 그 부분일 거예요. 우리가 지니의 과거에 대해 알게 된 것도 그녀로부터 직접 들은 것이었고, 그녀의 감정에 대해 알게 된 것도 그녀의 입을 통해서였습니다. 그녀는 자신의 사랑과 마음을 나누었죠. 그런 관점에서 본다면 문법이 무엇이 그리 대수겠어요? 언어의 그런 부분을 습득한 것이 지니를 치유한 것은 아니에요. 지니는 정말 참을 수 없을 정도로 상처를 받은 아이였죠. 그러나 언어는 그녀로 하여금 자신을 다른 사람과 분리하게 했습니다. 지니를 다시는 못 만나게 된 이후로 오랫동안 나는 지니를 다시 만나면 무슨 말부터 해야 하나 하고 고민했어요. 어떤 행동을 해야 하는지를 의미하는 게 아니에요. 그건 이미 알고 있어요. 난 지니를 꼭 안아줄 거예요. 그런데 그러고 나서 도대체 무슨 말을 해야 하나 하는 거죠."

"지니는 내가 여태껏 만난 사람 중에서 가장 아름답고, 가장 커다란 영감을 불러일으킨 사람이었어요. 그녀를 다시 만날 수만 있다면 직업도 포기하고 경력도 바꿀 수 있어요. 나는 그녀와 함께 작업했고 그녀를 친구로서 만났습니다. 그리고 우리 둘 사이에 가장 중요한 것은 우리의 우정이 점점 더 깊어진다는 것뿐이었어요. 그녀를 다시 만날 수만 있다면 다른 건 다 포기할 수 있습니다."

프롤로그

어떤 책이든 두 개의 이야기를 담고 있다. 첫 번째는 책이 주장하고자 하는 것으로, 자연히 시끄러울 수밖에 없다. 저자는 책 내용과 겉장을 통해 연신 나팔을 불어댄다. 두 번째는 책이 나오기까지의 이야기로, 대체로 조용하고, 심지어 저자조차도 눈치를 못 채고 지나갈 때도 있다. 저자의 경험이 이야기가 나온 배경인데도 말이다. 두 이야기 간에는 만져지지는 않지만 서로 도망갈 수도 없는 어떤 끈이 있다. 천문학자들이 우리에게 전해주는 쌍둥이별에 관한 이야기와 같다. 어두운 별은 더 크고 더 환한 쌍둥이별의 궤도 안에서 어쩌다 흔들릴 때 간신히 보일 뿐이다. 중력에 의해 서로 잡아당기는 힘의 세기, 즉 두 이야기 사이의 연결이 어떤 깊이와 생명력, 그리고 긴급함과 정직성을 갖느냐에 따라 그 책은 우리가 문학이라고 부르는 것에 얼마나 가까이 다가가는지를 결정짓는 먼 길을 떠나게 된다.

이 책 『지니』가 미국에서 처음으로 출간된 후, 내게 쏟아진 수

많은 질문에 나는 놀라움을 금치 못했다. 밝고 대단한 이야기도 아닌 나 자신의 개인적인 경험에 관한 숨겨진 이야기에 불과한데 말이다. "지니에 대해서는 어떻게 알게 되었는가?", "그녀의 삶에 몰두하면서 당신의 삶은 어떻게 변했는가?" 그리고 가장 끈질기게 쏟아진 질문은 "그녀를 만나봤는가?"와 "그녀는 어떻게 지내는가?"였다. 여기에 대응하는 나의 질문은 (마음속으로만) "어떻게 독자들이 이런 질문을 할 정도로 알게 되었는가?"였다. 왜냐하면 진실로 지니는 내게 커다란 영향을 미쳤고 나의 삶을 그리고 내 책을 변화시켰기 때문이었다. 독자들의 인식에 내가 더 놀란 이유는 전에 책을 써 본 경험이 없었기 때문에(『지니』는 나의 첫 번째 책이다) 대답할 준비가 미처 안 되어 있었다는 것이었다.

준비가 안 되어 있기로는 다른 것들도 마찬가지였다. 특히 책이 어떤 식으로 자신만의 고집스런 삶을 제멋대로 이어가는지 나는 알지 못했다. 자기를 낳은 부모의 삶을 어지럽히는 아이들처럼 말이다. 지니에 관한 이야기는 서서히 부상해 마침내 자신만의 본 모습을 드러냈다.

일리노이 대학에 근무하는 한 언어학자로부터 맨 처음 사건에 관한 이야기를 들었을 때 그것은 그저 언뜻 지나가는 말이었고, 거기에 나오는 등장인물들은 한적한 교외의 학교 앞마당에 놓인 크리스마스 말구유 속의 사람보다 더 크지 않아 보였다. 엄마와 아빠 그리고 한 아이가 있었고, 현자와 짐승들의 분명치 않은 후광(혼동하기 쉬운)이 있었다.

그러나 발견 초기에 지니의 동방박사인 과학자들과 인터뷰를 가졌을 때, 나는 이들의 직업적 침착함에 가려진 표면의 번드르함 밑에 깔려 있는 죄의식과 분노, 공포를 흘낏 감지했다. 지니가 결코 만만치 않은 깊이와 부피를 갖고 있음을 나는 이때 알았다. 나는 이 이야기를 '뉴요커'에게 제시했고, 9개월 안에 2만 단어의 분량을 넘기겠다고 편집자에게 약속했다. 그 후 3년이 지나 7만 단어를 제출하면서 조금 더 확대하면 책으로 만들 수도 있겠다는 생각이 들었다.

이 기간 동안 내가 건 전화 두 통 때문에 책 내용은 완전히 변모됐다. 한 번은 내 조사의 시작 단계였고, 두 번째는 거의 끝 무렵이었는데, 둘 다 지니의 엄마인 아이린에게 한 거였다. 아이린과 얘기하게 되기까지 그리고 그녀로부터 지니와 얘기할 수 있는 허락을 받아내기까지의 과정은 정말 애가 타도록 힘들 것이고, 결코 쉽지 않으리라는 것쯤은 작업 초기서부터 짐작하고 있었다.

아이린을 찾아내는 것부터가 벌써 만만치 않았다. 그녀는 있는 힘을 다해 자취를 감춰버렸다. 자신의 딸을 알거나 함께 일했던 사람들과 전혀 연락이 안되는 곳으로 숨었던 것이다. 그녀를 추적하는 동안 나의 호기심은 조바심으로 바뀌었다. 내 계획이 다

틀어져버린 것 같았다. 그렇지 않아도 내 작업은 이미 말썽을 피우고 있었다. 지니에 관한 나만의 초상화를 그리는 데 도움을 주리라 기대했던 과학자들은 단 한 명도 내 칩입을 달가워하지 않았다. 그들에게 내 질문은 아주 고통스런 상처를 덮었던 두터운 딱지를 잡아뜯는 격이었다. 얘기하는 것 자체를 거부한 이들이 있는가 하면, 이들보다 관대한 사람들이 내게 해준 이야기들은 예외 없이 다른 동료들의 얘기와 맞지 않았다. 왜냐하면 나의 접근을 거부한 똑같은 분노와 두려움이 이미 이들을 서로 갈라놓았기 때문이었다.

저마다 진실이라고 주장하는 경쟁적이고 상충적인 수많은 진실 앞에서 저널리스트인 나는 마치 악몽을 꾸는 것 같았다. 이 야단법석을 해결할 수 있는 유일한 사람은 사건의 핵심에 있었던 사람들뿐이라고 생각하면서 나는 아이린에게 처음으로 전화를 걸었다.

결과는 비참했다. 전화를 받은 아이린은 나랑 얘기하지 않겠다는 의지가 하도 확고해서 내 청탁을 거절하는 데도 거의 말이 필요치 않았다.

"관심 없습니다."

아이린이 말했다.

내 제안을 그럴 듯하게 보이게 하려고 허겁지겁 전화통을 붙잡고 애걸해 봤지만 그녀는 그 짧은 구절만을 되풀이할 뿐이었다. 날 만나는 데 관심 없다는 것이었다. 지니를 만나게 해주는 것에도 관심 없다는 것이었다. 그냥 명료한 "관심 없다"였다. 전화를 끊고 나자, 실망감이 엄습해왔다. 이 절망감은 그 후 4개월 동안 지속되었다. 결국 내 힘든 작업은 이제 끝났다고 생각하면서 나는 모든 것을 포기하고 캘리포니아를 떠났다.

나는 비행기를 탔다. 아주 간단한 도주 방법이었다. 내가 도망쳐나온 것은 암초에 부딪친 내 이야기뿐만이 아니었다. 지난 5~6년간, 내 삶은 따분한 작가적 고뇌의 축소판 같은 것으로 변해 있었다. 사귀던 여자와는 끝났고, 통장 잔고는 바닥을 드러내었으며, 이를 벗어나기 위한 최후의 시도마저도 좌절되자 도피를 선택한 것이었다.

내가 왜 파리를 도피처로 선택했는지는 잘 모르겠다. 지니의 이야기와 이 도시가 약간의 관련이 있기는 했다. 그녀의 선구자 격인 '아베론의 야생아' 빅토르가 19세기가 시작되는 첫 몇 해 동안 파리의 국립청각농아시설에서 살았던 것이다. 그러나 당시 빅토르는 내 마음 어느 곳에도 있지 않았다.

아마도 오래전에 파리를 처음으로 알게 된 이후, 그저 나의 상상력과 애정의 어느 한구석에 그 도시가 자리잡고 있었던 것 같다. 그러나 프랑스에서 겨울을 지낸 적은 한 번도 없었는데 내가 도착한 시기는 때마침 매서운 추위가 한창 기승을 부릴 때였다.

차갑고 음습한 처량함이 대리석 건물 외관과 돌이 촘촘히 박힌 길거리를 덮고 있었다. 만일 도시의 심장부가 실내에서 따뜻하게 비치는 불빛 때문에 친밀하게 느껴지는 거라면 그것은 친밀함이 맞았다. 창문을 통해 노란 가로등 불빛을 내려다보면서 나는 처음으로 처량함에 고마움을 느꼈다. 캘리포니아의 빛나는 태양에 내내 조롱당했던 나의 어두운 마음이 그렇게 위로받은 것이었다.

처음 몇 주 동안은 관대한 프랑스 친구들이 빌려준 빈 아파트에서 지냈다. 부트샤몽 근처에 있는 고풍스럽고 아주 검박한 아파트였다. 동굴처럼 휑하니 비어 가구라고는 침대와 의자 한 개, 식탁밖에 없었지만, 경관이 아주 좋아 오백만의 이방인들이 사는 도시가 한 눈에 들어왔다. 운이 좋게도 나는 어느 책방에서 이 이방인 중의 한 명과 사귀게 되었고, 친절하게도 그는 내가 파리에서 나머지 날들을 지낼 수 있도록 방을 빌리는 데 힘을 써 주었다. 앙리 바르뷔스*가에 자리 잡은 코딱지같이 작은 방이었는데, 5구역의 천문대 근처에 있었다.

---

* Henry Barbusse, 1873~1935 : 프랑스의 저널리스트 · 작가.

저널리스트의 이름을 딴 거리에 새 집을 얻었으니 길조라는 생각이 들었다. 그리고 그 역시 (나처럼) 사면초가에 몰렸던 적이 있었다. 그러나 나는 아직도 나를 기다리고 있는 행운이 얼마나 큰 것인지 모르고 있었다. 이 지역은 전에 내가 한 번도 와본 적이 없던 곳이었다. 나는 밤에 이사를 왔다. 포로얄 정류장을 가리키는 아무렇게나 휘갈겨 쓴 메모지를 들고 어둡고 침침한 거리를 따라 내려갔다. 문이 닫힌 빵가게와 푸줏간을 지나 한 고등학교를 스쳐왔는데 이 학교도 문이 닫혀 있었다. 나는 옷이 든 가방과 이보다 더 무거운 가방 하나를 지고 있었는데 이 가방 안에는 지니에 관한 노트가 한가득 들어 있었다.

이 무거운 노트 가방을 파리까지 끌고 온 이유는 외견상으로는 고용된 작가라는 인상을 유지하고 싶었고, 개인적으로는 곧 죽어도 도망온 게 아니라고 자위하고 싶어서였다.

그러나 파리에 도착한 이후로 나는 한 번도 가방을 열어본 적이 없었다. 사실 이 기록을 가지고 무엇을 할 수 있을지도 머릿속에 전혀 떠오르는 것이 없었다. 노트는 나랑 멀리 떨어진 곳에 있는 것 같았고, 나를 둘러싸고 있는 이 외국 도시의 그 어떤 것들보다도 더 내 경험과 노력들이 나와는 아무 상관없는 것처럼 느껴졌다. 아무리 좋게 생각해도 그것들은 짐에 불과했다. 그래도 퐁네프 다리 밑으로 던지지 않은 이유는 스토리가 아까워서가 아니라 세느강에 대한 존경심에서였다. 그러나 전에 책을 써보지 못한 관계로 미처 내가 대비하지 못했던 또 다른 측면이 있었으니, 그것은 마치 자비로운 이방인처럼 행운으로 다가와 실종된 이야기를 다시 시작하게끔 인도해 주었다.

다음날 아침에 일어나 내 새로운 주거지를 처음으로 둘러보았다. 촘촘히 자갈을 박은 안뜰에는 아파트 밖을 가리키는 측면 표지가 있었고, 장인의 아틀리에 같은 유리 진열장이 보였다. 느릅나무 한 그루도 서 있었는데, 지나다니는 사람들의 발걸음 때문에 떨어진 노란 잎사귀들이 양 옆으로 자연스럽게 쓸리면서 밖으로 나가는 문 쪽으로 작고 어두운 길을 만들어내고 있었다.

육중한 녹색의 문을 밀고 인도로 들어선 순간 나를 강타한 것은 파리에서의 내 경험과 내 책의 미래를 송두리째 바꿔놓은 깊은 놀라움이었다. 비좁은 전망 너머로 나와 마주한 것은 넓은 정원과 창문이 많이 딸린 어느 하얀 건물의 외관이었다. 낡은 목판화에서 하도 많이 봐서 어디다 갖다놓아도 알아봤겠지만, 설마 지금까지 존재하리라고는 생각지도 못했던 국립청각장애아 연구소(지금은 이렇게 불린다), 바로 그 건물이었다.

지니를 앞서 간 아베론의 빅토르가 살았던 바로 그곳이었다. 어찌됐건 빅토르의 이웃이 되고자 획책했었던 내게 세렌디피티

(serendipity : 우연을 가장한 뜻밖의 발견)치고는 기가 막힌 징조였다. 파리에 오고자 한 의도가 무엇이었던 간에 나는 어차피 도망 못 갈 팔자였던 것이다. 내 이야기가 여기 있었고, 비록 우연일지는 모르나 그것을 여기에서 발견한 것이다. 아니면 그쪽에서 나를 발견했든가. 아무러면 어떤가? 앙리 바르뷔스가에 서서 나는 내가 이 책을 끝마칠 것임을 직감했다.

그 다음 몇 개월간 나는 퐁피두센터의 성 주느비에브 도서관에 앉아 지니 이야기의 중요한 얼개를 노트북 컴퓨터(눈에 잘 띄는 미제 컴퓨터였다)로 짜기 시작했다.

그곳은 마치 드높고 성스러운 피정지 같은 느낌을 주는 국립도서관의 열람실이었다.

미국 작가에게 이 도시가 베푸는 혜택은 분명했다. 아는 사람이 아무도 없었고 불어를 엿들을 만한 실력도 안됐기 때문에 옆 사람들이 아무리 시끄럽게 굴어도 산만해지지 않고 하루 종일 앉아 머릿속으로 한 가지 생각만 할 수 있었다. 코딱지만큼 작은 내 방은 걸음도 못 옮길 정도였기 때문에, 철제 접이식 티 테이블에 일거리를 펼쳐 놓은 채 꼼짝 않고 일해야 했다.

이따금이긴 했지만 하루 종일 꼬박 앉아 5천여 단어를 채우는 기념비적인 날도 있었다. 이럴 때는 한밤중에 홀로 나가 라일락 공원 근처에 있는 식당에서 해산물이나 타르타르 스테이크를 먹으며 스스로를 격려하기도 했다.

그 후 몇 달이 지나 겨울도 물러가고 샌프란시스코로 돌아갈 때가 됐을 때 나는 사람들이 흔히 말하는 중요한 고비를 넘겼음을 알았다. 나는 알아듣지도 못하는 언어로 말하는 이방인들의 세계에 홀로 떨어져 나만의 아주 작은 방에 앉아 내 이야기가 특유의 확실한 걸음걸이와 자신감에 찬 어조를 획득하는 것을 지켜보았다.

그리고 내 이야기는 무엇인가를 더 발전시켰는데, 나중에 회고 시점에 와서야 그 특질이 무엇인지 알게 되었다. 치열했던 고독 속에서 나는 내 이야기를 새로운 방식으로 이해하게 되었고 나를 맨 처음부터 사로잡았던 내 이야기의 일부를 처음으로 파악하게 되었다.

모든 작가들이 다 마찬가지일 것이다. 즉, 어떤 열정적인 계획에 사로잡혀 있는 동안에도 이중적인 생활(머릿속에 있는 삶과 공적인 삶)을 계속해 나가야 한다는 것이다.

각 삶에는 고유의 등장인물과 사건들, 감정 그리고 특유의 요구사항들이 있다. 필연적으로 두 세계는 섞이게 되고, 두 삶은 서로 겹치는 부분이 생긴다. 나도 그랬다. 나의 일상생활과 지니의 역사가 한데 얽히면서 처음에는 나를 피해 다녔던 이야기가 점차 손에 잡히기 시작했다.

6개월이 지나 나는 미국으로 돌아왔다. 내 손에는 초고가 쥐어져 있었고, 아니, '뉴요커'에 메일로 초고를 보냈다는 사실이 더 중요할 것이다. 그리고 이때 나는 다시 한 번 아이린에게 통화를 시도했다.

내 의도는 단순했다. 이야기가 곧 출판될 것이라고 말해주고 싶었다. 그 정도는 그녀에게 해줘야 한다고 생각했다. 전화기를 앞에 놓고 나는 안절부절못했다. 서성거리며 숨을 고른 뒤 수화기를 들기 전에 연습까지 했다. 하고 싶은 말을 다하기 전에 그녀가 먼저 전화를 끊을까 봐 겁이 났던 것이다. 나는 정말 그녀가 그럴 거라고 생각했다.

그러나 나의 예상은 빗나갔다. 빗나가도 한참 빗나갔다. 그녀는 상냥하게 내 전화를 받았고, 한 시간 반 이상을 기꺼이 나와 통화했다. 더 기절초풍할 일은 나를 그녀의 집으로 초대한 것이었다. 나는 그녀를 방문했고, 또 방문했고, 계속해서 방문했다. 우리 둘 사이의 대화는 그 다음 해 여름 동안에도 지속되었다. 그녀는 많은 서류를 읽도록 허락해주었고 최초의 '뉴요커' 원고를 지금 이 책으로 완성하는 데 보강이 되는 자료들도 많이 제공해주었다.

아이린과의 대화는 참으로 기이하면서도 아주 강력한 경험이었다. 수년간 나를 기진맥진하게 했지만 만나리라고는 기대조차 하지 않았던 사람과 대면하고 있었다. 마사 워싱턴*의 전기를 썼던들 살과 피를 지닌 내 연구 대상을 직접 만난다는 갑작스런 영광에 이토록 기쁨을 느끼거나 두려움을 갖지는 않았을 것이다.

우리는 아주 재빨리 그리고 편안하게 친해졌다. 나와 이 아주 작은 여성 – 나이 때문에 등은 굽고 손과 발의 동작은 섬세하리만큼 정확하지만, 그녀의 삶을 이따금씩 얼룩지게 만들었던 보이지 않는 눈 때문에 희미하게 멈칫거리곤 하는(이때쯤 아이린은 다시 한 번 시력을 잃고 있었다. 이번에는 녹내장 때문이었다) 사이에 우정이 형성된 것이다. 그녀의 집으로 가는 길에 가끔씩 중국 음식을 사가곤 했는데, 그때마다 그녀는 잔돈을 보관하는 비닐 지갑을 꺼내며 돈을 지불해야 한다고 고집을 부렸다.

그러고 나면 우리는 오후 한나절을 남부 캘리포니아의 뜨겁고 건조한 사막의 열기 한가운데 자리 잡은 꼼꼼하게 잘 정돈된 그녀 아파트의 부엌 식탁에 앉아, 마치 우리를 만나게 했던 중요한 사실들은 진실이 아닌 것처럼 – 나는 리포터도 아니고 그녀 또한 사방이 가로막힌 작은 방에 죄수처럼 묶여 있는 딸을 두고 10여 년 간의 결혼 생활을 지속했던 그 여인이 아닌 것처럼 – 우리는

* 조지 워싱턴의 아내.

그렇게 얘기를 나누었다.

아이린은 딸에 대해 설명해 주면서 과거 10여년간 그 어느 때보다도 나은 상태라며, 엄청난 상처를 겪었음에도 불구하고 지니는 대개 명랑하며 무슨 말인지 이해하기는 쉽지 않지만 말도 한다고 말했다. 감금에서 풀려나 희망에 부풀었던 초기시절에 꿈꿨던 모습에는 결코 이르지 못했지만 가장 나빴던 상태에 비한다면 많이 나아졌다는 것이었다.

지니는 더 협조적인 새로운 수양가정으로 옮겼으며 정기적으로 생모를 방문하고 있다.

아이린의 개방적인 태도는 내게 새로운 고민거리를 안겨주었다. 그것은 '지니를 만나게 해달라고 강하게 부탁을 해보아야 하나?' 아니면 '모녀가 만날 때 동행하게 해달라고 부탁해 볼까?' 하는 것이었다.

내 오랜 꿈이 마침내 눈앞에 현실로 다가와 있었다. 그러나 한참 고민한 끝에 나는 그 가능성을 거절하기로 마음먹었다.

그녀를 결국에는 친구로 대할 수 없을 것 같았다. 필경 나는 야심에 찬 저널리스트로 돌변하여 답변을 찾아 눈을 번뜩이며 필기에 골몰할 것이었다. 착취로 얼룩진 지니의 긴 역사의 한 페이지에 내 이름마저 올리고 말 것이었다.

일단 그 답을 얻은들 그것을 가지고 무엇을 한단 말인가? 사물의 진실성에 관해 현대는 너무나 조급해 하며, 미국은 더욱 더 그런 편이다. 진실이란 너무나 모호하고, 느슨하며, 결론은 쉽게 내려지지 않는데도 말이다. 진실은 해결하기보다는 더 많은 미스터리를 시사할 뿐이다. 그런데도 우리는 답변을 선호한다. 너무 간단해서 도저히 믿기지 않을 정도라 하더라도 그것이 해결책이라면 무조건 오케이다.

그리고 그런 식으로 사람들은 진실을 직접 보고 싶어 한다. 살과 피를 직접 만지면서…….

귀를 기울여야 할 때 넋을 잃고 쳐다보는 것이다.

진실로 내 글을 충분히 이해하지 못한 독자들은 나중에 요구할 것이다. 당신이 그렇게 떠들어댔던 그 아이를 직접 가서 만나라고…….

그러나 한때 그렇게 강렬하게 지니를 만나고 싶어했던 나의 욕망이 사실은 섹스광의 그것과 동일한 것이었으며 자멸적 행위였음을 나는 깨달았다. 실제 그녀를 만난다면 나는 그녀와 함께 한 경험을 독자들에게 자랑하고 싶어 안달을 할 것이었다.

그러나 무대의 앞과 중앙에서 그녀를 비추는 번쩍거리는 조명 때문에 너무 눈이 부신다면, 애초에 내가 목적했던 그리고 봐 주기를 원했던 희미한 그림자를 독자들이 어떻게 가려낸단 말인가?

결과적으로 나의 이야기는 내가 애초에 생각했던 곳에 있지 않았다. 이제 나는 확신했다. 이 비극의 주인공을 가장 잘 감지하고 묘사하는 길은 그녀가 수면 위로 떠올랐던 시절 그녀와 알고 지냈고 그녀를 다시 세상으로 편입시키는 것을 일로 삼았던 사람들이 품었던 모든 인상과 기억, 희망과 두려움, 야망과 용기, 비겁함과 분노 그리고 그들의 사랑을 통해 그녀를 재조명하는 것뿐이라는 것을.

한마디로 나는 독자들이 지니를 회고된 모습으로 만나기를 원했다. 회고라는 단어의 뜻 그대로 말이다.

이렇게 결정을 내리면서 나는 과학자들과 지니를 돌보았던 사람들 쪽으로 이야기를 많이 몰고 갔다. 이들은 애초부터 내 작업에 심한 반대의사를 표명했던 사람들이었고 결과물로 나온 책의 내용에 화를 낸 이들도 있었다. 이야기한 내용들이 다 심하게 엇갈리고 상충되는 바람에 한때 절망감을 느낀 적도 있었지만, 돌이켜보면 그것들은 모두가 결국 지니의 중요성을 입증하는 것이었다.

과학자들이 애초에 그녀에게 묻고자 한 "인간답다는 것은 무엇을 의미하는가?"란 질문은 결국에는 그녀가 과학자들에게 물은 꼴이 되고 말았다. 그리고 그 대답은 그들 각자의 삶에 지니가 끼친 영향들이었음이 분명했다. 지니가 들어가 변모시킨 삶의 수만큼 대답도 제각기 다양할 것이다. 이것을 깨닫게 된 것은 자연스러운 과정이었다. 왜냐하면 내 안에서도 그녀는 비슷한 변이를 일으켜 면밀한 조사 대상이었던 그녀가 나의 인생과 실타래처럼 엉켜 피할 수도 없는 존재로 바뀌었기 때문이었다.

그렇게 그녀와 나의 인생은 함께 녹아들었다. 겨울날 파리의 5구역 거리를 우리는 함께 걸어 다녔고, 국립청각장애아 연구소에서 인터뷰를 하고, 성 쥬느비에브 도서관에서 책을 읽으며 함께 시간을 보냈다. 그곳에서 나는 결정적인 단서, 그녀의 이야기를 쓸 수 있다는 확신을 얻었다. 파리가 내게 준 계시였다.

지니의 초판이 나간 후 나는 이 책이 몰고 온 변화에 몹시 기뻐했다. 10년 혹은 그 이상의 기간 동안 서로 연락을 끊고 지내온 과학자들이 다시 얘기하기 시작한 것이다. 심지어 새로운 연대가능성의 조짐조차 보인 경우도 있었다.

그리고 또 다른 희망이 있다. 이것은 정말 내가 바라는 것인데, 지니가 다시 한 번, 이번에는 정말 그녀에게 이득이 되는 쪽으로 더 큰 세계로 떠오를지도 모른다는 것이다.

또한 아이린과 대여섯 명의 과학자들이 서로 화해하도록 내가 주선을 했었는데 이제 그 결실이 맺어지고 있다(이는 내 직접적인 노력과는 전혀 무관한 것이다). 지난 봄, 아이린은 데이빗과 마릴린 리글러 부부를 초청해 로스앤젤레스로 오는 길에 한때 자신들의 수양딸이었던 지니를 방문하도록 했다. 15년만에 리글러 부부를 처음 만난 지니는 바로 부부의 이름을 불렀다.

지난 수개월간 나는 작가들이 가장 원하는 것(작가는 자신의 이야기가 누군가에게 닿기를 희망한다)을 입증하는 여러 다양한 편지를 받아왔다. 지니에 관해 좀 더 알려 달라는 독자가 있는가 하면, 무엇이든 도울 수 있는 길을 알려달라는 독자들도 있었다.

그러나 나를 놀라게 한 것은 많은 독자들이 자신에 관한 이야기를 써 보냈다는 것이었다. 아동 학대나 언어 핸디캡에 관련된 장문의 편지를 써 보낸 독자도 있었지만, 소설에 나올 법한 박탈이나 유기 등의 개인적 역사가 전혀 없는데도 불구하고 지니의 이야기에 강한 동질감을 표명하는 이들이 있었다.

나는 이 독자들이 무엇을 말하고 싶어 하는지 안다.

"그녀의 삶이 나의 삶에 들어와 깨닫게 했습니다. 그녀의 특이하고도 극단적인 불행 안에 사실은 어떤 보편적인 조건이 있다는 것을……."

감히 단언컨대 우리 중 그 어느 누구도 지니가 겪었던 것 같은 그런 고통을 겪은 사람은 없을 것이다. 그러나 우리 중 어느 누군들 과거에 고립감과 운명의 족쇄에 채여 왜 이런 일이 자신에게 일어나는지 표현할 말을 잃고 절망스러워 했던 적이 없었겠는가?

바로 그런 이유 때문에 지니는 우리의 이름을 하나하나 부른다. 바로 그것이 독자들이 그들의 편지에서 내게 말하고 싶어 하던 것이었다.

그 편지들 속에서 나는 전에 책을 써본 경험이 없는 관계로 내가 미처 대비하지 못했던 마지막 조각을 발견했다. 책은 우리에게 많은 이야기를 건넨다. 책의 주인공에 대해, 그리고 저자에 대해. 그리고 그 책이 어디든 문학의 요구를 충족시키는 곳에 근접한다면 독자들에 대해서도 역시 많은 이야기를 들려준다.

1993년 11월

플로리다 페르난디나 해변에서

러스 라이머

번역을 마치고

어떤 책이든 읽을 가치가 있다고 믿었고, 책만 보면 욕심이 나던 시절이 있었다. 그러나 언제부턴가 대형 서점의 아무리 호화로운 장정의 책들과 마주쳐도 별 감흥도 일지 않았고 그저 심드렁하게 느껴지기 시작했다.

나의 감수성이 무뎌진 탓도 있겠으나, 도대체 너무나 많은 책이 쏟아져 나온다는 무의식에 가까운 두려움 탓이기도 했다.

책이 귀하던 시절에는 가치가 저절로 따라왔을지도 모른다. 그러나 책에 치이고 심지어는 책을 버리기까지 하는 작금에는 가치 있는 책을 고르는 안목이 필요할 것이다.

"지니는 그런 책이다. 읽을 가치가 있는……."

진작 번역됐어야 할 책이 이제 내 손에서 우리 글로 다시 태어났으니 그저 영광이라는 말밖에는 달리 할 말이 없다.

번역하면서 몇 번인가 눈시울이 뜨거워진 적이 있었다.

지니와 나는 우연히 같은 해에 태어났는데 그래서 더 공감이 갔었나 보다.

저자의 말대로 그녀가 당한 그런 고통을 당한 사람이야 있을 리 없겠지만, 우리 중 어느 누군들 삶의 질곡에서 밀려드는 절망감에 몸서리치던 경험이 없었겠는가?

그렇게 우리는 그녀의 비극에 반응한다. 비극은 보편적이므로.

언어와 인간성 사이의 의문점을 찾아 지니를 연구하던 과학자들은 실험 대상이었던 그녀에게서 오히려 더 큰 영향을 받았음을 깨닫게 되고 지니는 다시 혼자만의 세계로 침잠한다.

치유냐 연구냐? 그 어느 쪽의 손도 들어주지 않은 채 저자는 단말마적인 진실과 현혹에서 벗어나 빛의 그림자를 보라고 요구한다.

진실은 모호하며, 광기와 이성을 가르는 경계는 종잇장보다 더 얇으므로.

또한 곳곳에서 반짝이는 저자의 시적인 감수성은 이 책 곳곳에 문학적 향기를 흩뿌려 주었다. 덩달아 번역하는 즐거움을 나는 누렸지만, 행여 그런 것이 독자분들께 느껴지지 않는다면, 그것은 오로지 나의 졸속한 번역 탓임을 밝혀 둔다.

마지막으로 번역을 맡겨주신 방성열 대표님, 그리고 24시간 나의 영어를 돌봐주는 남편 닐과 항상 모든 것에 감사한다.

2011년 5월의 어느 날

권오숙

과·학·의·램·프·에·갇·힌·비·극·적·인·소·녀·의·이·야·기

지니 GENIE

발행일 2011년 7월 1일 초판 1쇄

지은이 러스 라이머
옮긴이 권오숙
펴낸이 방성열
만든이 이재천
책임편집 박상준
펴낸곳 도서출판 치우

서울특별시 마포구 합정동 441-23 동암빌딩
전화 02 338 3630 **팩스** 02 338 3690
ISBN 978-89-966069-5-6 03840

이 도서의 국립중앙도서관 출판시도서목록(CIP)은 e-CIP홈페이지(http://www.nl.go.kr/ecip)와 국가자료공동목록시스템(http://www.nl.go.kr/kolisnet)에서 이용하실 수 있습니다.(CIP제어번호: CIP2011002598)